ÉTAT GÉNÉRAL
DES FORCES
MILITAIRES ET MARITIMES
DE LA CHINE

SOLDE, ARMES, ÉQUIPEMENTS, ETC.

PRÉCÉDÉ

D'une Étude sur les rapports commerciaux à établir avec cet Empire.

Ouvrage composé d'après les textes officiels chinois, recueillis par **T.-F. WADE**, et sur d'autres documents récents

PAR

JULES PICARD

De la Bibliothèque Sainte-Geneviève.

PARIS
LIBRAIRIE MILITAIRE, MARITIME ET POLYTECHNIQUE
J. CORRÉARD,
Libraire-éditeur et libraire-commissionnaire
PLACE SAINT-ANDRÉ-DES-ARTS, 3.

1860

Droit de reproduction réservé.

ÉTAT GÉNÉRAL

DES

FORCES MILITAIRES ET MARITIMES

DE LA CHINE.

ÉTAT GÉNÉRAL

DES FORCES

MILITAIRES ET MARITIMES

DE LA CHINE

SOLDE, ARMES, ÉQUIPEMENTS, ETC.

PRÉCÉDÉ

D'une Étude sur les rapports commerciaux à établir avec cet Empire.

Ouvrage composé d'après les textes officiels chinois,
recueillis par T.-F. WADE, et sur d'autres documents récents

PAR

JULES PICARD,

De la Bibliothèque Sainte-Geneviève.

PARIS

LIBRAIRIE MILITAIRE, MARITIME ET POLYTECHNIQUE

J. CORRÉARD,

Libraire-éditeur, et libraire-commissionnaire,

PLACE SAINT-ANDRÉ-DES-ARTS, 3.

1860

Droit de reproduction réservé.

TABLE DES MATIÈRES.

PREMIÈRE PARTIE.

Réflexions préliminaires.	4
Études sur les rapports commerciaux.	7

DEUXIÈME PARTIE.

LIVRE PREMIER.

§	1. Considérations générales.	41
	2. Division des troupes de Bannière.	44
	3. Garde impériale.	54
	4. Les cinq corps métropolitains.	73
	5. Avant-garde ou division principale. — Division du flanc	80
	6. Troupe soldée des bannières.	89

LIVRE DEUXIÈME.

§	1. Gendarmerie.	142
	2. Division de Yuen-ming Yuen.	164
	3. Cordon des 25 garnisons. — Mausolées Impériaux.	181
	4. Garnison de Bannière des provinces de la Chine propre.	191
	5. Provinces Mantchouriennes.	204
	6. Corps accessoires de la Maison Impériale.	218
	7. Les feudataires.	234

LIVRE TROISIÈME.

§	1. Le Vert-Étendard.	254
	2. Chihli.	266

TABLE DES MATIÈRES.

3. Shansi.. 260
4. Shantung... 261
5. Honan.. 264
6. Kiangsu.. 266
7. Fuhkien et Chehkiang................................... 276
8. Kwantung et Kwangsi.................................... 282
9. Marine... 292
10. Sz' Chuen.. 307
11. Hupeh et Hunan... 316
12. Kansuh... 321
13. Yunnan et Kweichau..................................... 328
14. Officiers du Vert-Étendard............................. 332

LIVRE QUATRIÈME.

§ 1. Priviléges, récompenses et distinctions............. 352
2. Punitions.. 359
3. Solde des officiers.................................... 372
4. Dépenses totales des deux armées....................... 383
5. Armes en général....................................... 394
6. Caractère de la nation................................. 404
7. Défenses et fortifications............................. 407
8. Amour de la paix....................................... 414
9. Projets de réforme..................................... 420
10. Discours sur la guerre adressé à l'Empereur
    King-Ti.. 424
11. Esprit des législateurs chinois....................... 432
12. Armes offensives...................................... 449
13. Armes défensives...................................... 465
    Conclusion.. 485

Documents géographiques sur les ports ouverts
au commerce.

Amoy... 495
Canton... 498

TABLE DES MATIÈRES. VII

Chusan.	501
Foo Chow	502
Formose.	503
Haï-Nan.	509
Hong-Kong.	510
Macao	514
Ning-Po.	521
Shang-Haï.	523
Tchên-Haï.	526
Tcheou-Chan.	527
Woosung.	528
Traité d'alliance avec la Cochinchine.	530
Note importante.	534

FIN DE LA TABLE.

Imprimerie de E. Dépée, à Sceaux.

ÉTAT GÉNÉRAL
DES
FORCES MILITAIRES ET MARITIMES
DE LA CHINE

PRÉCÉDÉ D'UNE ÉTUDE SUR LES RAPPORTS COMMERCIAUX
A ÉTABLIR AVEC CET EMPIRE

PREMIÈRE PARTIE.

RÉFLEXIONS PRÉLIMINAIRES.

Nous vivons dans une époque de prodiges. Si l'on veut bien se recueillir et évoquer l'enchaînement merveilleux des événements qui se sont accomplis depuis que le doigt du temps a sonné la première heure du dix-neuvième siècle, on peut, à bon droit, éprouver un double sentiment, celui de la stupeur et celui de l'admiration. Quelle activité! quelle expansion de forces! et comme tout a concouru à l'action générale! Ainsi la science,

---

Au moment où nous allions mettre sous presse, nous avons appris par le *Moniteur universel*, (numéro du 24 juillet dernier), qu'il venait de paraître un ouvrage sous ce titre : ORGANISATION MILITAIRE DES CHINOIS *ou la Chine et ses armées*, par P. Dabry. — Nous nous empressons d'avertir le lecteur que notre travail, qui a nécessité de longues et de consciencieuses études, n'a rien de commun avec celui de M. le capitaine Dabry.   J. C.

autrefois enfermée dans le laboratoire des alchimistes, est devenue une sorte de reine dont la puissance est aujourd'hui aussi incontestable qu'incontestée; elle a aplani les obstacles entre les hommes, elle a effacé les distances, elle a facilité les communications, elle a attaché aux vaisseaux des ailes de feu : si bien que, auxiliaire de la civilisation, elle a permis à l'Europe d'atteindre de tous côtés la barbarie.

Jadis ce n'eût été qu'après de longues années qu'on eût songé à organiser une attaque régulière et efficace contre des nations rétrogrades telles que la Cochinchine : grâce à la vapeur, la France a pu, dès la nouvelle des affronts, envoyer sur ces parages lointains des forces suffisantes pour venger l'honneur de notre drapeau, et obtenir réparation des souffrances de nos martyrs.

Nous entrons pour la seconde fois en lutte contre un empire bien autrement formidable, contre cette Chine mystérieuse qui jusqu'à présent s'est si bien abritée et close dans son éloignement, son immobilité et son système de prohibitions. Non que parfois la civilisation européenne n'ait réussi à entrebâiller des portes obstinément fermées, mais c'est encore une gloire pour la religion catholique d'avoir, par ses intrépides missionnaires, pénétré quelques-uns des secrets de la Chine. Tout ce qu'il était possible de voir, possible de savoir, nos missionnaires l'ont aperçu et appris; ils ont laissé les mémoires les plus détaillés, les plus intéressants; et peut-être, disons-le, si les événements et les imprudences humaines n'avaient suspendu l'œuvre de ces vertueux pionniers de la foi chrétienne, l'on n'aurait pas à envisager, sinon à regretter, la prochaine guerre qui va avoir lieu entre Chinois d'une part, Anglais et Français de l'autre.

Quoi qu'il en soit, le moment est opportun pour révéler, autant que faire se peut, la situation militaire et maritime de la Chine, et les ressources que possède le Céleste-Empire sous ce double rapport, si, cette fois, la lutte venait à s'engager sérieusement. — Tel est l'objet de notre travail: nous en avons emprunté les principaux éléments, pour ce qui concerne l'organisation militaire et maritime proprement dite, à des textes officiels chinois, déjà recueillis par T.-F. Wade, et à d'autres documents choisis parmi les plus récents.

Plusieurs questions secondaires se rattachent d'une manière étroite à la question principale. Ainsi, que la guerre s'accomplisse ou que d'habiles négociations réussissent à éloigner ce fléau, il n'y a pas moins pour la France un intérêt pressant, au point de vue de l'influence politique et du commerce, à renouer un jour de bonnes et solides relations avec le Céleste-Empire. Jusqu'ici la France n'a semblé travailler qu'à se créer une position morale et religieuse dans l'extrême Orient; son désintéressement, peut-être exagéré, l'a privée des avantages qu'y ont pu trouver des nations rivales; sans doute elle serait autorisée maintenant à les conquérir par la force des armes; mais nous voulons supposer que la prudence des négociations pourra conduire au même but, et nous demandons pourquoi la France n'aurait pas, dans les parages du Céleste-Empire, une station importante comme Hong-Kong, Macao ou Formose, qui assurerait à jamais nos intérêts contre les retours perfides, et les variations subites de la politique chinoise?

Nous essayerons de démontrer, à cet égard, ce qu'il serait possible de tenter, et les documents précieux que nous avons été admis à consulter, grâce à la bienveillance parfaite de plusieurs hauts fonctionnaires, voyageurs et marins, nous autorisent à croire que nous prenons la question dans le vif.

Si, en Europe, des commotions voisines se font sentir jusque chez nous ; si les regards sont tournés sans cesse vers les Alpes, et interrogent chaque jour les destinées de l'Italie, est-ce à dire qu'il n'y ait pas aussi quelque chose de palpitant dans la lutte engagée entre l'Occident et l'extrême Orient ? C'est un des priviléges du dix-neuvième siècle de faire sentir son action aux races qui sont parvenues jusqu'ici à s'y soustraire : l'Afrique numide a vu s'accomplir des faits tentés seulement et sans résultats par dom Sébastien, Charles-Quint et Louis XIV; l'Asie, étreinte d'un côté par les Russes, de l'autre par les Français unis à l'Angleterre, doit enfin laisser tomber ce voile épais dont il semble qu'elle ait voulu se couvrir à jamais.

On trouvera, nous osons l'affirmer, dans notre livre tous les détails nécessaires pour donner une idée exacte des forces, considérables par le nombre, qu'entretient le gouvernement chinois. Mais nous n'avons écrit qu'en vue de l'adage : *Si vis pacem, para bellum*, et avec le vœu fervent et raisonné qu'un accord durable soit conclu un jour entre la France et le Céleste-Empire. Nos principes, tels que nous les posons ici pour les développer plus loin, sont :

1° Nécessité d'une station française;

2° Utilité pour notre marine d'un mouvemen continuel entre la France et la Chine;

3° Intérêt immense à nous assurer ce marché si vaste et si important pour l'écoulement de nos produits de l'Algérie;

4° Suite à donner à l'œuvre civilisatrice de nos missionnaires.

Ainsi tous les intérêts, soit moraux, soit matériels, se trouvent représentés pour nous dans ces contrées. Nous y portons la guerre; mais il est à souhaiter que, soit avant, soit après cette démonstration de la force, l'harmonie se rétablisse, et qu'un traité appuyé de sérieuses garanties permette enfin à la France de reprendre, dans cette partie de l'Orient, le rôle brillant et utile que lui avaient créé de simples missionnaires. La croix avait précédé l'épée : l'épée une fois rentrée au fourreau, puisse la croix resplendir encore !

ÉTUDES SUR LES RAPPORTS COMMERCIAUX.

Nous abordons la question la plus palpitante. Quand il s'agit de l'extrême Orient qui doit inévitablement se rattacher un jour à l'action européenne, un vaste champ est ouvert à l'esprit, au calcul et au travail !

Les distances seront comblées, les méfiances dissipées; les relations s'établiront régulièrement.

Mais, auparavant, la guerre qui seule peut-être est efficace à frapper l'imagination des nations du Sud, la guerre aura dit son mot terrible.

Notre travail sur les forces militaires de la Chine était comme le prélude nécessaire de ce qui va suivre. La guerre sera transitoire, et il y a lieu d'espérer que les relations pacifiques ne s'en trouveront que plus constantes et plus assurées.

L'utilité des relations commerciales entre les peuples ressort de l'histoire approfondie des temps les plus reculés. En l'examinant avec attention sous ce rapport, on verrait que c'est moins par la guerre, par les expéditions sanglantes, que par le désir d'établir des échanges, que peu à peu les hommes se sont connus. Les premiers qui se virent ainsi furent sans doute des tribus à demi-sauvages que séparait un petit bras de mer. On lança des pirogues, on y déposa quelques-unes des productions du pays, et l'on s'abandonna aux flots.

Le commerce des Phéniciens témoigne d'une civilisation déjà avancée.

Si l'Inde et la Chine échappèrent plus longtemps à l'action patiente et suivie de l'Europe si progressive, c'est que la distance décourageait nécessairement des vaisseaux à voiles que mille obstacles venaient arrêter dans leur marche. Alors cette admirable découverte de la vapeur n'avait pas encore rendu l'homme complètement maître du monde qu'il habite.

A présent, la difficulté de l'éloignement n'existe plus. Il n'est plus permis à la Chine de s'envelopper dans son immobilité mystérieuse, de se retrancher fièrement derrière sa Muraille : la Chine doit, de toute nécessité, laisser tomber les barrières qu'elle a opposées à l'activité européenne.

Au reste, ce n'est pas d'aujourd'hui seulement qu'on a compris de quelle importance seraient des rapports suivis avec le Céleste-Empire. La France, toujours la première en toute chose, a été devancée à cet égard. Aux Portugais appartient l'honneur de l'initiative. Dès l'année 1517, Lopez Suarez, vice-roi de Goa, envoyait en Chine un ambassadeur, nommé Pereira, avec huit vaisseaux placés sous les ordres d'Andrada. Et tandis qu'en 1607, les Hollandais se montraient devant Macao, qu'en 1613, les Anglais se présentaient au Japon, ce fut seulement en 1660, que les Français parurent en Chine.

Nous ne voyons pas que les rapports commerciaux que les étrangers essayèrent de nouer avec la Chine, aient été d'abord très-profitables : la compagnie d'Ostende ne fit qu'une expédition, en 1717, vers l'extrême Orient ; et une association prussienne fondée en 1751, dans le but d'établir avec la Chine des rapports d'intérêts commerciaux, dut renoncer à son entreprise après avoir tenté quelques expéditions. Quant aux Espagnols, ils ne commencèrent qu'en 1785 à faire des voyages suivis à la Chine.

On ne s'étonnerait pas du temps qu'il a fallu à l'Europe pour entrer en véritables relations avec cet empire immense, si l'on voulait bien songer à la dissemblance énorme des coutumes, à l'antipathie orientale pour ceux qu'elle désigne comme des barbares, à la méfiance et à la duplicité chinoises qui enlèvent toute solidité aux affaires ; comme aussi à la différence absolue de religion.

La Chine, si avancée qu'elle soit en civilisation, est restée féroce par l'effet de l'élément tartare ; de plus elle est attachée à d'infâmes idoles dont le culte admet les vices les plus honteux.

Nos missionnaires, nos RR. PP. jésuites, ces hardis et infatigables pionniers de la civilisation, avaient bien compris, eux dont l'intelligence est illuminée par la Foi, que, pour nous assimiler la Chine, il fallait avant tout la conquérir par le christianisme.

Grâce au christianisme, on arrachait du cœur des Chinois les préventions malveillantes, les idées fausses, les terreurs même qui s'y trouvent, toujours vivaces, à l'endroit des Européens ; on leur apprenait qu'ils avaient tout avantage à faire des échanges, à se former une véritable marine, à franchir leurs ports, et surtout à laisser pénétrer dans leurs âmes gangrenées la saine et fécondante morale de l'Evangile.

Nous n'avons pas besoin de rappeler par quelles déplorables persécutions et dans quels flots de sang a été étouffée l'œuvre de nos missionnaires.

Dieu merci, elle n'est pas entièrement ruinée : quelques croyances ont échappé aux supplices les plus inouïs, les plus raffinés. N'y eût-il que deux chrétiens en Chine, ce serait assez pour préparer la moisson de l'avenir.

La loi providentielle veut que le monde *entier* devienne chrétien : il le deviendra. Qu'importent au Dieu éternel quelques siècles de plus ou de moins !

Mais comme ce qui nous touche par-dessus tout, c'est l'intérêt de la France, nous soumettrons à nos lecteurs la question commerciale au principal point de vue, c'est-à-dire au point de vue français.

Répondons premièrement — car il faut toujours prévoir les objections — à qui viendrait nous dire : « La France exerce partout une influence politique suffisante; le commerce de la France est assez étendu ; la marine française a assez à faire d'alimenter ses colonies, telles que l'Algérie, les Antilles, Cayenne, le Sénégal, Pondichéry, etc. »

Non, la France ne saurait permettre que son influence, si utile et toujours généreuse, ne règne pas sur l'extrême Orient ; la France ne saurait abdiquer et reculer là où d'autres avancent. Quand l'Angleterre et les Etats-Unis d'une part, la Russie de l'autre, étreignent peu à peu la Chine dans un réseau diplomatique et commercial, la France ne peut rester indifférente à ce spectacle ; elle ne peut, aux yeux des autres nations, se tenir en arrière et cesser de placer son pavillon là où il doit être, c'est-à-dire au premier rang.

Loin que le commerce de la France soit suffisamment étendu, c'est de nos jours seulement qu'il a commencé à prendre son extension naturelle. Ecrasé par la concurrence anglaise, privé de moyens de transport suffisants, n'ayant pas pour les grandes tentatives les vastes capitaux de nos voisins d'outre-Manche ; obligé même, (le croirait-on ?) de s'appuyer en Orient sur des maisons de banque anglaises, parce que ces établissements de crédit nous manquent absolument, le commerce français est encore si peu avancé qu'il n'y a pas plus de douze ans qu'il a établi des relations suivies et importantes avec la Chine.

Quant à la troisième question, celle de la marine, elle mérite une sérieuse attention. Ce qui a fait la splendeur maritime de l'Angleterre, ce qui a doté cette puissance d'une population d'excellents matelots, ça été la nécessité de tenir constamment la mer, comme la route toujours ouverte entre la métropole et ses nombreuses colonies. L'Inde surtout a contribué à cet exercice continuel et si utile : telle a été la prépondérance acquise par l'Angleterre dans les mers de l'extrême

Orient, qu'à l'heure présente, nos marchandises, nos lettres, nos passagers, n'arrivent dans l'Inde ou dans la Chine, que sur des bâtiments anglais. Il est donc superflu d'insister pour faire comprendre combien il serait urgent que la France possédât dans ces parages :

1° Une Banque nationale ou Société de crédit, permettant au commerce et à l'industrie de se ravitailler à une source abondante, sans avoir besoin de recourir aux banques anglaises, naturellement partiales, et qui, en cas de mésintelligence entre les cabinets de Saint-James et de Paris, deviennent nécessairement hostiles;

2° Une ligne de paquebots faisant régulièrement le service postal et le transport des marchandises;

3° Une station fixe, qui lui soit concédée en toute propriété, et qui serve de point d'appui aux opérations commerciales.

Cette dernière question domine les autres : elle touche à l'honneur, à la dignité de la France; c'est le pivot sur lequel tout roulera un jour. Nous y reviendrons bientôt en lui donnant les développements qu'elle comporte.

Dès maintenant, nous appellerons l'attention sur un fait significatif.

Le gouvernement de l'Empereur s'est préoccupé de la pensée de faciliter et de développer nos relations *directes* avec l'Inde et la Chine, ce qui veut dire de les soustraire à cette espèce de droit de commission que l'Angleterre exerce par son argent et ses vaisseaux. S. Exc. le ministre de l'agriculture, du commerce et des travaux publics jugea qu'il convenait de saisir de la question la chambre de commerce de Lyon et de l'inviter à se faire représenter par deux délégués dans une commission spéciale. MM. Oscar Galline et Natalis Rondot furent nommés à cet effet; et ce dernier a formulé les vœux du commerce lyonnais, dans une note dont M. A. Blaise (des Vosges) a eu raison de faire ressortir « l'esprit libéral et pratique. » (1)

Plus de routine en effet, plus de ces entraves que la timidité médiocre a fait naître trop fréquemment sous les pas de nos négociants. M. Natalis Rondot dit très-franchement qu'il nous faut une banque *française* des Indes et un service *français* de bateaux à vapeur dans les mers de l'Inde et de la Chine. Il expose d'abord la situation commerciale ainsi qu'elle existe depuis une douzaine

(1) *Presse* du 12 avril 1860.

d'années, intimement rattachée à la mission dont M. de Lagrené fut le chef. « L'importation des marchandises françaises dans l'extrême Orient a décuplé depuis cette mission célèbre, qui eut lieu de 1843 à 1846. » Si les fabriques de Paris, d'Amiens, de Beauvais, d'Elbeuf, de Rouen envoyèrent, à diverses reprises, leurs produits sur le marché chinois, ce furent principalement les soies qui donnèrent lieu aux transactions. La Chine fut loin d'y perdre si, comme l'établit M. Rondot, la France reçoit maintenant trente mille balles de soies de Chine, gréges ou moulinées (à peu près quinze cent cinquante mille kilogrammes, d'une valeur de 90 millions de francs). Cette soie qui se prête merveilleusement au travail, est devenue indispensable à nos fabricants pour les étoffes de qualité courante Il ressort du rapport que ces achats se font surtout sur des crédits ouverts par des *banques anglaises*, et que souvent aussi « une maison de commerce, à Londres, réceptionnaire de soies de Chine, qu'elle a fait acheter pour son compte, en Chine, ou dont elle est consignataire, met ces soies en vente, tant à Londres qu'à Lyon, par les procédés ordinaires du commerce. » D'où il résulte que le prix pour nos fabricants est plus élevé que si, par le crédit français et les vapeurs français, ils pouvaient se procurer directement ces marchandises indispensables.

Le rapporteur dit fort bien : « Parce qu'elles sont transportées de la sorte, ces soies n'en sont pas moins, pour la plupart, destinées originairement au marché français, qu'elles y soient consignées ou qu'elles soient achetées pour compte français ; elles appartiennent à notre commerce, elles intéressent notre industrie ; elles représentent, dans la généralité des cas, des opérations et des capitaux français. »

Or elles nous viennent généralement par les steamers de la compagnie péninsulaire et orientale ! car, encore une fois, nous n'avons pas dans les mers de la Chine et de l'Inde de service à vapeur.

Il faut joindre aux soies le thé, les laines et poils de chameau, les cocons, la droguerie, les substances tinctoriales, les bambous, les rotins, les étoffes, les porcelaines, la tabletterie. Le tout réuni forme un chiffre respectable de cent millions. Avec l'Inde, 30 millions ; avec l'Archipel indien et l'Australie, 35. C'est dire assez quel développement pourrait atteindre notre commerce extérieur, sans les entraves qui pèsent sur lui, à commencer par nos tarifs.

Citons encore M. Rondot, dont les vues sont si pratiques et les conclusions si lumineuses.

« Le commerce étranger avec la Chine représente une valeur d'environ onze cent millions de francs; il n'est pas le seul qui soit intéressé à la création d'un nouveau service à vapeur dans les mers de l'Inde et de la Chine. Cette entreprise desservirait inévitablement, directement ou indirectement, les îles de la Réunion et de Maurice, avec lesquelles nous avons, sous notre pavillon, un commerce direct de cent millions; l'Inde, d'où nous tirons tant de soies, d'indigo, de graines oléagineuses, de laines, etc.; qui, en outre de la part dévolue à la marine anglaise, donnent à deux cent vingt de nos navires un tonnage dont la valeur dépasse cent millions; les grands ports de l'Archipel indien, Singapour, Batavia, Manille, Bangkok, avec lesquels nos relations seront un jour décuplées; le Japon, qui fournit des soies fines et qui demande des produits de nos fabriques; l'Australie enfin, avec laquelle nous faisons un commerce déjà étendu, et que la libre entrée des laines ferait grandir au-delà peut-être des prévisions. »

Il ne suffit pas qu'on aperçoive notre pavillon sur ces mers lointaines, il faut qu'on l'y voie dans des conditions d'égalité avec la nation puissante qui nous tient par le crédit. C'est principalement sur la question des banques nationales à créer pour nous épargner à l'avenir un tribut onéreux, que porte une augmentation qui s'adresse non-seulement aux intérêts privés, mais encore à ceux de l'État. Depuis quelques années, le gouvernement impérial a été entraîné par les événements à entretenir, dans les mers de Chine et de l'Inde, de grandes forces navales : combien son service de trésorerie serait moins onéreux si, par l'existence d'une Banque française, il pouvait réaliser l'économie d'un agio pesant et avoir en outre sécurité entière pour les payements et approvisionnements !

Si nous avons suivi avec détail les conclusions de cet excellent rapport, c'est que les conclusions en ont été admises à l'unanimité par la chambre de commerce de Lyon, et que, placées aujourd'hui sous les yeux de S. Exc. le ministre des travaux publics, elles ont toute chance d'entrer dans la phase de l'exécution.

C'est à peu près ainsi que M. de Montigny se résumait dans le travail considérable qu'il publia en 1846 (1), après son retour de la Chine, où il avait

(1) *Annales du commerce extérieur.*

fait partie de la mission extraordinaire de M. de Lagrené.

M. de Montigny invoquait l'accord fraternel du *capitaliste*, du *fabricant* et de l'*armateur* pour cette œuvre toute nouvelle de relations suivies et fructueuses à établir avec l'extrême Orient. Non qu'il désirât voir nos compatriotes se lancer avec la « *furia francese* » dans des spéculations aventureuses « qui, si elles peuvent parfois amener, d'un seul coup, de grandes fortunes, sont le plus souvent fécondes en résultats désastreux. » Loin de là, il recommandait une extrême circonspection, un choix intelligent des marchandises les plus capables de plaire et qui fussent le plus facilement vendues. Aux capitalistes il disait : « Venez en aide aux fabricants, et imitez en cela les membres les plus illustres du parlement anglais, lesquels s'associent avec tant de confiance à des affaires même lointaines et qui en attendent l'issue avec une patience à toute épreuve. » Aux fabricants il recommandait — et c'était fort sage — de se plier davantage aux goûts et aux besoins de l'étranger : ce qu'on ne fait pas assez chez nous où l'on ne se dit pas qu'il faut traiter les gens selon leurs usages et leur climat. Reste la classe des armateurs qui recevait de

M. de Montigny des conseils non moins judicieux, à propos des exigences de frêt qui obligent nos négociants à se servir de bâtiments étrangers. Oui, accord du capitaliste, du fabricant et de l'armateur, voilà le secret pour que la France prenne et garde dans ces régions si belles et si riches le rang qu'elle devrait occuper déjà, si elle était aussi jalouse d'étendre son influence commerciale qu'elle l'a été jusqu'ici de maintenir son influence politique et son rang militaire.

Si nous remontons plus haut encore dans l'ordre de date, nous trouvons un voyageur qui visita Péking, Manille et l'île de France de 1784 à 1801, M. de Guignes.

« En considérant, dit-il, les produits de l'Inde et de la Chine, on se persuade facilement que la France doit se livrer au commerce de ces deux contrées, comme lui étant utile et même absolument nécessaire; utile, en ce qu'il forme des marins, entretient la construction et l'armement des navires, et vivifie nos ports; nécessaire, en ce que l'Asie fournissant beaucoup de marchandises dont nous ne pouvons nous passer, telles que les épiceries, le sucre, le café, la cannelle, le salpêtre, le coton, le borax, le camphre, les drogues propres à la teinture et à la médecine, et la surveillance la plus sévère ne pouvant empêcher entièrement la contrebande d'introduire celles qui sont purement de luxe, comme les toileries, les mousselines, etc., il vaut mieux que la France en allant elle-même chercher ces objets évite l'exportation du numéraire avec lequel elle les paye aux étrangers, et s'assure de la jouissance des bénéfices qui résultent de ce commerce.

« Si l'on ne se rend pas à ces raisons, qu'on fasse attention à cette phrase remarquable de Davenant, phrase écrite en 1698, il y a plus d'un siècle, et dont nous avons l'accomplissement sous les yeux. « Un pays quelconque, dit-il, qui pourra être en « pleine possession du trafic de l'Inde, fera la loi à « tout le monde commerçant. » Ceci mériterait une longe explication ; mais mon dessein n'est pas de traiter du commerce de l'Inde, et je n'en parle que parce qu'il est lié avec le commerce général. Celui de la Chine est avantageux, en ce qu'il ne demande aucuns frais extraordinaires, c'est-à-dire de troupes, de fortifications et de marine; s'il nous offre peut-être des objets dont nous n'avons pas extrêmement besoin, ce n'est pas une raison de l'abandonner; en effet, tant que les Anglais et les autres nations le feront, il est de la saine politique et de l'intérêt de l'État de le continuer ; d'ailleurs la France ne consommant qu'une faible partie des marchandises qu'elle tire de la Chine, et en réexportant le surplus chez l'étranger, elle se trouve par là faire un commerce très-lucratif. » (1)

Ce qui était vrai au commencement de notre siècle l'est plus que jamais, et de grands progrès sont encore à faire, bien que les événements aient marché, bien que la France ait été représentée en Chine par des hommes du dévouement le plus parfait, du mérite le plus réel, par les Lagrené, les Gros, les Montigny, les Rondot.

Parmi les questions de détail, il en est une qui mérite de trouver ici sa place. On ne se préoccupe pas assez généralement du profit que pourrait amener l'importation des vins français en Chine. Nous ne voulons pas parler de nos vins ordinaires, mais de ceux qui proviennent du Midi et ont reçu des rayons du soleil une saveur sucrée et toute parfumée. Ceux-là plaisent aux Chinois, ces gastronomes orientaux, et nous avons lieu de penser que notre

(1) *Voyages à Péking, Manille et l'île de France faits dans l'intervalle des années* 1784 *à* 1801, par M. de Guignes, t. III, p. 223 et suiv.

Lunel, notre Frontignan, en un mot nos crûs de l'Aude et des Pyrénées orientales détrôneraient un peu le thé classique, et pourraient même avoir l'heureux et salutaire effet de produire une diversion contre l'opium. — Voyez-vous les Chinois portant des toast à la civilisation européenne et levant leurs verres colorés des teintes roses de nos vins du Midi? Qu'on ne cherche pas à les tromper surtout ; qu'on soigne bien les envois pour qu'ils soient de qualité supérieure, en arrivant sans dégât à bon port, et bientôt la *demande* excédera l'*offre*. — Dans son *Journal d'un voyageur en Chine* (1), M. Jules Itier a pris soin de tracer un tableau comparatif des prix de revient et des bénéfices probables à faire sur les vins et les trois-six. Nous ne le suivrons pas sur ce terrain. Que si l'on objectait que la France exporte déjà bien assez de ses vins en Europe et qu'elle doit réserver quelque chose à sa consommation intérieure, nous répondrions qu'il serait facile au gouvernement de faire défricher et planter spécialement, en vue du commerce des vins avec la Chine, ces vastes espaces des Landes et de l'Algérie jusqu'ici improductifs. Un double but serait atteint : d'une

(1) En 1843, 44, 45 et 46.

part, un sol stérile et abandonné acquerrait une valeur inconnue, et de l'autre nous fournirions à l'importation une sorte de marchandises à laquelle nos rivaux ne pourraient opposer rien de semblable.

Mais encore faut-il que nos cargaisons ne voguent pas inévitablement sous pavillon anglais. La question principale n'est point dans les essais plus ou moins intelligents de nos fabricants, dans les efforts plus ou moins habiles de quelques maisons de commerce : elle est surtout dans les ports. Il s'agit, avant toute chose, d'obtenir que nos expéditeurs puissent compter sur le navire ; de même que, de son côté, l'armateur ou le capitaine dudit navire doit pouvoir compter sur des chargements complets au retour comme au départ. C'est une grosse affaire qu'un voyage en Chine ! cela implique une traversée de plusieurs milliers de lieues, une navigation de quinze à dix-huit mois, hérissée de périls et tout au moins fort coûteuse. Il est donc permis d'y songer à deux fois avant d'entreprendre un tel voyage; et cependant nos navires pourraient s'y hasarder plus souvent et avec plus d'avantages, si cet accord précieux que nous appelons de tous nos vœux, avec MM. Natalis-Rondot et de Montigny, l'accord du capitaliste, du fabricant et de l'armateur devenait

chez nous chose consacrée. Et jamais on ne verrait
de navires porter des cargaisons insuffisantes, ce
qui est déplorable, si, comme il a été dit plus haut,
notre commerce, un peu trop routinier, voulait
prendre la peine d'étudier les goûts et les besoins
des nations avec lesquelles il désire nouer des
relations suivies. Pourquoi quelques-unes de nos
puissantes maisons de commerce ne feraient-elles
pas en petit ce que fit le gouvernement français,
lorsqu'il organisa la mission de M. de Lagrené?
Pourquoi n'enverraient-elles pas en Chine, dans
l'Inde, dans la Cochinchine et en Australie des jeunes gens dévoués, sérieux, lesquels étudieraient sur
place les mœurs, les usages, les besoins des populations, et qui, indépendamment des excellentes
notes qu'ils feraient parvenir à leurs patrons, acquerraient l'usage des idiomes orientaux, de façon à
pouvoir devenir d'excellents interprètes? L'homme
qui, parvenu à un certain âge, va avec ses propres
capitaux établir un comptoir à l'étranger, y arrive
trop tard. Il est usé déjà par le travail, par les
épreuves de la vie; il craint pour sa fortune; de
plus, il a des habitudes dont il lui est difficile de se
départir. Ce n'est donc pas cet homme qui peut
apporter d'utiles améliorations là où il faudrait de-

viner, oser et exécuter. Dans l'intérêt général, et non par une vanité déplacée, nous espérons que notre idée se réalisera un jour, c'est-à-dire que le commerce aura ses *consuls de vingt ans*, jeunes gens honorables et pleins de cœur, qui, en servant les intérêts d'une maison particulière, serviront aussi ceux du pays.

En attendant, si le commerce français veut parvenir à prendre rang parmi les nations qui prospèrent en Chine, il faut absolument qu'il ait ses navires à lui, et qu'il soit sûr de ne point payer jusqu'à 240 fr. le tonneau ce que les Américains offrent à 70 et même 60 fr. Il n'est que trop vrai que, par diverses causes combinées, les armements sont chers en France, et surtout ceux qu'entraînent les expéditions en Chine. Là, il n'y a pas de fautes à risquer : une erreur c'est la ruine. La qualité et la quantité, la valeur et le volume doivent être inséparables : il est besoin de savoir d'avance si, en Chine comme dans les pays limitrophes, on trouvera des éléments de cargaison suffisants pour combler le vide et équilibrer les dépenses.

Un grave inconvénient, le plus grave de tous, peut-être, c'est qu'il n'y a pas en Chine de maisons françaises établies. De là, incertitude, hésitation, tâtonnements. Comment n'a-t-on pas déjà songé à avoir des comptoirs à demeure ? Sans ce moyen, l est impossible de rien faire avec suite et progrès, et notre commerce reste exposé à toutes les mauvaises chances du provisoire.

« En résumé, est-il dit dans les *Annales du commerce extérieur* (1), si le commerce français rencontre de grandes difficultés à étendre ses opérations avec la Chine ; s'il n'est que trop vrai aussi qu'il se trouve devancé par les progrès qu'y a faits celui de la Grande-Bretagne, et plus tard celui des États-Unis, il demeure cependant établi que, pour certaines spécialités, la concurrence ne nous est pas impossible, et que plusieurs de nos produits de France, s'ils étaient expédiés *directement* et d'une manière moins coûteuse, trouveraient indubitablement un débit assez avantageux. »

Le moment n'est certes pas propice pour obtenir du gouvernement chinois des concessions équitables : les traités antérieurs conclus avec le comte de Ratti-Menton et lord Elgin sont déchirés par des mains déloyales ; et, à moins d'un miracle accompli par la prudence et l'habileté du baron Gros, il est

(1) N° 21, Février 1855.

à présumer que le Céleste-Empire devra recevoir une leçon qu'il ne puisse oublier. Mais il est permis, dès à présent, de faire observer (avec l'espoir que le mal cessera un jour) combien l'administration chinoise a apporté jusqu'ici d'entraves au commerce en ne publiant pas ses tarifs et réglements : ce qui dans les cinq ports laissait les navires marchands sans aucune garantie ni règle de conduite. Les droits de pilotage dans les rivières, le mode de jaugeage des navires et les droits de tonnage; les droits de navigation, les droits généraux d'importation et d'exportation, et une foule d'autres droits qu'il serait trop long d'énumérer, tout est demeuré en question, ou, qui pis est, tout est livré à l'arbitraire; le bon plaisir des autorités locales fait loi, et elles sont si habiles à tromper le gouvernement ! Le gouvernement lui-même ne se déjuge que trop souvent : on en a la preuve dans l'importation *quand même* de l'opium en Chine, importation qui atteint, année moyenne, le chiffre énorme de cent quatre-vingt-dix millions.

On a songé déjà qu'il y avait lieu de demander au gouvernement chinois l'uniformité absolue des réglements sur le commerce dans les cinq ports qui lui sont ouverts. On s'est préoccupé également de l'idée d'établir dans chacune des stations maritimes une chambre de commerce, laquelle serait composée d'un membre consulaire de chaque nation et des principaux négociants de la localité, ayant pour président et vice-président, à tour de rôle, un consul ou chargé d'affaires. Mais toutes ces questions réglementaires sont nécessairement subordonnées à l'issue de la guerre qui va s'engager.

En résumé, ce qu'il y a d'évident, c'est que jusqu'ici la place a été tenue par les Anglais et les Américains. D'un rapport très-positif fait par M. Auguste Heurtier sur le *commerce de l'Angleterre avec la Chine*, il résulte que nos habiles rivaux ont fait depuis longtemps ce que nous commençons seulement à faire, c'est-à-dire se sont donné la peine de fabriquer exprès pour les Chinois, et au meilleur marché possible, les toiles de coton et les draps. Aussi leurs cotonnades ont-elles écrasé les nôtres. De plus, les Anglais ont l'avantage immense de pouvoir alimenter le marché chinois avec des articles qu'ils n'ont qu'à aller chercher dans leurs colonies de l'Inde et de l'Australie. Ils sont bien autrement sûrs que nous de l'abondance et du choix de leur fret, la question des retours disparaît pour eux (1).

(1) Voir aux Documents géographiques.

Le traité du 26 juin 1858 (1) leur donna de grands avantages ; mais il ne faut pas qu'on oublie qu'en 1848, le commerce français avait été admis au bénéfice du traitement accordé au commerce britannique (2).

Il importe par-dessus tout à la France d'être enfin *chez elle* en Chine; autrement dit, d'obtenir une station, un port pour y asseoir son influence.

On est douloureusement affecté en songeant que la chose est encore à faire pour nous, tandis qu'elle est faite pour l'Angleterre, les Etats-Unis, le Portugal et la Russie !

Les Anglais ont obtenu Hong-Kong (3). Toujours habiles à colorer leurs empiétements, ils ont, pour s'agrandir, pris à bail toute la péninsule de Kow-long, située en face de la ville de Victoria. Le prétexte a été de travailler à la suppression de la piraterie qui infeste ces parages. Un jour viendra où cette péninsule sera pour les Anglais une propriété.

Les Etats-Unis se sont fait concéder Formose (4).

(1) Voir aux Documents géographiques.
(2) Idem.
(3) Idem.
(4) Idem.

Les Portugais possèdent depuis plusieurs siècles Macao. (1)

Les Russes, limitrophes de la Chine, la pressent par la Tartarie. Dépouillés de leurs prétentions sur la possession du fleuve Amoor par le traité de 1689, ils ont su, dans ces derniers temps, négocier si bien avec le cabinet de Pékin, qu'ils ont obtenu la pleine et entière jouissance de ce fleuve qui leur ouvre une large voie sur l'océan Pacifique. Certainement l'avenir, quant à une prépondérance en Chine, appartient à la Russie : ce serait une simple conséquence de sa position géographique, si ce n'en était une de sa persévérance habile et de sa puissance colossale.

Cependant pourquoi la France, cessant de s'abandonner elle-même, n'aspirerait-elle pas à être traitée aussi bien que les nations précitées? Pourquoi ne ferait-elle pas, au moment opportun, la demande d'un port, d'une île comme celle de Haï-nan, ou celle de Tcheou-chou ou encore celle de Chusan (2)?

Une demande semblable est tellement juste qu'elle ne saurait rencontrer un refus, et que les

---

(1) Voir aux Documents géographiques.
(2) *Idem.*

nations déjà favorisées ne sauraient non plus s'en formaliser. La nécessité fait à notre gouvernement une loi de la présenter; car les intérêts français ont absolument besoin d'un point d'appui contre la mobilité de la politique chinoise.

On parle beaucoup à l'étranger de l'expédition franco-anglaise dans le Céleste-Empire. Les esprits légers et superficiels n'y voient qu'un but d'ambition pour les deux grands peuples qui l'ont entreprise; pour la France, une affaire de gloriole, une occasion de montrer ses aigles victorieuses dans ces parages lointains; pour l'Angleterre, une secrète pensée d'agrandir encore ses possessions déjà si considérables dans cette partie de l'ancien monde. Les hommes sérieux y voient autre chose; ils comprennent que ce n'est pas uniquement pour venger l'affront fait au pavillon anglais par la capture de l'Arrow, ni pour demander raison du supplice du vénérable missionnaire français, le père Chapdelaine, que les gouvernements britannique et français ont armé et envoyé leurs escadres sur les côtes de la Chine, bien que ces derniers motifs eussent certainemement suffi pour les engager à déclarer la guerre au frère du soleil. Ils y voient ce qui est, un besoin pour les deux gouvernements alliés de maintenir pour leur industrie, sous peine de mourir de pléthore, des débouchés que leurs diplomates ont acquis au prix de grands sacrifices.

A ces hommes de tous les pays, et surtout des petits États qui n'ont à leur disposition ni flotte nombreuse, ni armée imposante, nous dirons : Unissez-vous à nous; joignez vos efforts aux nôtres; venez, dans la limite de vos forces, partager avec nous les dangers et les périls de la guerre; et avec nous aussi vous recueillerez votre part d'influence dans ces parages reculés, en même temps que vous y servirez vos intérêts matériels, en créant des relations nouvelles à votre commerce et de nouveaux marchés aux produits de votre sol.

Ce langage, nous le tenons à toutes les nations qui ont à cœur leur prospérité, et nous avons l'espoir qu'il aura de l'écho, que notre voix sera entendue, que l'on comprendra que, dans ces graves circonstances, non plus que dans les autres, nous ne nous laissons point guider par une mesquine préoccupation d'amour-propre ou d'égoïsme, que notre conduite a un but plus louable; que nous allons en Chine pour forcer ses astucieux mandarins à exécuter fidèlement des traités qu'il importe autant aux autres puissances européennes qu'à nous-mêmes de voir respectés.

Cette espérance semble devoir se réaliser bientôt ; en effet, notre voisine du Nord, la Belgique, ce petit, mais sage et riche pays, où l'on naît commerçant et industriel, comme on naît poëte ailleurs, a senti des premières ce qu'elle aurait à gagner à s'associer aux généreux efforts de la France et de l'Angleterre ; des esprits élevés, parmi lesquels il faut placer tout d'abord le noble et généreux prince appelé par la Providence à tenir le gouvernail de ce vaisseau qu'on nomme l'État, dont il est déjà par ses lumières et son dévouement un des plus fermes soutiens, se sont courageusement mis à la tête du mouvement.

« Un des premiers discours du duc de Brabant, au Sénat, fut une protestation contre l'indolence et la timidité de nos industriels et de nos négociants, » dit l'auteur d'un ouvrage aussi remarquable par la forme que par le fond, et dû à la plume savante d'un jeune officier belge distingué, le capitaine de Brialmont, fils d'un général également très-estimé.

Il serait à désirer que ce livre fût entre les mains de tous ceux pour qui il a été écrit ; qu'il fût par eux lu et médité ; ils y trouveraient des appréciations justes et approfondies sur les besoins actuels du commerce européen en général, et une connaissance exacte de ceux du commerce belge en particulier. C'est avec une grande puissance de raison et une logique supérieure que le jeune écrivain combat les arguments de ceux de ses compatriotes qui ne veulent point entendre parler de la participation de la Belgique à la lutte où sont actuellement engagés les *Princes du Ciel et leurs frères barbares de l'Occident;* et c'est avec amertume qu'il leur dit : « Vous reconnaissez vous-mêmes que votre marine marchande va dépérissant chaque jour, que votre commerce maritime se réduira bientôt à un simple cabotage ; et vous refusez de prendre les moyens de le relever, de le rendre ce qu'il était sous la puissante énergie de vos ancêtres. »

A ceux qui craignent les dépenses auxquelles serait entraîné le trésor public par suite d'une expédition belge en Chine, il dit : « Mais vous avez là cinq ou six grands vapeurs, armez-les ; donnez-en la conduite aux officiers sans emploi de votre marine militaire ; faites-les servir au transport de quelques bataillons de vos soldats, et votre trésor aura fort peu à souffrir d'une entreprise si éminemment nationale. »

A ceux, et le nombre en est grand, qui pensent bénévolement trouver une protection suffisante sous le pavillon des grandes nations, il dit : « Il faut que vous soyez ou fort naïfs ou bien égoïstes pour croire que les puissances auront répandu leur or et versé leur sang pour vous assurer des avantages égaux à ceux qu'elles auront si péniblement acquis. »

Nous ajouterons aux paroles si sensées de l'écrivain belge, que les gouvernements comme les individus ont des devoirs à remplir, et qu'il est toujours d'une politique sensée de ne s'en remettre qu'à soi-même du soin de leur accomplissement.

A tous, il dit : « Comprenez vos intérêts et prenez-en souci ; n'hésitez point, que votre pavillon aille flotter sur le *Fleuve bleu* ; pour un faible sacrifice que vous vous imposerez aujourd'hui, vous vous ouvrirez pour plus tard et pour bien longtemps, d'abondantes sources de richesses, en même temps que votre influence comme nation s'en accroîtra. » Il y a toujours quelque chose à gagner pour un petit Etat à s'associer aux grandes entreprises des puissances du premier ordre. C'est là ce que fait encore remarquer M. de Brialmont ; malheureusement les limites que nous nous sommes tracées ne nous permettent pas de le suivre davantage.

Nous le regrettons sincèrement, car son œuvre est noble et belle : elle mérite un sérieux et sympathique encouragement.

Nous ne comprendrions pas que les ministres du roi Léopold qui a toujours montré une sollicitude prévoyante et si éclairée pour tout ce qui touche au développement de la richesse du pays, ne prissent pas cette affaire en main et ne voulussent pas la mener à bonne fin.

Hâtons-nous d'ajouter ceci : nous avons trop de foi au patriotisme des hommes qui sont au pouvoir en Belgique, et trop de confiance en celui des Chambres belges, pour ne pas croire qu'ils sauront secouer l'état de torpeur où se trouve plongé aujourd'hui leur commerce maritime.

Les entreprises nouvelles peuvent être d'autant mieux essayées, tant par la France et l'Angleterre que par les autres nations européennes, que la Chine elle-même sort de son apathie et s'agite dans une espèce de convulsion. Les partis la divisent. L'insurrection formidable sépare presque en deux camps cette nation qui jadis ne semblait qu'une immense agglomération d'hommes courbés sous un pouvoir paternellement despotique. Cette insurrection a livré des batailles; elle a pris des villes; rien n'arrête ses progrès, car elle est nationale et a le bon droit pour elle. En effet elle aspire à abaisser les descendants des conquérants tartares et à ramener la dynastie des Ming. Ici est pour nous le cœur de la question. Que l'Europe se prononce; et, quand nous disons l'Europe, nous ne voulons pas enfermer le cercle de l'activité politique entre la France et l'Angleterre seulement; mais nous désirons avec ardeur que toutes les nations, même celles qui ne possèdent qu'une marine très-secondaire, s'associent à un mouvement qui sera pour toutes l'avénement d'un ordre commercial nouveau. Un appui, fût-il seulement moral, donné à l'insurrection chinoise, ferait peut-être plus pour ouvrir définitivement le Céleste-Empire aux étrangers, que toutes les expéditions de détail, que tous les traités si facilement rompus.

Ce n'est d'ailleurs qu'une simple hypothèse, et nous la livrons pour ce qu'elle vaut. Dieu nous préserve de pactiser avec l'insurrection! quel qu'en soit le prétexte ou le drapeau, il y a toujours danger à faire triompher la force matérielle. Mais supposons que, dans un concert européen, les puissances de tout ordre s'entendent pour faire tomber les barrières jalouses qui nous empêchent de pénétrer dans l'extrême Orient ; supposons qu'au lieu de s'appeler uniquement France et Angleterre, l'expédition s'appelle, en outre, Belgique, Hollande, Prusse, villes Hanséatiques, Danemark, Suède et Norwége, Piémont, Espagne, etc., aussitôt les choses changent de face, et les Asiatiques comprennent qu'ils doivent céder, eux aussi, au progrès de l'esprit humain et aux nécessités de l'époque.

Nous pourrions nous arrêter ici, car nous supposons trop d'intelligence à nos lecteurs, pour ne pas croire que souvent ils nous devanceront, et qu'ils nous compléteront toujours ; mais comment résister au désir de citer les belles lignes qu'à écrites M. Léon de Rosny, dans la *Revue de l'Orient ?*

Les voici :

« La conquête de la Chine, au profit de la civilisation, est une œuvre difficile, laborieuse ; mais la difficulté même doit s'éclipser en vue des résultats qu'on est en droit d'attendre. Le siècle qui a inauguré la navigation à vapeur, le chemin de fer, le télégraphe et la photographie, le dix-neuvième siècle en un mot, ne peut se contenter de marquer sa place par des conquêtes purement matérielles ; il ne peut renoncer à la réalisation d'une œuvre appelée à rendre au monde civilisé plusieurs centaines de millions d'hommes, que d'antiques préjugés ont maintenus près de trente siècles dans le plus déplorable isolement et dans un éternel *statu quo*.

« L'Orient nous préoccupe chaque jour : c'est qu'en effet, l'Orient cesse définitivement d'être étranger au grand concert européen. Aujourd'hui, Paris écoute avec plus d'intérêt que de surprise le récit des événements qui se déroulent dans ces contrées lointaines avec une rapidité trop significative pour qu'on puisse douter encore de la régénération des races asiatiques.

« L'heure de l'universalisation des peuples ne peut tarder à sonner. »

SECONDE PARTIE.

ÉTAT GÉNÉRAL
DES FORCES MILITAIRES ET MARITIMES
DE LA CHINE.

LIVRE PREMIER.

§ 1. — CONSIDÉRATIONS GÉNÉRALES. (1)

La pensée qui naturellement se présentera à l'esprit du lecteur, dit M. Wade, au sujet d'un article sur l'armée de Chine, c'est qu'il a fallu bien du temps pour rassembler les détails répandus sans ordre dans plus d'une centaine de volumes; mais les recherches faites sur l'étendue et la constitution de ces forces n'ont, en quelque sorte, été

---

(1) Cette notice sera notoirement incomplète, puisqu'elle ne donne qu'une portion de ce qui existe réellement. — D'ailleurs les hommes d'État de l'Empire déclarent franchement que la force actuelle de cette armée est bien au-dessous du nombre reconnu par ses officiers.

qu'un accessoire des études qui avaient pour but les dépenses générales de l'Empire, dépenses dont l'armée emporte la plus grande part. Ce fait que le trésor impérial, bien que les contingents établis fussent sans résultat, et les cadres indiqués incomplets, n'en payait pas moins chaque année des sommes proportionnées au nombre porté sur ses registres; ce fait, dis-je, nous a amenés à l'examen d'écritures qui jettent une grande lumière sur les frais qu'entraîne l'entretien de l'armée, et sur l'ordre et la distribution des troupes.

Les principaux ouvrages consultés sont le *Tà-Tsing hwin Tïen*, ou *Code des Lois* réglant le gouvernement actuel de la Chine (éd. 1812); le *Chung ch'ù Ch'ing K'àu*, ou *Recherche sur l'Administration* du centre ou Premier Pivot, c'est-à-dire l'armée (éd. 1825); le *Hù Pù Tsih-li*, ou *Code du Conseil des Revenus* (éd. 1831); et le *Livre Rouge* de 1849.

Le premier de ces ouvrages donne le nom et la distribution des officiers et des soldats; le second celui des soldats seulement. Mais il rappelle différents changements dans la discipline et la composition des troupes qui ont eu lieu durant ce siècle, et les détails sont rendus en une forme plus synoptique, plus satisfaisante que celle du *Code des Lois*, qui, bien qu'il fasse grande autorité aux yeux des nationaux, dispose ses statistiques d'une façon fort embarrassante. La *Recherche sur l'Administration* démontre que, entre 1812 et 1825, les forces de Bannière ont été augmentées considérablement, et le *Code du Conseil* qui donne, pour 1831, la paye individuelle et les honoraires de tous grades et de toute classe, contient, pour ce qui regarde la hiérarchie militaire inférieure, assez conforme à celle des armées d'Europe, différentes dénominations de bas-officiers qui ne sont pas même indiquées dans les deux précédents ouvrages. Le *Livre Rouge* de 1849 révèle de grands changements dans les forces qui ne composent pas les troupes de Bannière.

Tous les ouvrages que nous avons examinés ont réclamé la sanction impériale pour leur publication, et sont sans aucun doute les sources les plus autorisées auxquelles on puisse puiser un état général des forces militaires de l'Empire.

Comme il arrive pour toute recherche semblable en Chine, le résultat n'est probablement qu'une approximation.

Dans aucun de ces ouvrages on ne trouve ni total

pour le nombre, ni total pour les dépenses. Quand l'appréciation n'offre pas de difficulté, c'est déjà un embarras d'arriver à connaître la force d'une division de l'État ; mais, en certains cas, il y a une énorme difficulté qui tient à la pratique chinoise d'entrer dans des détails, déjà introduits sous de nouveaux titres ou chapitres de renseignements. En excusant ainsi ce qu'a d'incomplet ce travail mis aux mains du lecteur, il est juste de l'informer que la fraction, même la plus minime, des nombres de cette énorme armée ou des sommes dépensées pour elle, n'a été regardée par nous ni comme admise, ni comme réelle. Un examen attentif a été fait des données reçues ; et, pour nous garder d'exagération, nous avons calculé les totaux de la paye au plus bas taux de chaque classe, toutes les fois que nous avons eu un doute sur le nombre exact de ceux qui avaient droit à un plus haut degré de l'échelle.

§ 2. — DIVISIONS DES TROUPES DE BANNIÈRE.

Quand il s'agit de l'armée chinoise, la première distinction à faire, c'est entre les *hommes de Bannière,* qu'on peut appeler la force de la famille d'usurpation, et les *troupes du Vert-Étendard* qui se rencontrent, sauf quelques exceptions, parmi les officiers placés un peu au-dessus des officiers subalternes, troupes entièrement chinoises.

Les hommes de Bannière sont Mantchoux, Mongols-Tartares, et *Hàn kiun*, ou Chinois descendus de ceux qui abandonnèrent la cause des Ming à l'époque de l'envahissement (1). Ces trois nations sont chacune rangées sous huit bannières, les trois premières dénommées *supérieures*, les cinq autres *inférieures*.

1 Bordé-jaune.	2 Jaune-uni.
3 Blanc-uni.	4 Bordé-blanc.
5 Rouge-uni.	6 Bordé-rouge.
7 Bleu-uni.	8 Bordé-bleu.

Les 1re, 3e, 4e et 7e bannières forment l'aile gauche, le reste forme l'aile droite. La surintendance suprême de tous les hommes de Bannière réside dans l'office métropolitain des *Tù-tung*, ou

---

(1) La première révolte dont il soit fait mention eut lieu dans Liautung, pas plus tôt que 1621, vingt-trois ans avant la chute de la dynastie ; d'autres révoltés s'y sont mêlés, de force ou de gré, et les déserteurs chinois ont continué à recevoir du renfort postérieurement même au temps où les Mantchoux furent assis sur le trône.

capitaines-généraux des bannières, au nombre de vingt-quatre, c'est-à-dire un par bannière de chaque race, — de la même nation d'ordinaire que les hommes qu'ils commandent, mais pas nécessairement du même corps ou bannière. Leur juridiction a le double caractère civil et militaire; mais il faut rappeler que, bien que tous les hommes de Bannière dans la Chine propre, aussi bien que tous les Mantchoux et certains des Mongols dont nous parlerons en leur lieu, soient plus ou moins soumis à l'arrangement ci-dessus mentionné, ils ne font pas tous le service militaire; et que ceux qui ne le font pas, ou qui ne sont pour rien dans le service civil des établissements de la Bannière, ne reçoivent rien de l'État, à moins qu'ils n'appartiennent aux trois bannières supérieures. Dans le canevas qui nous occupe, nous n'avons à parler que de ceux qui trouvent place dans l'armée, ou comme combattants, ou comme se trouvant sous sa dépendance civilement ou militairement.

L'armée chinoise qui n'appartient pas à la Bannière est connue sous le nom de *Luh Ying,* ou sous celui de tentes du *Vert-Étendard*, désignation qui lui fut donnée pour la distinguer des corps de Bannière. Ces corps, en 1575, n'étaient en tout que quatre, d'organisation purement militaire, comptant chacun 7,500 hommes; ils furent doublés dans la suite, et la bordure fut ajoutée à la couleur unie adoptée d'abord pour les distinguer. Quand, en 1644, les Mantchoux établirent leur dynastie, les bannières furent nominativement distribuées à Pékin d'après un système mystique, dans lequel le jaune est censé représenter le Centre ; le rouge, le Sud ; et le blanc, l'Ouest ; le Nord aurait dû être représenté par le noir, mais le bleu a été substitué au noir considéré comme de mauvais augure. Quant à l'Est, laissé ainsi au dépourvu, au lieu de l'azur que réclamait ce système, on lui a assigné, sans aucun motif fondé, le vert que l'on désigna pour l'étendard des indigènes. Cependant ils ne gardèrent pas, dans la cité, une position correspondante à celle qu'observaient exactement les hommes de Bannière ; en effet, les deux bannières jaunes sont casernées au Nord du plus grand enclos qui entoure la limite interdite de la résidence de l'Empereur ; les blanches à l'Est, les rouges à l'Ouest et les bleues au Sud, c'est-à-dire l'aile gauche campée à l'Est, du Nord au Sud ; l'aile droite de même à l'Ouest.

La *Recherche sur l'Administration*, etc., de 1825, fait 41 principales divisions des forces de Bannière, stationnées à Pékin, et une section de Chihlì à l'entour, et dans onze des autres provinces de la Chine propre de la Mantchourie et du Turkestan. Il n'y a pas d'hommes de Bannière à Ngànhwui, Kiàngsi, Hùnàn, Kwàngsi, Yunnàn et Kweichau. Les troupes du Vert-Étendard sont divisées en 1202 *ying*, bataillons ou cantonnements, dont on ne trouve que cinq à Pékin, sous le commandement du capitaine-général de la Gendarmerie. Ces *ying* varient singulièrement en force ; et certain nombre d'entre eux, qui diffèrent aussi suivant les lieux, compose un *piàu*, ou un *chin-piàu*; il y a 43 *piàu* et 72 *chin-piàu* dans les dix-huit provinces. Nous contentant de remarquer ici que ces deux fractions constituent ce que nous pourrions appeler un commandement général, nous remettrons à les examiner avec plus de soin jusqu'à ce que nous ayons disposé des rangs de la bannière.

La table qui suit donnera une idée de la force et de la division de toute l'armée, composée des huit bannières et du Vert-Étendard. Il faut en estimer la force par le minimum qui reçoit la paye, puisque nous n'avons aucune donnée du nombre d'hommes dans les rangs après 1825, et le *Livre Rouge* de 1849 nous montre un accroissement considérable de bataillons ou cantonnements du Vert-Étendard dans sa totalité, et un grand changement dans la proportion de ceux qui sont attribués à un commandement général plus élevé ou moins élevé. C'est une autorité aussi satisfaisante que l'État officiel de la même partie des forces de l'Empire. Pour les officiers des hommes de Bannière, nous n'avons pas de détails postérieurs à 1825. Les distinctions titulaires de ceux-ci sont si nombreuses, que nous avons trouvé impossible de les introduire dans le tableau ci-dessous, qui par conséquent ne donne que le nombre de chacun des neuf grades. Dans l'armée chinoise, les désignations sont peu nombreuses ; aussi sont-elles écrites en entier, et le rang des officiers déclaré par le nombre de leur grade accolé à leur titre ; les lettres α et β indiquent les divisions supérieures ou inférieures du grade auquel ils appartiennent.

ÉTAT GÉNÉRAL

TABLEAU indiquant la force et la disposition

PROVINCES	Grandes divisions	NOMBRE D'OFFICIERS DES NEUF GRADES				
		1re	2^e	3^e	4^e	5^e
Chihli						
à Pékin { Gardes du corps............	1	12	12	196	178	431
Division principale.........	1	......	2	10	10	14
Division du flanc...........	1	......	8	138	23	15
Division soldée des bannières.	1	24	48	280	1350	124
Division légère............	1	......	......	12	17	1
Artillerie et mousqueterie....	2	......	......	25	16	32
Gendarmerie...............	1	1	2	4	39	360
Yuen-ming Yuen..................	1	......	......	24	19	35
Cordon de vingt-cinq garnisons.....	6	2	3	25	142	106
Mausolées impériaux..............	1	......	......	6	12	220
Shànsi.........................	3	1	1	7	20	28
Shàntung.......................	1	......	1	5	16	20
Honàn..........................	1	......	......	1	10	10
Kiàngsù........................	2	1	2	10	56	56
Chehkiàng......................	2	1	2	14	32	28
Fuhkien........................	1	1	1	9	16	16
Kwàngtung.....................	1	1	2	9	16	34
Sz'chuen.......................	1	1	1	5	24	24
Hupeh.........................	1	1	2	10	56	56
Shensì.........................	1	1	2	8	40	40
Kànsuh (Est)..................	2	1	2	7	34	36
Kànsuh (Ouest)...............	4	1	3	12	44	44
Turkestan......................	1	1	......	16	108	56
Provinces mantchoux.............	3	3	11	50	354	239
Mausolées impériaux mantchoux....	1	......	......	3	6	48
TOTAUX........	41	53	105	886	2638	2067

DES FORCES DE LA CHINE. 51

des troupes de Bannière en 1825.

RECEVANT UNE SOLDE, ETC., 1812.				OFFICIERS non commissionnés et privés	ÉLÈVES	ARTIFICIERS Suite, etc.
6ᵉ	7ᵉ	8ᵉ	9ᵉ			
372	....	....	....	1756	....	....
106	....	6	12	1764	....	....
1015	....	....	....	14075	....	....
1514	....	....	....	36342	26598	2497
105	8	40	....	3098	830	....
224	....	....	....	6164	1650	....
144	25	....	....	23012	....	....
141	....	131	....	4122	1986	....
109	....	....	....	40162	630	28
21	....	....	....	998	....	5
28	....	....	....	8600	680	4
20	....	....	....	2330	100	16
10	....	....	....	900	....	20
56	....	....	....	4986	1300	168
48	....	....	....	3572	228	144
22	....	....	....	2263	160	40
38	....	....	....	3724	1511	30
24	....	....	....	2288	288	96
56	....	....	....	4780	1680	168
40	....	....	....	5600	868	120
34	....	....	....	4980	825	117
44	....	....	....	5572	448	88
108	....	....	....	13576	504	128
379	....	....	....	40800	1136	1658
....	....	....	....	550	....	....
4658	33	177	12	236014	41422	5327

ÉTAT GÉNÉRAL DES FORCES DE LA CHINE.

TABLEAU indiquant la disposition (1849) et la force (1825) des troupes du Vert-Étendard.

PROVINCES	GRANDES DIVISIONS SOUS UN COMMANDANT EN CHEF							Nombre de bataillons ou cantonnements	OFFICIERS AU-DESSOUS DU RANG DE GÉNÉRAL DE DIVISION, 2a										SOLDATS PARTICULI...	
	CIVILES				MILITAIRES*															
	Gouverneur général	Surintendant général des rivières	Division du transport des grains	Gouverneur	Général de garnison de bannière	Général de marine	Général des forces de terre	Général de divisions provinciales	Pa-tsang, 2a	Tsan-Tsiang, 3a	Yo-kih, 3a	Ts-si, 4a	Shou-pi, 5a	Shou-yu, 6a	Tsien-tsong, 6a	Pa-tsong, 7a	Wai-wei, 8a	Wai-wei surnuméraires 9β	Cavalerie	Infanterie
Pékin (gendarmérie)								7	5	1	5	5	17		46	92	138	67	4000	3000
Chihli	{					1		7	138	9	8	27	61	72	1	164	338	325	402	8829	9049
Shânsi					1			2	53	2	14	6	27	27		61	137	233	156	4496	7469
Shântung		1			1			3	44	5	10	11	14	30		59	130	126	128	3572	2087
Honân					1			2	35	1	7	5	11	31		43	76	84	54	2563	....
Kiângsû	1	1	1		1		1	3	100	6	12	31	28	83		148	275	254	188	3443	9057
Nganhwuî					1			1	9		2	2	4	6		12	24			683	1376
Kiângsi					1			2	38	2	6	6	24	15	7	30	79	89	43	982	2010
Chehkiâng					1	1	1	5	64	12	6	19	27	51	2	106	219	198	163	2196	10791
Fuhkien	1			1	1	1	1	8	78	6	16	44	15	66		140	286	291	272	3780	24889
Kwângtung	1			1	1	1	1	7	95	13	11	33	34	84		174	350	293	81	2183	22108
Kwângsi				1			1	2	47	7	6	11	19	30		67	123	181	81	1535	8222
Sz'chuen	1			1	1		1	4	79	7	7	24	32	51		117	217	318	186	4036	11511
Hupeh	1			1			1	2	42	4	7	18	11	36	1	76	114	146	110	2572	5248
Hûnan					1		1	3	53	9	8	15	17	44		92	178	175	143	2262	7065
Shensi					1		1	5	92	6	11	31	37	49		94	194	394	369	12390	17589
Kânsuh (Est)	1				1		1	4	85	7	5	36	32	50		87	207	294	224	15358	15676
Kânsuh (Ouest)					1		1	2	31	4	4	10	13	19		48	92			6935	7682
Yunnân	1				1		1	6	53	6	12	18	15	48		88	199	241	249	2538	17229
Kweichau					1		1	4	67	4	7	24	22	51		114	244	271	190	2571	12807
TOTAUX	8	2	1	15	1	5	11	72	1202	111	164	376	448	860	11	1818	3579	4001	3106	87094	194815

* Le total des commandants en chef dans ces sept colonnes est de 43.

La noblesse de la nation, du quatrième et du cinquième ordre, a son rang militaire, aussi bien que les officiers du *Lwàn-i-wei* chargés des attelages impériaux, et responsables de l'étiquette de procession des mouvements de Sa Majesté ; les nombreux subordonnés de cette cour ont aussi des désignations militaires. Cependant ni ces derniers, ni les officiers subordonnés militaires du *Nui-wù Fù*, ou Cour de la Maison de l'Empereur, ne sont reconnus par la *Recherche sur l'Administration* d'une manière assez nette pour nous permettre de les faire entrer dans les rangs de ceux qui font un service militaire effectif.

§ 3. — GARDE IMPÉRIALE.

Le premier corps de l'armée que nous sommes autorisés à appeler ainsi, c'est la garde impériale, le *tsin-kiun ying*, ou soldats attachés à la personne du souverain, dont la surveillance est remise au *Shi-wei-C'hù*, ou Bureau des Gardes. En voici la constitution :

DES FORCES DE LA CHINE.

N°	TITRES.	Degré du rang.
6.	Capitaines-généraux du palais	1 α
6.	Ministres du palais.	1 α
12.	Ministres extraordinaires	2 α
12.	Commandants d'autorité partagée	3 α
12.	Commandants (*Pàn-ling*).	3 α
24.	Commandants délégués.	3 α
9.	Commandants de parenté impériale (*Shih-cháng*) 1ʳᵉ classe.	3 α
60.	Décurions.	3 α
9.	Gardes de la parenté impériale, (*Shi-wei*) 1ʳᵉ cl.	3 α
18.	— — — 2ᵉ classe.	4 α
63.	— — — 3ᵉ classe.	5 α
60.	Gardes non de la parenté, Mantchoux, 1ʳᵉ classe.	3 α
150.	Gardes Mongols ou Chinois. . . . 2ᵉ classe.	3 α
270.	— — — 3ᵉ classe.	3 α
90.	Gardes de la plume bleue ou . . . 4ᵉ classe.	5 α
10.	Gardes Chinois . . . . 1ʳᵉ classe.	3 α
10.	— . . . . 2ᵉ classe.	4 α
98.	— . . . . 3ᵉ classe.	5 α
128.	Gardes de la plume bleue ou . . . 4ᵉ classe.	6 α
77.	Lieutenants (*Tsin-kiun Kiàu*)..	6 α
77.	Sous-lieutenants.	6 α
57.	Gardes, aile gauche Mantchoux	
826.	— droite —	
162.	Gardes, aile gauche Mongols.	
241.	— droite —	

Il y a aussi un secrétariat civil au-dessous des commandants, et un bureau des mémoires attaché au *Shi-wei-Ch'ù*.

Les gardes (*shi-wei*) sont les jeunes frères et les fils des Mantchoux ou Mongols des trois bannières supérieures; ou, s'il arrive qu'un d'eux soit pris d'entre les cinq bannières inférieures, ou d'entre les Chinois, il est affilié par le sort à l'une ou à l'autre des trois bannières supérieures. Ils fournissent également les troupes qui sont choisies dans la proportion de deux Mantchoux et deux Mongols par chaque *tsoling*. Observons que le *tsoling* est le capitaine de 150 hommes de Bannière; ses fonctions sont civiles, militaires, ou les deux à la fois, et cette charge est quelquefois héréditaire; le surplus d'une bannière qui ne monte pas à 150 hommes est sous les ordres d'un officier qu'on nomme *demi-tsoling*. Il n'y a pas de *tsoling* dans le Corps des Gardes, et le *Code des Lois* n'explique pas clairement si, par ceux à la compagnie desquels on emprunte le choix dont il est parlé plus haut, on doit entendre les capitaines de la grande division de Bannière, ou ceux de toute la population rangée sous le commandement immédiat des bannières à Pékin. Cependant il est probable qu'il s'agit des premiers.

Les *tsoling* sont ou *shi-kwàn* héréditaires, ou *kung-chung* c'est-à-dire employés dans le service commun. Les *tsoling* héréditaires tiennent leur office en vertu de leur descendance d'hommes auxquels le rang et le poste ont été conférés autrefois en reconnaissance de leurs bons services, et ce ne sont pas nécessairement les membres de différentes familles ; ou d'hommes d'un rang plus élevé, dans la suite desquels furent trouvés des gens dignes d'être nommés *tsoling*, lorsque s'établit la dynastie actuelle ; ou enfin d'hommes qui furent les premiers *tsoling* élus, et dont les descendants servirent au même titre pendant une longue suite de générations. Les *tsoling* héréditaires de création originelle, si l'on peut s'exprimer ainsi, sont *hiun-kiù*, c'est-à-dire de mérite de longue date ; ceux qui, étant *tsoling*, obtiennent rang héréditaire pour leurs actions sont appelés *yù-i*, c'est-à-dire de singulière distinction ; et cette désignation passe à leur successeur, qui, cependant, n'est pas nécessairement le fils ou le petit-fils du dernier titulaire, quoique ces derniers aient, en thèse générale, le pas comme candidats, à moins que le poste n'ait été déclaré vacant par suite de transgression à la loi. Une liste de noms est mise sous les yeux de Sa Majesté par le *Tù-tung* ou général de la Bannière ; sur cette liste est spécifiée la personne qui a dans la circonstance, le meilleur droit. On y désigne un second ou aspirant ; et certain nombre d'autres moins rapprochés du dernier officier. La loi, avec la minutie ordinaire en Chine en ce qui touche tout ordre de procédure, a dix-huit variétés de circonstances à considérer avant qu'un nom puisse être inscrit sur la liste.

Quand meurt un *kùng chungtsoling* qui n'a d'autre titre au rang héréditaire que d'avoir eu dans sa famille un *tsoling*, employé dans la tribu durant cinq générations, on peut faire, pour la vacance de sa charge, une liste de candidats pris parmi ses parents, conformément à la loi qui concerne les *tsoling* héréditaires ; et semblable faveur est accordée aux membres des familles qui ont eu cette charge, à tour de rôle, lorsque le sixième tour pour servir revient à chacune de ces familles : pourtant à ces deux règles il y a des exceptions. Un *tsoling* héréditaire ne peut pas une fois qu'il a l'âge, être remplacé par un autre, à moins qu'il ne quitte sa bannière pour service public. Les *kung-chung tsoling* sont choisis par les autorités supérieures, et non par le *tù-tung* de leurs bannières. Dans la Famille Impériale, on les prend parmi les officiers au-dessus du 4ᵉ ou 5ᵉ rang : un candidat et un aspirant de la même bannière que l'ancien sont présentés à l'approbation de l'Empereur.

Le *Code des Lois* nous révèle qu'en 1812 il y en avait en charge 681 des bannières mantchoux, 204 des bannières mongols, 266 des Hàn kiun, et 840 stationnés dans les garnisons en dedans et en dehors des provinces; il y en avait en outre, en Mantchourie, 97 commandant les *tà-sang*, ou sorte de gens payant tribut en pelleterie, qui cependant en certains lieux ont des officiers différemment nommés, et 170 commandant les pâtres nomades de la Mantchourie et des colonies. Ils sont chargés des fonctions de l'enregistrement, de l'administration générale de la loi magistrale; ils ont encore le soin des troupes au corps desquelles ils sont attachés, et cela à différents degrés, si élevés ou si bas qu'aucun terme ne saurait donner une idée qui y réponde justement.

Il faut remarquer qu'à une seule exception près, dans la division légère, il n'y a de *tsoling* dans aucun des cinq corps stationnés à Pékin, sauf dans le *hiàu-ki ying* ; aucun dans la gendarmerie et aucun à Yuen-ming Yuen. On n'en trouve pas non plus parmi les officiers qui font le service avec les gardes stationnés dans les différents postes métropolitains. Dans le détail des officiers fournis par les *hiàu-ki* à la grande revue triennale, il n'y a pas de *tsoling* mentionnés ; aucun d'eux, même dans toutes les forces de cette division, ne porte, comme certains de ses *ts'ànling*, la dénomination accessoire *hich-li shi-wei*, qui indique une participation à l'administration actuelle du corps. Cependant deux mois avant que la grande revue ait lieu, ils dressent les listes du nombre de subalternes et d'hommes requis, et les instruisent de leur consigne ; mais, autant que nous pouvons le savoir, ils ne se chargent pas des exercices préparatoires. Ce soin semble reposer plutôt sur les *ts'ànling* et sur les subalternes. Les *tsoling*, comme nous l'avons vu, font les rôles des hommes de Bannière qui touchent paye et ration ; ils perçoivent également les rentes dues à la Maison Impériale, qui les paye elle-même en partie. Il en est de même de l'accroissement et du rapport casuel des compagnies. Les naissances leur sont annoncées dans le mois ; les décès sans perdre de temps. Cet enregistrement est peut-être leur besogne la plus importante ; le cens relevé par eux tous les trois ans est envoyé à leur *tù-tung* et au Conseil des Revenus qu'on pourrait moins improprement nommer conseil de la population. Dans les trois bannières supérieures, une légère taxe est levée sur tous les propriétaires de 30 acres chinois. Cette étendue de terre est représentée par une personne (*ting*) ; et 16 *ting*, par un ancien (*ch'àng-fù*). Ils n'ont pas d'existence réelle ; mais c'est sur cette computation qu'est fait le payement à raison de 2 *mace* 6 *cand.* pour chaque *ch'àng-fù*. Les produits de la taxe sont appliqués au factage de la Maison Impériale. En cas d'adoption, les *tsoling* donnent des gages, sans lesquels la demande du postulant sans enfant ne peut avoir aucune suite ; et la même formalité est nécessaire avant que le fils adopté puisse retourner à sa propre famille, chose qu'il peut faire au cas où ses parents adoptifs ont des héritiers postérieurement à l'adoption. Les *tsoling* fournissent au revenu des dames que l'Empereur a le droit de donner en mariage, et des femmes liées aux Mantchoux qui peuvent servir de nourrices dans le palais. Ils doivent encore recevoir avis des parties pour tous les mariages projetés, achats d'esclaves, de maisons ou de terres, hypothèques, etc., et tous les actes consacrant ces trois dernières transactions doivent être revêtus des sceaux ; il en est de même pour les congés des hommes de Bannière qui quittent le quartier-général ; s'ils résidaient dans l'enclos impérial, le capitaine-général de gendarmerie a dû être informé de leur absence par le *tsoling*. Les *tsoling* avertissent tous les candidats des bannières de leurs examens, pour les armes ou pour les lettres, et ils sont responsables de leur présence sur le terrain ou à l'académie. Sous chaque *tsoling*, il y a un *tsuh-chàng*, l'ancien d'une tribu, et quand cette charge ou toute autre au-dessous du rang de *tsoling* devient vacante, la recommandation d'un successeur convenable incombe au *tsoling* dans la compagnie duquel s'est rencontrée la vacance.

Ainsi l'on peut voir que leurs parades et leurs fonctions régimentales sont peu de chose, mais que leurs devoirs et leur responsabilité, comme bureaucrates ou officiers civils, sont considérables. Leurs rapports avec les hommes de leurs compagnies ressemblent beaucoup, sur une moindre échelle, à ceux d'un magistrat avec les gens de son district ; mais il ressort des statuts de la Maison Impériale que le *tsoling* n'a pas autorité pour prononcer sur les difficultés, et n'est que le canal chargé de les porter au *ts'ànling*, qui procède à la décision.

Par occasion, dans les garnisons extérieures, ils unissent à leurs fonctions celles de *hieh-ling* (3 β);

dans les garnisons et à Pékin, ils remplissent différents emplois civils d'un rang inférieur à celui de la vice-présidence des conseils, ou des emplois militaires au-dessous de celui de *fù-tutung* ou lieutenant-général des hommes de Bannière. Certains officiers civils, tels que les secrétaires correspondants des conseils (5 α), les censeurs de circuit (5 α), les sous-secrétaires des Conseils ou office colonial (5 α), les intendants de circuit (4 α), et les préfets (4 β) qui sont hommes de Bannière, peuvent permuter dans le service militaire comme *tsoling*.

Les *tsoling* héréditaires peuvent être faits *fù-ts'ànling*, ce qui ne leur fait gagner aucun grade. Les *tsoling* ordinaires et héréditaires peuvent être promus au grade de **chàng-shi** (3 α), officier principal à la suite des deux ordres les plus élevés de la noblesse impériale. Après avoir servi trois ans sans s'être compromis, un *tsoling* peut être mentionné une fois, et lorsqu'il l'a été quatre fois, promu à un grade supérieur. S'il manque à son service une fois en un mois, on fait une marque à son nom, et, à la troisième marque accusatrice, il est exposé à être poursuivi par-devant le conseil de guerre. Il est sujet à une amende, lorsqu'un soldat de sa compagnie perd ou endommage ses armes ou son accoutrement, au bannissement ou à l'emprisonnement pour des fautes plus graves.

Le devoir de la Garde Impériale, *Tsin-kiun ying*, c'est de garder la personne et les appartements du souverain. Tant qu'il est à Pékin, la garde se monte aux vingt-quatre portes de l'enceinte défendue; lorsqu'il se rend à Yuen-ming Yuen, ils forment son escorte immédiate. Leur tour de service au palais revient six fois par mois, mais toute la garde, composée d'un capitaine-général, de deux ministres extraordinaires, de quarante gardes dans l'intérieur, et de trois décurions avec cent-vingt soldats de la garde à l'extérieur, est relevée chaque jour. Cependant ceux-ci n'ont d'autre attribution que les quatre portes principales, et, comme nous le verrons, ne se chargent pas de la veille et de la garde de toute l'enceinte. La garde ne doit permettre que personne, sans y être autorisé, entre au palais, ou en sorte; elle veille à ce que les portes soient fermées à tout venant durant la nuit. Tout manque à cette précaution est puni dans la personne de l'officier par l'amende ou la dégradation, d'après une sentence de la cour de la Bannière, et dans la personne du soldat par la peine du fouet. La peine est la même pour le jeu et l'ivresse dans le palais, le sommeil en faction, les heures mal observées, ou autres irrégularités semblables.

Outre ceux qui sont de service, tout le corps s'assemble en dehors de la porte Tài-ho chaque matin au point du jour, et, à moins que ce ne soit jour de jeûne, ou anniversaire de décès, ils restent assis et reçoivent le thé de la bonté de la Couronne. Aux jours de naissance impériale et dans les occasions solennelles, entre autres le 1er et le 15e jour de l'année, ils ont ce régal deux fois à cette même porte. Ils sont armés au moins d'arcs et de flèches; mais il n'est fait mention nulle part qu'ils se servent du mousquet. Lorsqu'il faut une escorte à Sa Majesté, service accompli apparemment par les *shi-wei*, ou gentilshommes de la Garde, sans les soldats, un certain nombre d'entre eux porte une sorte de hallebarde à trois pointes, de près de douze pieds de long; d'autres des épées ou des poignards, mais tous l'attirail de l'archer.

Les progrès dans la pratique de cet art sont évidemment une garantie d'avancement. Il y a six jours par mois consacrés à l'exercice de l'arc par les bordé-jaune et les blanc-uni; six autres jours par les jaune-uni.

Aussi l'histoire des temps les plus anciens de

l'Empire du Milieu rapporte-t-elle des traits d'adresse qui prouvent combien l'emploi de cette arme était déjà en honneur. Qu'on nous permette de citer à ce sujet un passage d'autant plus intéressant qu'il est puisé à une source originale.

« Témoutchin, dit l'auteur du Tong-Kien-Kang-Mou, et les deux officiers fidèles qui l'accompagnaient, s'en revenaient avec peu de gens de leur suite, lorsqu'ils rencontrèrent une troupe de bandits qui parurent avoir le dessein de les attaquer. Témoutchin était accompagné d'un fameux arbalétrier, appelé Soo, qu'il aimait beaucoup, et à qui il avait donné le nom de Merghen. Lorsque ces bandits furent assez près de lui pour pouvoir s'en faire entendre, voyant deux canards qui volaient au-dessus de sa tête, il dit à Merghen d'en tuer un. Merghen banda aussitôt son arc, et demanda lequel il voulait qu'il tuât, le mâle ou la femelle? « Le mâle, » dit Témoutchin. A peine eut-il prononcé cette parole, que Merghen décocha sa flèche et fit tomber le canard. Les bandits, témoins de cette action, n'osèrent se mesurer avec des hommes qui savaient tirer si juste, et ils se retirèrent.

« Un autre jour, Témoutchin, accompagné de 30 à 40 cavaliers seulement, traversait des montagnes

coupées de plusieurs ravines, et, s'entretenant avec ses officiers, il demandait comment ils pourraient se tirer d'affaire s'ils venaient à rencontrer des bandes de voleurs? « Je ne désespérerais pas, ré-
« pondit Monholi, de pouvoir les arrêter. » Dans le moment qu'ils en parlaient, il en sortit en effet plusieurs des forêts, dont ces montagnes étaient couvertes, qui firent tomber sur eux une grêle de flèches. Monholi aussitôt s'avance vers eux et en tue trois, de trois flèches qu'il décocha. Le nom de Monholi était déjà fameux à cause de sa valeur. Le capitaine des voleurs ayant appris de Monholi même qui il était, se retira aussitôt (1). »

« L'examen militaire, dit William C. Milne, témoin oculaire, eut lieu le premier et se fit en plein air. Je ne manquai pas de m'y trouver. Le lieu choisi était un champ de manœuvre en dehors des murs de la ville. Le temps, qui était beau, avait attiré un grand concours de spectateurs. Beaucoup sans doute désiraient voir en quel état se trouvaient les *Invincibles* après leur contact récent avec les soldats anglais. Jetant un coup d'œil sur ce

(1) *Histoire générale de la Chine*, ou Annales de cet empire, traduit du Tong-Kien-Kang-Mou, par le P. de Moyriac de Mailla. T. IX, p. 19 et suiv.

« champ-de-Mars, » je vis à une des extrémités un bâtiment d'une étendue assez considérable. Le prévôt de la ville (président) était assis sous un dais, entouré d'un groupe orné de boutons, fumant de longues pipes, se donnant l'air digne, et faisant repousser quelques intrus qui se faufilaient dans l'enceinte. Le président avait devant lui une table sur laquelle étaient placés les objets nécessaires pour écrire. Il examinait les compétiteurs et leur donnait des notes bonnes, mauvaises ou indifférentes. Je vis au bas des degrés qui conduisaient à son siége vingt-deux candidats seulement pour les honneurs militaires. Ils portaient des robes de soie et de satin de diverses couleurs, et plus ou moins riches ; leur bonnet de cérémonie était orné de houppes de soie, et ils étaient armés d'arcs et de flèches. La lice occupait un espace de plusieur centaines de mètres de longueur sur quatre-vingt pieds de large seulement. Les spectateurs, hommes et femmes, étaient rangés des deux côtés, avides de contempler le spectacle, et ne se gênant pas pour exprimer par des cris ou des huées l'impression que leur causait le succès ou l'échec des compétiteurs. Pour maintenir l'ordre, plusieurs hommes de la police se tenaient le long de la lice ; mais ils ne servaient guère qu'à exciter la rage ou les quolibets de la multitude; à l'autre bout de la lice, vis-à-vis le dais du président, était le point de départ des archers montés. Lorsque les épreuves commencèrent, un crieur s'avança et cria le titre de chaque division et le nom de chaque candidat. Ceux-ci répondirent un par un en s'agenouillant sur le genou droit et en inclinant la tête. Chaque compagnie reçut ensuite l'ordre.

« La première épreuve était celle des archers montés, et c'était peut-être la plus intéressante. On les envoya à l'autre bout de la lice. A une ou deux exceptions près, leurs montures offraient un triste échantillon de l'espèce chevaline de la Chine. Les chevaux étaient caparaçonnés de la manière la plus fantastique, les selles hautes et gauches, les brides épaisses, rouillées et grossières, les étriers de vilaine forme, etc. Au moment où le candidat montait à cheval, deux trompettes sonnaient et donnaient le signal. Ce n'était point une lutte entre les compétiteurs; c'était une expérimentation de leur adresse à tirer à cheval. La carrière à fournir avait plus de 200 mètres; sur la droite étaient placés à égales distances trois grands cylindres de serge noire, dans chacun desquels étaient tracés trois globes rouges. Celui du milieu était le but offert à l'adresse des archers. Lorsque l'un d'eux était parti, on agitait un petit drapeau pour l'animer ; si sa flèche atteignait le but, on battait le tambour, en inclinant une grande bannière. Pour manier l'arc et la flèche pendant que le cheval était au grand galop, il fallait au candidat beaucoup d'adresse, puisqu'il n'y avait pas moyen de tenir la bride. La plupart des archers firent preuve de coup d'œil ; chacun devait parcourir la lice trois fois, et à chaque fois il venait au tribunal recevoir des reproches ou des éloges.

« Vint ensuite le tour des archers à pied. Les candidats étaient divisés en compagnies de quatre. Chaque homme envoyait six flèches à la distance de 100 mètres. Lorsqu'il touchait le but, on en prenait note, et le nombre de marques réglait le degré d'adresse. Le troisième exercice consistait à bander des arcs très-forts, exigeant une force de 80 à 120 livres. Le quatrième exercice était le maniement du sabre. La cinquième épreuve de force et d'adresse consistait à enlever de grosses pierres et à soulever de pesants fardeaux. L'examen se termina par cet exercice. »

Les plus experts des *shi-wù* supérieurs peuvent

devenir ministres *extra* (1). Les *shi-wei* inférieurs et ceux de la plume bleue s'élèvent à la classe qui est au-dessus de la leur ; les *tsin-kiun* deviennent **shi-wù** de la dernière classe et de la plume bleue.

Au-dessous des officiers portés sur le tableau sous le nom de *commandants d'autorité partagée*, officiers qui sont au nombre de quatre par chacune des trois bannières, il y a quatre secrétaires du 6° rang, et vingt-sept du 7°, du 8° et du 9°, chargés de la correspondance.

Les six ministres du palais (*nui tà-chin*) sont pris parmi les généraux des bannières, de la division du Flanc, ou bien des ministres-extraordinaires (*sàntieh tà-chin*) qui eux-mêmes font partie des huit ordres inférieurs de la noblesse impériale, ou des cinq ordres de la noblesse nationale, ou sortis de la première classe *shi-wei*.

Rien n'est fixé, en dehors de ce que nous avons écrit plus haut, touchant leurs fonctions. On fait

(1) Je me suis servi du mot *extra* (extraordinaire), non comme traduction de *Sàn-tieh*, mais comme préfixe (dénomination accessoire) du mot aide-de-camp dans l'armée britannique.

quelque allusion à leur emploi dans des missions spéciales, mais l'administration réelle des *shi-wei* paraît être dévolue aux 12 commandants d'autorité partagée, aux 12 commandants, aux 24 députés et aux 69 décurions ; et c'est un établissement assez considérable, si l'on fait attention au nombre de ceux qu'ils ont sous leurs ordres.

Au sujet des *shi-wei* eux-mêmes, la seule chose qu'il y ait à remarquer, c'est qu'un petit nombre d'entre eux est détaché aux colonies de Mohammedan, pour trois ans à la fois, c'est-à-dire 15 à Ili ; 9 à Uliasutai ; 12 à Yarkand ; 12 à Tarbagatai ; 8 à Kashgar ; 6 à Ushi, et 2 à Kobdo.

Les *tsin-kiun* sont, comme une compagnie de soldats, commandés par leurs lieutenants (*tsin-kiun-kiàu*) et par leurs sous-lieutenants (*wei tsin-kiun kiàu*). Le *kiàu* est un terme strictement militaire, et commun à tous les corps et garnisons de Bannière.

Il y a un *shiwei* spécialement désigné pour le bureau des Mémoires, à la tête duquel je trouve un haut officier de la Présence ; il s'y trouve de plus attachés six officiers civils du 5°, et deux du 7° rang. Ils reçoivent tous les mémoires, écrits en mantchoux ou chinois, qui arrivent des provinces ou sont présentés par des personnes au-dessous d'un certain rang ; et ils les transmettent à l'Empereur par l'intermédiaire des eunuques. Ce *shiwei* mentionné plus haut est un des officiers de la Présence, ou à la porte Kien-tsing. Six de ceux-ci sont à la même porte, ou à la grande porte extérieure, et ils sont chargés de recevoir les mémoires en Mongol. Ce titre de *shiwei*, nous le retrouverons dans d'autres corps à la description desquels nous procédons maintenant.

§ 4. — LES CINQ CORPS MÉTROPOLITAINS.

Dans le tableau qui va suivre se trouve l'état des forces des cinq grandes divisions métropolitaines, qui sont à la suite des Gardes dans le tableau général donné au commencement de ce livre. Elles sont ici placées ensemble, comme elles jouent leur rôle dans la grande revue triennale à Pékin. Le *tsien-fung ying*, ou Avant-garde, marche en tête, et le *hù-kiun ying* l'appuie sur les deux flancs; l caractère *hù* indiquant cette sorte d'appui que fournit une personne marchant à côté d'une autre, et appliqué, en langage militaire chinois, à l'appui ou escorte des individus, des corps de troupes, ou des pièces d'artillerie, a été traduit naturellement par le mot « flanc » en parlant de cette division. Ces mots « division soldée des bannières » n'ont aucunement la prétention de traduire « *hiàu-ki ying*, » ce qui signifie proprement le corps des Fiers Cavaliers. Leur composition, cependant, est telle, qu'ils semblent représenter les huit bannières plus exactement, d'une manière plus nationale qu'aucune autre portion de l'armée ; et ils sont désignés par cette particularité (soldée) pour les distinguer de la population rangée sous la même bannière, sans remplir aucun service militaire. Le *Ho-ki ying* est rendu justement par artillerie et mousqueterie ; et le *Kien-yui ying* (corps des Braves et Audacieux) par l'expression « division légère, » ainsi qu'on l'entend dans l'armée anglaise.

Comme dans cette nomenclature et la suivante il se trouve quelques officiers du même rang, et exerçant les mêmes fonctions, dont les titres diffèrent, et d'autres de même titre dont les grades sont différents, nous avons jugé raisonnable de leur donner leurs appellations chinoises, et d'interpréter ces appellations, quand il y a eu moyen, en parlant de chaque corps en détail.

ÉTAT GÉNÉRAL DES FORCES DE LA CHINE.

TABLEAU indiquant la proportion des officiers et des soldats métropolitains, passés en revue [a]ntchoux, Mongols et Hankiun servant dans les cinq corps [un]e fois tous les trois ans.

GRADES et DÉNOMINATIONS	DIVISION PRINCIPALE Composées de MANTCHOUX et de MONGOLS EN DEUX AILES			DIVISION DU FLANC EN HUIT BANNIÈRES			DIVISION SOLDÉE des huit bannières MANTCHOUX, MONGOLS et HANKIUN				DIVISION LÉGÈRE Mantchoux, Mongols, Fantsz' EN DEUX AILES				ARTILLERIE et MOUSQUETERIE Mantchoux et Mongols EN DEUX CORPS		
OFFICIERS 1842	supérieure	gauche	droite	supérieure	Mantchoux	Mongols	supérieure	Mantchoux	Mongols	Hankiun	supérieure	gauche	droite	Fantsz'	supérieure	intérieure	extérieure
* Tsung-Tung																	
1β Tütung												1			1		
2α Tung-ling		1	1			.8.		8	8	8							
2α Fù-tùtung																	
3α Yih-chàng								16	16	16							
3α Ying-tsung												1	1		2	1	1
3α Tsànling	2	4	4	8	80	32									3	3	3
4α Shi-wei	2	4	4				40	64	40	48	2	4	4		4	4	4
4α Tsoling														1			
4α Fu-Tsànling					8			681	204	266							
5α Fàng-yu								40	16	40		8	8			8	8
5β Wei-shù tsànling		2	2											1			
5β Wei-shiwei																16	16
6α — Kilu	4	48	48	16	681	204											
6α Tientsung								777	252	306		50	50	1		112	112
7α Patsung												2	2				
8α Fu-kiàu												2	2				
? Shù pà tsung												20	20				
												2	2				

[†] Les *Tsung-tung* sont choisis d'entre les ordres les plus élevés de la famille impériale.

TABLEAU indiquant la proportion des officiers et des sol[dats]
métropolitains, passés en re[vue]

GRADE et DÉNOMINATIONS	DIVISION PRINCIPALE			DIVISION DU FLA[NC]		
	Composées de MANTCHOUX et de MONGOL[S]					
	EN DEUX AILES			EN HUIT BANNIÈ[RES]		
SOLDATS 1825	supérieure	gauche	droite	supérieure	Mantchoux	M[ongols]
Division principale, hommes..........	......	899	865	......	......	..
Hommes du flanc,.................	......	......	......	......	14075	
Caporaux.......................	......	......	......	......	......	..
Division principale, subordonnés......	......	......	......	......	......	..
Cottes de mailles (cavalerie)..........	......	......	......	......	......	..
Id. hommes de la porte.......	......	......	......	......	......	..
Id. mailles bleues.............	......	......	......	......	......	..
Id. valets de pied............	......	......	......	......	......	..
Id. mousquetaires............	......	......	......	......	......	..
Id. escorte de fusils...........	......	......	......	......	......	..
Artilleurs......................	......	......	......	......	......	..
Pai-tan-gah....................	......	......	......	......	......	..
Fauconniers....................	......	......	......	......	......	..
Porteurs de fouet................	......	......	......	......	......	..
Orpu..........................	......	......	......	......	......	..
Gardes-de-nuit..................	......	......	......	......	......	..
Conducteurs de chameaux.........	......	......	......	......	......	..
Secrétaires.....................	......	......	......	......	......	..
Artificiers.....................	......	......	......	......	......	..
Élèves soldés et rationnés.........	......	......	......	......	......	..
Id. soldés seulement............	......	......	......	......	......	..
Matelots.......................	......	......	......	......	......	..

DES FORCES DE LA CHINE.

antchoux, Mongols et Hankiun servant dans les cinq corps 1e fois tous les trois ans.

	DIVISION SOLDÉE des huit bannières MANTCHOUX, MONGOLS et HANKIUN				DIVISION LÉGÈRE Mantchoux, Mongols, Fantsz' EN DEUX AILES				ARTILLERIE et MOUSQUETERIE Mantchoux et Mongols EN DEUX CORPS	
supérieure	Mantchoux	Mongols	Hankiun	supérieure	gauche	droite	Fantsz'	supérieure	intérieure	extérieure
....	....	....	....	....	1000	1000	....	....	....	....
....	....	....	....	....	....	....	....	....	....	....
....	3402	1022	1373	....	....	....	4	....	2640	2643
....	....	....	....	....	500	500	....	....	....	....
....	12746	3843	11151	....	....	....	54	....	....	....
....	132	69	70	....	....	....	....	....	....	....
....	....	....	30	....	....	....	....	....	....	....
....	....	....	23	....	....	....	....	....	....	....
....	....	....	....	....	....	....	....	....	....	353
....	....	....	....	....	....	....	....	....	528	....
....	....	....	320	....	....	....	....	....	....	....
....	8	44	....	....	....	....	....	....	....	....
....	4	....	....	....	....	....	....	....	....	....
....	15	....	....	....	....	....	....	....	....	....
....	....	....	2122	....	....	....	....	....	....	....
....	....	....	40	....	....	....	....	....	....	....
....	....	....	10	....	....	....	....	....	....	....
....	2	2	....	....	....	....	....	....	....	....
....	1397	438	576	....	....	....	....	....	....	....
....	12698	3279	....	....	500	....	....	....	....	....
....	4808	1020	4793	....	333	....	....	....	....	....
....	....	....	....	....	40	....	....	....	....	....

§ 5. — AVANT-GARDE OU DIVISION PRINCIPALE. DIVISION DU FLANC.

Le *tsien-fung ying* (avant-garde ou division principale) est entièrement composée de Mantchoux et de Mongols de toutes les huit bannières, choisis dans la proportion de deux pour chaque *tsoling*; ils se divise en aile droite et en aile gauche, chacune sous les ordres d'un *tung-ling* ou capitaine général, de la plus basse classe du 2ᵉ ordre. Elle se recrute parmi les meilleurs hommes de la division du flanc; les *tsin-kiun*, ou hommes de la Garde, qui n'ont pas servi dix années comme tels, peuvent aussi être choisis. La moitié de ce corps manœuvre avec le fusil à mèche, aussi bien qu'avec l'arc et les flèches. A la revue triennale, ils tiennent le premier rang, soutenus, sinon flanqués, des hommes du *hù-kiun ying*, avec lesquels, lorsqu'on marche en avant, ils partagent l'honneur de tenir la tête; lorsqu'on recule, celui de soutenir la retraite. La surintendance générale en est remise à deux de leurs *tsàn-ling*, deux de leurs *shi-wei* (qui ne sont plus de la garde), et quatre de leurs lieutenants; au-dessous de ceux-ci sont quatre *pih-tih-shi*, ou secrétaires du 7ᵉ ordre, qui sont chargés de la correspondance. Dans les mouvements en plaine, les rangs sont conduits par les plus vieux d'une file ou d'un rang, ou, s'il s'agit des mousquetaires, par les plus vieux d'une dizaine, ou décurions, et parmi ceux-ci il y en a six choisis parmi les *tsienfung* eux-mêmes. Ils fournissent une partie de la garde aux portes de l'enceinte défendue; quand Sa Majesté sort pour quelque temps, les gardes des trois portes Tung-hwà, Si-hwù et Shin-wù sont renforcées, et un *tsànling* des *tsienfung* prend son poste à chacune des portes. Un de leurs deux *tungling*, ou des huit de la division du Flanc, est chaque jour de garde à la porte King-yun.

Le *hù-kiun ying* (division du Flanc) est une troupe importante de Mantchoux et de Mongols, choisis d'entre les huit bannières dans la proportion de 17 pour chaque *tsoling*; leur exercice unique paraît être celui de l'arc (1); ils s'y exercent

(1) Les *Hù-kiun* de la Maison Impériale des 3 bannières supérieures font tous les neuvièmes mois l'exercice du mousquet, comme le font tous les autres corps du nouveau et de l'ancien continent; à la première sont assignés 600 fusils à mèche, aux 2 dernières 600 pour chacune; ils ont dix parades, à chacune desquelles chaque fusil est tiré 15 fois, et pour chaque coup le Conseil des Travaux paye une allocation du

à pied six fois par mois ; chaque printemps et chaque automne, à cheval sous leur armure. Les vacances dans leurs rangs sont remplies par des hommes de la cavalerie, des élèves, et des *pai-tan-gah*, soldats employés comme messagers, ou pour quelque petit service spécial, ce qu'on appelle dans l'armée anglaise, service d'ordonnance ; avec cette différence, que ces derniers sont exposés à changer tous les jours, tandis que les *pai-tan-gah* semblent être une classe particulière, ayant des chances d'avancement, et ont une solde plus forte que les soldats ordinaires (1). Les troupes de ce

poids de 2 *mace* de poudre, 2 *li* de quelque autre combustible dans laquelle la mèche est trempée, et un pouce de mèche ou corde pour la façon. Les *Tsienfung*, et le *Hù-kiun Ying*, eurent ordre, par suite d'un décret de Kià-king (1806), de donner une attention toute particulière à l'arc, comme à un exercice qui a été le plus en honneur dès le temps du premier ancêtre de la dynastie ; et les *tungling* de cette dernière, qui, dans leur recommandation d'introduire la pratique du fusil à mèche parmi eux, comme elle l'était déjà dans la division légère et dans celle d'artillerie, ont été désapprouvés par le Conseil et par le Conseil de Guerre, ont, suivant les paroles mêmes de Sa Majesté, outrepassé leurs onctions en le proposant.

(1) Des pages du *Code des Lois*, qui ont trait à la maison Impériale, nous concluons que les *pai-tan-gah* sont : 1° ceux des soldats qui sont couverts de mailles, pris dans les hommes

ying sont sous les ordres de huit *tungling*, ou capi-

de flanc des 3 bannières supérieures, qui sont payées par la Maison Impériale et non par le Conseil des Revenus, ou parmi la cavalerie à cottes de mailles; ou surnuméraires soldés du même corps; 2° les *pai-tan-gah* du bureau de la solde de la Maison Impériale, pris parmi les surnuméraires ou élèves du même corps; 3° les collecteurs ou ceux qui servent sur les terres de la Couronne à Kin-chau-fù en Mantchourie, pris parmi les élèves de cette résidence; 4° ceux du département d'artillerie de la Maison Impériale, pris parmi les faiseurs de flèches de son ressort. Comme *paitan-gah*, ils portent un bouton, sans avoir de grades; mais ils peuvent être appelés à la surveillance des ateliers, charge qui les introduira dans le huitième grade, ou à la charge de préposé à l'argenterie; ces deux changements sont considérés comme un avancement. Ils peuvent encore soutenir un examen, et, s'ils sont admis, ils deviennent *pih-tih-shi* de la bibliothèque impériale, ou de la secrétairerie, ou de la Salle d'Héroïsme, ou du département de la fauconnerie et des chiens. Ils peuvent aussi parvenir, au fur et à mesure des vacances, à 18 postes inférieurs qui s'appliquent à l'accomplissement public des sacrifices, à la perception des revenus, à la surveillance des artisans de la Maison Impériale et de ses magasins, aux jardins impériaux, aux écuries, équipages de chasse, haras, élèves de bestiaux. Tà'-Tsing-Hwui Tien, chap. LXXII, pag. 8-18. La *Recherche sur l'Administration* fait voir que ceux qui sont employés dans le *Yamun* des capitaines-généraux de garde peuvent devenir *Shiwei* de la plume bleue, ou quatrième classe (6 α). Leur titre de *Pai-tan-gah*, suivant le dictionnaire de Langlès, signifie ou un régulier comme nous l'avons défini plus haut, ou un aspirant, ou un officier à la suite du camp. Vol. I, pag. 516.

taines-généraux, du même rang que ceux qui commandent les *tsienfung*.

Huit des *tsànling*, huit *aide-tsànling*, et 16 subalternes (*hù-kiun kiàu*) ont l'appellation accessoire **hieh-li shi-wù**, comme gage de leur partage dans l'administration des affaires du corps et dans la correspondance. Sous eux, il y a 16 *pih-tih-shi* sous-secrétaires.

C'est le rôle du *tsànling* ou député *tsànling* des 3 bannières, de veiller journellement en dehors à la porte Tai-ho ; durant les levées, ils font l'office de sergents d'armes ou de maréchaux de cour. Ce sont eux, et d'autres du même *ying*, qui assistent à certains banquets et sacrifices officiels, qui, chacun à leur tour, gardent Sa Majesté, placent les sentinelles lorsqu'Elle fait halte, etc.

Un de leur *tungling*, ou un de ceux de la division principale, comme nous l'avons établi ci-dessus, fait le service journalier de la porte King-yun c'est lui qui est responsable, à ce qu'il paraît, de la fermeture de toutes les portes et de la garde des clefs, et il est aidé par un *tsànling* de la division principale, ou par un *tsànling* de la division du flanc, relevé tous les jours comme lui ; par un porte-clefs, un garde civil du 6ᵉ rang des trois bannières supérieures, et un autre des cinq inférieures. Leur titre est *chàng-king* ; il y a aussi six *chù-sz'* du 6° rang, et 5 *pih-tih-shi* des postes du 7°, tous appartenant aux 3 bannières ; et ils sont chargés des mémoires, correspondance, etc.

Les *hù kiun* des 3 bannières supérieures son chargés en grande partie de la garde intérieure, ceux de 5 inférieures gardent à l'extérieur l'enceinte défendue : les premiers sont relevés tous les jours, les derniers tous les deux jours. Il y a, à chaque porte, autant de rangées d'arcs, de flèches, de carquois, de lances ; et, auprès de chacune, sont assis deux *hù-kiun* soldats de leur division respective, tenant en travers un bâton rouge ; ils ne se lèvent pour personne au-dessous du rang de prince de 1er ordre (*tsinwàng*) ; et la charge du garde placé un peu plus loin est d'empêcher que personne au-dessous d'un *bei-tsz'* ou noble impérial du 4° rang, ne passe une certaine limite, désignée comme *porte de cheval*, soit à cheval, soit en chaise ou en voiture, à moins qu'il n'ait de l'Empereur une permission qui s'accorde par occasion comme faveur spéciale.

Pour la sécurité nocturne de l'enceinte intérieure, une patrouille de *hù kiun* fait la ronde. Elle commence à la porte King-yun et se dirige vers l'Ouest, et revient après avoir visité 12 portes, et avoir passé ensuite de main en main une marque en bois indiquant les tours, marque qui, pour cette première patrouille, change cinq fois de main; le second tour est à partir de la porte Lung-tsing ; il se dirige vers le Sud, visite 8 portes et revient au point de départ, la marque ayant été changée de mains 5 fois ; le 3ᵉ détachement de la patrouille part de la porte centre-gauche en dedans de la cour de la grande porte Tai-ho, et se dirigeant vers l'Est, visite 4 postes, et change la marque trois fois. Ainsi le service de patrouille dans l'intérieur est estimé à 13 marques ; celui de l'extérieur à 8. Les personnes qui sortent du palais par l'ordre de l'Empereur, durant la nuit, sont tenues de présenter une marque d'une autre forme : à cinq des principales issues du palais, on garde une portion de cette marque, qui correspond à celle des sortants. Alors le *hù-kiun tsànling* de service compare les deux portions, et, faisant sortir le messager, il fait son rapport au *tung-ling* de service ce jour-là. A deux des portes, ce dernier en personne est chargé d'examiner les passes, et, le lendemain matin, il en fait un rapport direct à Sa Majesté.

Dans la *Recherche sur l'Administration*, à laquelle

pourtant manque une page importante, nous voyons que 123 gardes se montent chaque jour dans la métropole, dans l'enceinte, dans la clôture environnante, et dans la cité extérieure, et qu'elles sont fournies par la Garde Impériale, la division principale, la division du Flanc, et les *pàu-i*, ou division de la suite de la dernière, et la troupe soldée des bannières.

La Garde Impériale fournit un de ses commandants, 10 gardes, 2 lieutenants, et 2 sous-lieutenants, avec 16 hommes. — La division principale, 1 *tsàn-ling*, 1 lieutenant, 1 sous-lieutenant, et 8 hommes.— La division du Flanc, un de ses 8 capitaines-généraux (le plus haut officier de ce service), 85 *tsàn-ling*, 123 lieutenants, 126 sous-lieutenants, et 1354 hommes. — Ses *pàu-i* fournissent 1 *tung-ling* ou capitaine-général (d'un degré au-dessous de celui du même officier des *hù-kiun*), 4 *tsàn-ling*, 3 *aide-tsàn-ling*, 9 lieutenants, 1 sous-lieutenant et 98 hommes. — Le *hiàu-ki ying*, ou troupe soldée, fournit 1 *tsàn-ling* et 44 officiers dont les titres ne sont pas spécifiés, avec 19 caporaux et 640 hommes.

En y comprenant 3 officiers chargés des scels de la Maison de l'Empereur, 3 autres d'ordre militaire qui remplissent les mêmes fonctions, et 5 secrétaires, cela nous donne 428 officiers et 2135 hommes. Ici, il y a grande divergence d'opinions entre nos deux autorités, le *Code des Lois* et la *Recherche sur l'Administration*. Entre les personnes détaillées dans l'un dont mention n'est pas faite dans l'autre, il y a certains *hù-kiun* à quelques-uns des postes de gardes, que le *Code* appelle *peh-shi*, et dont la *Recherche* ne donne pas la moindre notion.

Il y a de plus 8 postes dans l'enceinte, pour prêter assistance en cas d'incendie ; on les suppose sous les ordres de 12 *tùtung* et *fù-tùtung* de la troupe soldée ; et 16 *tsàn-ling*, qui ont à leur disposition 64 *lingtsui*, 576 *màkià* et 80 chevaux : on doit les compter dans l'évaluation précédente. Parmi les neuf portes extérieures de la cité, au Sud, la porte Tsung-wàn est confiée aux bleu-uni ; la porte Siuen-wù aux bordé-bleu ; à l'Est, la porte Chàu-yàng, aux bordé-blanc ; la porte Fau-ching, aux bordé-rouge ; et la principale porte de l'Est, la Tung-chih, aux bleu-uni ; à l'orient, la Si-chih, (principale porte de l'orient) aux rouge-uni ; au Nord-Ouest, la porte Ngàn-ting aux bordé-jaune, et la porte Teh-shing aux jaune-

DES FORCES DE LA CHINE.   89

uni. A chacune de ces huit portes, la bannière en titre fournit de droit 50 hommes; mais on en détache dix de chaque aux issues droite et gauche, de la porte Ching-yàn, ou principale porte du Sud. Ces quatre cents ne sont pas calculés dans le nombre qui précède, et ils ne doivent pas être confondus avec la troupe commandée par le capitaine-général de la Gendarmerie, qui, entre autres titres, porte celui de général des 9 Portes.

§ 6. — TROUPE SOLDÉE DES BANNIÈRES.

Le corps qui vient immédiadement après le précédent sur le tableau est incontestablement le plus important de tous. Le *hiàu-ki ying* est la troupe soldée des bannières servant comme soldats, sous le commandement immédiat des 24 *tùtung* et des 48 *fù-tùtung*. C'est en fait le quartier-général de toutes les troupes des bannières; les subalternes qui servent dans les garnisons de l'Empire, à l'exception de Pékin, prennent tous l'appellation accessoire *kiàu-ki*; et les dénominations des soldats et des artificiers qui leur sont adjoints leur sont communes avec les hommes du *hiàu-ki ying*. Le *tùtung*, et les deux *fù-tùtung* de chaque bannière, Mantchoux, Mongols et

Hankiun, peuvent être considérés comme formant un conseil des commandants en chef des bannières, pour l'assistance de Sa Majesté dans l'administration des dites bannières, pour leur inspection générale, l'enregistrement de leurs familles, leur instruction et leur entretien, la règlementation de leurs droits à l'avancement, et de leurs dépenses en tant que corps militaire.

Les *tù tung* et *fù-tù tung* du *hiàu-ki* ont généralement différents offices unis en leur personne aux commandements de Bannière. L'année qui précéda leur chute, Muhchangah et Kiying étaient l'un *tù tung* du bordé-jaune et l'autre *tù tung* du blanc-uni des Mantchoux. La distribution des couleurs et des ailes a été mentionnée aux pages 45 et 46 L'état officiel du *hiàu-ki-ying* est conçu comme il suit : il y a deux *ts'ànling* dans la bannière mantchoux et Hànkiun, et un dans chaque bannière de Mongols, avec la dénomination accessoire qui convient à l'administration ; et, au-dessous d'eux, huit *chàng-king* ou officiers civils portant la dénomination accessoire, et chargés de la correspondance dans les bannières mantchoues, quatre dans les Mongols et six dans les Hankiun. Il y a encore un bureau du scel sous l'autorité d'un nombre infini d'officiers de rang incertain, choisis d'entre les *tsoling* héréditaires, officiers permutants et officiers destitués, au-dessous desquels il y a des *pih-tih-shi* des trois nations dans la même proportion que les *chàng-king*, quarante *tsànling* et quarante *fù-tsànling* mantchoux, seize mongols et quarante Hankiun, transmettent les ordres du *tù-tung* ou *tsoling*. Ces derniers et les *hiàu-ki kiàu* sont distribués en même nombre pour chaque bannière, mais irrégulièrement, comme suit :

	Mantchoux.	Mongols.	Hankiun.
Bordé-jaune.	86	28	41
Jaune-uni.	93	24	40
Blanc-uni.	86	29	40
Rouge-uni.	74	22	28
Bordé-blanc.	84	24	30
Bordé-rouge.	86	22	29
Bleu-uni.	84	30	29
Bordé-bleu.	88	25	29

Les *hiàu-ki kiàu* ou subalternes paraissent obéir aux ordres des *tsoling* comme ceux-ci à ceux des *tsànling*; leur mission à tous deux, c'est le soin de la compagnie individuelle à laquelle ils appartiennent; il y a aussi attaché à chaque bannière un officier de rang incertain, comme ceux du bureau du scel, et choisi à la même source qu'eux.

La solde et le bureau des stations de chaque bannière de chaque nation est sous l'autorité d'un *ts'ànling*, c'est-à-dire qu'il y en a vingt-quatre en tout ; au-dessous de chacun de ceux-ci, il y a deux *chàng king*, et dans les bannières mantchoux et hankiun cinq, mais dans les mongols deux subalternes. Ils sont tous deux chargés de la police et du commissariat, et font parvenir le budget pour le semestre suivant au Conseil des Revenus, le 15 du douzième mois, et le 15 du sixième mois ; cinq jours de grâce leur sont accordés pour les révisions de compte, etc. Le début du payement de la solde se fait chaque mois en monnaie de cuivre, le premier et le second jour, et il se termine en argent le 3 et le 4. La ration de grain se fait par trimestre, mais dans des mois différents ; les deux bannières jaunes reçoivent le leur au premier mois, les deux blancs et le rouge-uni dans le second, les deux bleus et le bordé-rouge dans le troisième mois de chaque trimestre. On accorde un supplément toutes les fois que survient une lune intercalaire. Des rations étant attribuées aux officiers de bannières à partir du sixième rang et au-dessous, leurs noms sont inscrits sur les comptes du *ts'ànling*, et il est à remarquer que tous les hommes militaires des bannières, à quelque corps métropolitain qu'ils appartiennent, sont payés à ce bureau et non par les officiers de leur corps.

« Il faut remarquer, du reste, que la paye des Tartares et des Chinois n'est pas la même ; le Tartare reçoit deux taëls (15 fr.) par mois et une ration de riz ; le Chinois ne touche qu'un taël et six dixièmes (12 fr.), sans riz.

« Les troupes sont payées fort irrégulièrement ; et, quand on les fait trop attendre, il arrive souvent qu'elles se rendent au domicile de leurs généraux, en demandant à grands cris ce qui leur est dû. Les troupes tartares réunies au *Bogue* nous donnèrent un exemple de ces mouvements tumultueux ; après avoir vidé la caisse militaire, les soldats forcèrent leur général à engager ses habits chez un prêteur sur gages pour leur fournir de l'argent (1). »

Les comptes de fourrage pour les chevaux sont tenus par un *ts'ànling* et deux *chang king* dans chaque bannière mantchoux et mongols, et par cinq subalternes des premiers et deux des derniers. La solde

---

(1) *Seconde campagne de Chine*, par K. S. Mackenzie, traduit par Xavier Raymond.

en argent est touchée le 6 de chaque lune par l'aile gauche et le 7 par l'aile droite ; le grain et le fourrage le 14 et le 15 ; le compte de l'argent est transmis au Conseil des Revenus le 18, et celui du fourrage à la fin de la lune. Nous aurons du reste occasion de revenir sur cet article de dépenses des bannières, cependant il n'y a rien d'absolument uniforme dans la répartition de la paye. Ainsi, dans les pays qui produisent une grande quantité de riz, la solde pécuniaire est très-faible ; au contraire, dans les provinces où la culture du riz n'existe pas, la solde en argent est beaucoup plus élevée.

Les écuries où se trouvent les chevaux des bannières sont sous l'intendance générale de quatre *tsànling*, deux mantchoux et deux mongols par chaque bannière, assistés d'un pareil nombre de *chàng king*; et de plus les Mantchoux ont quatre subalternes, les Mongols deux. C'est pour ceux-ci à chacun leur tour de garder les écuries, chaque bannières mantchoux fournissant 4 caporaux et 30 cavaliers, les Mongols, 2 caporaux et 16 cavaliers.

Les mousquetaires de chaque bannière de Hankiun sont commandés par deux *tsànling*; l'artillerie par un et les boucliers par un ; aux mousquetaires sont attachés sept *chànking* et huit subalternes ; à l'artillerie, deux subalternes, et aux boucliers deux *chànking* et deux subalternes. Il est juste de mentionner ici, comme il n'a pas été question des hommes que ces officiers commandent dans le tableau, qu'ils sont au nombre de 7100 ; 1000 sont pris dans chacune des trois bannières supérieures, 800 dans chacune des cinq autres ; il y en a 100 pris en plus dans chacune des huit pour porter les boucliers ; 100 sur les 7000 se servent du mousquet proprement dit, le reste se sert du fusil à mèche. Nous y reviendrons plus tard, lorsque nous parlerons de la revue.

Le chapitre du *Code des Lois* d'où ces particularités ont été tirées, traite ensuite des *pàu-i* des bannières inférieures ; ceux des trois bannières supérieures semblent être commandés et soldés par la Maison de l'Empereur, et ils sont sans doute à la disposition personnelle de la Couronne ; quelques-uns d'eux, avec des officiers en grande proportion, se retrouveront dans la division Yuen-ming Yuen. Leur classification est militaire, mais leurs officiers sont d'un rang inférieur au rang de ceux qui portent le même titre dans d'autres corps ; et l'emploi de ceux qui sont des cinq bannières inférieures consistant plutôt à être à la suite de la noblesse impériale qu'à remplir strictement un service militaire, je les ai exclus du total de l'armée chinoise considérée comme militante.

La *Recherche sur l'Administration* nous donne près de 1,800 des huit bannières comme *pàu-i* du même titre que la division du Flanc; ils ont aussi une bonne proportion d'officiers que leur attribue le *Code des Lois*, qui en assigne encore quelques-uns à la division principale, tandis que, sous le même titre de chapitre, la *Recherche sur l'Administration* ne nomme pas un seul *pau-i*. Dans le corps dont nous parlons présentement, il y a un établissement de ceux-ci plus complet que partout ailleurs, et comme leur solde, etc., a été calculée, un tableau de leurs forces totales se trouvera à la fin de la première partie de cet article, c'est-à-dire de celui qui ne traite que des hommes de Bannière.

Revenons à la Troupe soldée. La grosse masse qui forme ses rangs est connue sous le nom de *Màkià*, soldats à cheval, à cottes de maille; les Mongols en sont à peine la huitième partie; la proportion des Mantchoux et des Hanki un est plus approximativement gardée; cependant les premiers étaient les plus nombreux en 1825, quoique en 1812 le *Code des Lois* les déclare organisées ainsi : quarante-deux Hànkiun par *tsoling*, et seulement vingt Mantchoux ou Mongols par *tsoling*. Ils devaient être choisis parmi le *tù tung* et le censeur-visiteur (1) de la bannière, dans la même compagnie de Bannière que celle qui avait une vacance, dans la gendarmerie qui en faisait partie, les élèves, les fils d'officiers jusqu'alors sans emploi ; les officiers, qui étaient tombés en disgrâce en se trouvant complices d'un délit commis non dans leur intérêt propre, s'ils sont encore valides et demandent du service, étaient éligibles après un examen sur l'exercice de l'arc à cheval ; il en était de même des aspirants de degré inférieur sans espérance immédiate d'emploi, s'ils étaient eux-mêmes fils ou frères de soldats, pourvu toutefois que les vacances ne pussent être remplies par d'au-

(1) Les censeurs-visiteurs des bannières, sont au nombre de vingt-neuf en tout, c'est-à-dire un par bannière dans le *hiàu-ki ying*, ou vingt-quatre ; un par aile de la division principale et de la division du Flanc, c'est-à-dire quatre, et un pour la division d'artillerie. Ils sont choisis par Sa Majesté sur une liste des hommes de bannières des trois nations. Il y en a vingt-deux autres de la même classe, différemment employés à Pékin et dans Chihli. Ils se distinguent tous par la dénomination accessoire *suin-shi*, indicative de leur autorité pour faire des tours d'inspection.

tres, ayant de plus solides prétentions ; des officiers dégradés d'un certain ordre, qui cependant devaient être graciés s'ils devenaient *màkià ;* des exilés revenant de leur bannissement, ayant fini leur temps ou ayant payé leur rançon; comme aussi des hommes dont la postérité s'était précédemment éteinte (1812).

Ceux-ci parviennent à être nommés *ling tsui* , qui sont 5 par *tsoling* : ils l'aident dans la tenue des registres et des listes d'émargement ; et, comme ils sont mieux payés, je les ai appelés *caporaux*. Dans les bannières de Mantchoux et Mongols, la connaissance de l'écriture est un de leurs titres. Dans la *Recherche sur l'Administration* un petit nombre d'eux est désigné comme *ling tsui* des greniers de Tungchau, et deux dans les bannières mongols supérieures comme *ling tsui* des bonnetiers. Le gros des *màkià* est ce que nous pouvons appeler *màkià* de campagne; il y a quelques officiers au-dessous des *ling tsui*, chargés des greniers; quelques-uns nommés « du banquet, » titre qui reste sans explication ; il y en a encore quelques-uns de service au pavillon impérial de l'arc, aux bureaux du Conseil de Guerre, et aux cours des Banquets et représentation ; un autre qui est mongol, au bureau colonial, sert d'interprète ou linguiste. En outre de ceux que nous avons dit plus haut avoir été détachés pour former un corps de mousquetaires, et qui sont tous Hànkiun, on en prend 40 de la même nation par chaque bannière comme artilleurs. La moitié d'entre eux reçoit par mois trois, et l'autre moitié deux taëls ; les vacances sont remplies, s'il est possible, par les fils ou les frères de *màkià* morts ou retirés ; ils passent de la petite solde à la plus forte à mesure qu'il se produit des vides dans les rangs. Les *yàng-yuh ping*, élèves, sont, après les précédents, la classe la plus nombreuse. L'état de leurs forces montait, en 1812, à 12,664 Mantchoux et 3,279 Mongols, avec solde et ration ; et avec solde, mais sans ration, à 5,428 Mantchoux, 1,224 Mongols, et 4,813 Hàn kiun. Ces chiffres représentaient-ils alors la totalité de ces forces dans l'Empire, ou dans la troupe soldée seulement? C'est ce qui reste indéterminé ; nous en trouvons un certain nombre dans quelques autres divisions importantes. Le *Code des Lois* avance cependant, dans le compte-rendu précédent, que les vacances devaient être remplies par des surnuméraires au-dessus de 10 ans, et au-dessous, si l'on ne trouvait pas un nombre suffisant ; et que, s'il n'en figurait pas encore assez dans la compagnie du *tsoling* où se trouvait la vacance, on aurait recours au *tsànling* pour faire un choix dans la bannière, les Mantchoux et Mongols sans ration prenant toujours sur la liste le pas sur tous les autres. Les enfants de ceux qui obtiennent leur grade par achat ne sont pas admissibles, non plus que ceux de n'importe quel officier, à l'exception des subalternes de Gendarmerie, de la troupe soldée et de la division du Flanc, des *pih-tih-shi* ou secrétaires, et des *yun-ki yù* héréditaires (5 α) qui sont sans emploi. Ces particularités s'appliquent aux élèves de tous les corps.

Les *orpù*, dont il y a 320 et plus dans chacune des 3 bannières supérieures, et environ 240 dans chacune des 5 bannières inférieures, sont aussi tous Hànkiun; ils portent une sorte de chevaux-de-frise qui se démontent, appelée par les Chinois la *tête de cerf*. On monte cette machine pour la défense, et apparemment aussi pour marquer les limites de la parade ou du campement. Il peut bien y avoir 8 *orpù* pour chaque *tsoling*, et ils se recrutent parmi les élèves et les surnuméraires sans emploi.

Les artiliciers du corps sont faiseurs d'arcs,

de flèches, de selles, et pelletiers ; ils sont encore forgerons, chaudronniers, fabricants de vaisselle, graveurs sur bois et sur métaux. Les faiseurs d'arcs et forgerons mantchoux sont les plus nombreux : 80 ou 90 par bannière ; les faiseurs de tentes ou pavillons, tous Mongols, sont 7 dans chacune des trois bannières supérieures.

Une explication du terme *pai tan gah* a été donnée déjà. Il y en a 52 dans le *ying*, 12 avec la dénomination accessoire *ch'a* dans la bannière jaune-uni ; 30 dans les trois bannières supérieures, qui « donnent les signaux » ou qui crient pour faire avancer ceux qui n'ont pas encore combattu, en d'autres mots pour sonner l'ordre de s'assembler ; et un qui a la charge des chiens : ils sont tous Mongols. Tout le reste est composé de Mantchoux ou Mongols dans les cinq bannières inférieures, et leur dénomination accessoire *tsai-sang* indique qu'ils sont chargés d'immoler les victimes qui servent aux sacrifices.

La chair des victimes est offerte dans le Hwan-Ning Kung, partie du palais appropriée à l'Impératrice, tous les matins à quatre heures, et à la même heure dans l'après-midi ; au sacrifice mensuel offert le second jour de la première lune et le premier jour de toutes les suivantes, et au sacrifice du lendemain offert le troisième jour de la première lune et le second jour de toutes les lunes suivantes. Le sacrifice journalier du matin est offert à Boudha, Kwàn-zyin et Kwàn-ti, le Mars chinois; le soir, à neuf divinités tartares qui portent des noms aussi longs qu'inintelligibles. Les sacrifices mensuels paraissent être offerts aux mêmes dieux que celui du *lendemain*, c'est-à-dire du sacrifice mensuel. La chair de la victime est bouillie et placée devant les idoles ci-dessus nommées, ou à droite ou à gauche de la châsse du Ciel; lorsqu'on l'enlève, elle est partagée par l'Empereur ou l'Impératrice, s'ils officient en personne, ou par ceux auxquels Sa Majesté peut envoyer par les nobles sa procuration pour la distribuer.

Le terme « valet de pied » est la traduction de *sui-kià*. Ce sont des employés extraordinaires qui ont une solde de 1 à 4 taels par mois, comprenant leur nourriture : un certain nombre d'entre eux est attribué à différents officiers, qui, dit-on, s'approprient la paye qui leur est allouée, en addition à la leur propre. Les capitaines-généraux des gardes et *tu-tung* mantchoux émargent pour 8 ; les *tu-tung* mongols et hànkiun, les capitaines-généraux de la division principale et de la division du Flanc, pour 6 ; le capitaine de la gendarmerie, pour 5 ; les *fù-tùtung* pour 4 ; les *fù-tùtung* mongols et hànkiun, les capitaines-généraux de la division principale et de la division du Flanc, pour 6 ; le capitaine de la Gendarmerie, pour 5; les *fù-tùtung* pour 4 ; les *fù-tùtung* mongols et hankiun pour 3 ; le *tsànling* de la division principale, de la division du Flanc, de la troupe soldée et des *Pàu-i* des 3 bannières attachés à la division du Flanc, pour 2; le *fù-tsanling* de la division du Flanc et de la troupe soldée, et les Gardes de la division principale pour 1 1/2. Quatre sont alloués à un grand de la plus haute classe de la noblesse, 3 à la 2ᵉ et à la 3ᵉ classe ; 2 à la 4ᵉ classe, s'il s'agit de Mantchoux, et aux ministres du Cabinet mantchoux, aux Présidents de Conseil, aux Censeurs senior, aux ministres des Gardes ; et 1 à quelques autres Mantchoux trop nombreux pour être énumérés, mais dont le moindre est un *tsoling*. La commutation, bien que tolérée par la loi, ne peut l'atteindre ; son *suikià* doit être un des *Màkià* de sa compagnie, et non un surnuméraire, comme il arrive pour les officiers militaires d'un plus haut grade spécifiés plus haut. Dans la liste de solde de 1831, aucun *suikià* n'est attribué aux *tsoling*. Les *Mun-kià* (chargés des portes) sont de toutes les nations et de toutes les bannières ; nous n'avons aucune notion sur leurs postes et leurs fonctions, non plus que sur celles de quelques *lan-kià* ou hommes de la maille bleue. Ces derniers sont en grand nombre parmi les *pàu-i,* et sont employés au service des nobles impériaux qui ont droit à une suite.

Les *ying-shau* ou fauconniers, qui ne sont que 4, ont un nom qui s'explique de lui-même. Dans le service de la chasse, il y a un département important, chargé de trois sortes de faucons, dont il y a en tout 42 postes. Les 15 *pien-shau* ou hommes du fouet sont, ou bien des conducteurs de voitures, ou des palefreniers qui courent après des chevaux, lorsqu'ils sont démontés. Sous les ordres du *Lwàn-i-wei,* ou bureau des voitures, il y a certains hommes nommés *ming-pien*, qui font claquer leurs fouets pour annoncer l'approche de l'Empereur ; mais il n'est pas dit que les *pien-shau* soient employés de même ; il n'est pas fait mention non plus des 9 conducteurs de chameaux avec un inspecteur de Hànkiun dans la bannière blanc-uni, ni de 4 employés reconnus comme secrétaires ou scribes, supérieurs et inférieurs. Aucun de ces employés, le lecteur en sera frappé, n'appartient proprement aux rangs d'une division, lorsque nous en parlons seulement comme d'une troupe militante ; la *Recherche sur l'Administration*, cependant, inscrit tous les employés ci-dessus sur le rôle des soldats composant le corps, et c'est pour cela qu'ils sont ici mentionnés. Il ne nous reste plus maintenant à remarquer que les 40 *kàng-fù* ou veilleurs de nuit ; ils sont tous Hànkiun, cinq par bannière, et, m'a-t-on dit, ils ne sont employés qu'à la Cour du *Tùtung* des Bannières.

Les *hiàuki* font l'exercice, chaque aile six fois par mois, de l'arc à pied, sous les yeux d'un *Tùtung* et d'un *fù-tutung* ; à moins que le premier ne soit appelé au Conseil du Lever ou à quelque autre office ; alors le *fù-tutung* est accompagné d'un ministre spécialement désigné, dont le nom doit avoir été préalablement communiqué au Censeur-visiteur. On s'exerce à l'arc à cheval six fois l'an, au printemps et à l'automne ; le jour est fixé par le Conseil de Guerre ; les sexagénaires sont dispensés de cet exercice. Il y a 4 autres grandes manœuvres par an pour l'exercice à pied, sous les armes, indiquées par le *Tùtung* qui en donne communication au Conseil de Guerre, pour qu'il puisse y envoyer un officier-inspecteur. Ils ont encore 4 manœuvres en plaine (petite guerre) sur une grande échelle, dans lesquelles ils paradent comme à la revue triennale.

Un savant missionnaire, dont l'Europe entière a justement apprécié les travaux sur la Chine, donne sur ces revues des détails qu'on nous saura gré de reproduire :

« Durant la dernière année de notre séjour en Chine, nous étions chargé d'une petite mission dans une province du midi. Une chapelle pour célébrer les saints mystères et réunir les néophytes aux heures de la prière et des instructions religieuses ; puis, attenante à la chapelle, une maisonnette avec un petit jardin, le tout entouré de grands arbres, de touffes de bambou et d'une haute muraille en cailloux, telle était notre résidence. Nous vivions là avec deux Chinois, l'un âgé d'une trentaine d'années et l'autre à peu près du double. Le premier avait le titre de catéchiste ; il nous aidait dans les fonctions du saint ministère, surveillait les affaires du ménage et formait les enfants chrétiens et les catéchumènes à la manière de chanter les prières publiques. Dans ses moments de loisir qui étaient encore assez considérables, il s'occupait de couture ; car primitivement il avait exercé l'état de tailleur. Du reste, c'était un fort brave homme, de mœurs douces, paisible et sédentaire, disant peu de paroles inutiles, mais trop préoccupé de médicaments et de livres de médecine. Cette manie lui était venue parce qu'à force de se voir toujours chétif, pâle et maigre, il avait fini par se croire malade ; en conséquence, il voulait se soigner, et, pour cela, il s'était lancé dans les études médicales.

« L'autre, celui qui était âgé d'une soixantaine d'années, ne portait dans la maison aucun titre officiel. Il s'occupait pourtant d'une foule de choses : la propreté et la bonne tenue de la chapelle et du presbytère le regardaient ; il bêchait, arrosait le jardin et y faisait pousser, tant bien que mal, quelques fleurs et un peu de légumes. Il était chargé de la cuisine quand il y en avait à faire, et, de plus, il entretenait de fréquentes et longues conversations avec tous ceux qui venaient à la résidence. Sa générosité à offrir du thé à boire et du tabac à fumer l'avait rendu très-populaire. Autrefois il avait été forgeron, et, comme ses nouvelles attributions n'étaient pas bien définies, on avait toujours continué de l'appeler le forgeron Siao.

« Un jour, ces deux compagnons de notre solitude se présentèrent dans notre chambre avec une certaine solennité, pour nous demander un conseil. Un inspecteur extraordinaire des troupes venait d'arriver de Péking, et, sous peu, il devait y avoir une revue générale. Or, l'ancien forgeron et l'ancien tailleur étaient bien aises de savoir si nous étions d'avis qu'ils allassent à cette revue. Mais, leur répondîmes-nous, ce sera absolument comme vous voudrez. Si vous pensez que cela doive vous amuser, allez-y ; nous garderons la maison. Pour nous, nous ne tenons nullement à assister à cette parade. Quand nous habitions le nord de l'Empire, nous en avons bien assez vu. — Jusqu'ici nous n'y avons jamais été, dit notre catéchiste ; nous avons toujours pu nous en dispenser facilement ; mais on prétend que le nouvel inspecteur veut que tout le monde y soit. Ceux qui ne s'y rendront pas seront notés, puis condamnés à cinq cents coups de rotin et à une forte amende... Nous trouvâmes que cet inspecteur extraordinaire était, en effet, un homme bien prodigieux, que d'exiger la présence de tout le monde à sa revue, sous peine d'être assommé et ruiné. — Il faudra donc, leur dîmes-nous, que nous allions aussi à la revue ? — Le Père spirituel pourra aller regarder, si bon lui semble ; mais nous autres, soldats de l'Empereur, nous sommes tenus d'y assister. — Vous autres soldats! nous écriâmes-nous, en contemplant du haut en bas nos deux chrétiens... Nous pensâmes qu'ils avaient peut-être voulu dire tout simplement qu'ils étaient sujets de l'Empereur ; nous craignîmes de les avoir mal compris ; mais pas du tout ; ils étaient soldats bien positivement, et depuis fort longtemps. Il y avait plus de deux ans que nous les connaissions, sans qu'il nous en fût jamais venu le plus petit soupçon, ce qui, nous devons en convenir, ne fait guère l'éloge de notre sagacité. Lorsqu'il y avait des corvées, des revues ou des exercices, ils étaient dans l'habitude de louer pour remplaçant le premier venu qui se trouvait à leur portée. Notre catéchiste nous avoua qu'il n'avait de sa vie touché un fusil, qu'il en avait peur et qu'il ne se sentait pas même la force de mettre le feu à un pétard.

« Notre conscience se trouvant suffisamment éclairée sur la véritable position sociale de ces deux fonctionnaires de la mission, nous leur dîmes qu'ayant le titre de soldats et en recevant les émoluments, ils devaient en remplir les fonctions, du moins dans les occasions extraordinaires, que la menace du rotin et de l'amende était une preuve non équivoque de la volonté expresse de l'inspecteur, et que les chrétiens étaient spécialement tenus de donner le bon exemple de l'obéissance et du patriotisme. Il fut donc convenu qu'ils s'arrangeraient pour aller où le devoir et l'honneur les appelaient; et, de notre côté, nous prîmes bien la résolution de nous rendre à cette parade qui promettait déjà de présenter un coup d'œil assez ravissant.

« Le jour fixé étant venu, nos deux vétérans de l'armée impériale déjeunèrent solidement, de grand matin, et vidèrent un large vase de vin chaud pour se donner force et courage ; ils cherchèrent ensuite à se déguiser en soldats. Le travail ne fut ni long ni difficile; ils n'eurent qu'à substituer à leur petite calotte noire un chapeau en paille, de forme conique et recouvert d'une houppe de soie rouge, et qu'à endosser par-dessus leurs habits ordinaires une tunique noire à larges bordures rouges. Cette tunique portait devant et derrière un écusson en toile blanche, sur lequel était dessiné en grand le caractère *ping*, qui veut dire soldat; la précaution n'était pas inutile, car, sans cette étiquette, il eût été souvent facile de faire de singulières méprises ; ainsi, par exemple, notre catéchiste, avec sa petite figure blême, son corps fluet et rétréci, et ses yeux larmoyants, toujours modestement baissés, n'avait certainement pas la tournure bien guerrière ; cependant il n'y avait pas à se méprendre. Qu'on le vît par devant ou par derrière, il n'y avait qu'à lire l'inscription sur son dos ou sur sa poitrine : *c'était un soldat !* Avec cet uniforme, ils prirent, l'un un fusil et l'autre un arc, puis ils se rendirent fièrement au Champ-de-Mars.

« Un instant après qu'ils furent partis, nous fermâmes à clef la porte de notre résidence et nous allâmes faire les curieux. Cette grande exhibition militaire devait avoir lieu, en dehors de la ville, dans une vaste plaine sablonneuse qui s'étend le long des remparts ; les guerriers arrivaient de tous les côtés par petites bandes ; ils étaient accoutrés de toutes les façons, suivant la bannière à laquelle ils appartenaient ; leurs armes, qui se dispensaient de reluire aux rayons du soleil, étaient d'une grande variété ; il y avait des fusils, des arcs, des piques, des sabres, des tridents et des scies au bout d'un long manche, des boucliers en rotin et des couleuvrines en fer, ayant pour affût les épaules de deux individus. Au milieu de cette bigarrure nous remarquâmes pourtant une certaine uniformité ; tout le monde avait une pipe et un éventail ; le parapluie n'était pas sans doute de tenue, car ceux qui en portaient un sous le bras étaient en minorité.

« A une des extrémités du camp, on avait élevé, sur une éminence, une estrade en planches, abritée par un immense parasol rouge, et ornée de drapeaux, de banderoles et de quelques grosses lanternes dont on n'avait nul besoin pour y voir, attendu que le soleil était tout resplendissant ; elles avaient peut-être un sens allégorique, et signifiaient probablement que les miliciens étaient en présence de juges éclairés. L'inspecteur extraordinaire de l'armée impériale et les principaux mandarins civils et militaires de la ville étaient sur cette estrade, assis dans des fauteuils, devant de petites tables chargées de théières et de boîtes remplies d'excellent tabac à fumer ; à un angle du théâtre était un domestique tenant à la main une mèche fumante, non pas pour mettre le feu aux canons, mais pour allumer les pipes. Sur divers points du camp d'évolutions on voyait plusieurs forts détachés, fabriqués avec des bambous et du papier peint.

« Le moment de commencer étant arrivé, on fit partir au pied de l'estrade une petite couleuvrine, pendant que les juges se protégeaient les oreilles avec les deux mains pour n'être pas assourdis par cette effroyable détonation. Alors on hissa un pavillon jaune au haut d'un fort, les tam-tams résonnèrent avec furie, et les soldats coururent pêlemêle, et en poussant de grands cris, se grouper autour du drapeau de leur compagnie; là ils cherchèrent à se mettre un peu en ordre sans trop pouvoir y réussir; bientôt on simula un combat, et la mêlée, chose à laquelle on réussit le mieux, ne se fit pas attendre. Il est impossible d'imaginer rien de plus comique et de plus bizarre que les évolutions des soldats chinois; ils avancent, reculent, sautent, pirouettent, font des gambades, s'accroupissent derrière leur bouclier comme pour guetter l'ennemi, puis se relèvent tout d'un coup, distribuent des coups à droite et à gauche, et se sauvent à toutes jambes en criant : Victoire! victoire! On dirait une armée de saltimbanques dont chacun est occupé à jouer un tour de sa façon; nous en remarquâmes un très-grand nombre qui ne faisaient que courir, tantôt d'un côté et tantôt d'un autre, sans but déterminé, et probablement parce qu'ils ne savaient trop que faire de leur personne; nous ne pûmes nous tirer de l'esprit que nos deux chrétiens, le catéchiste et le jardinier, devaient nécessairement se trouver dans cette catégorie de soldats.

« Tant que dure le combat, deux officiers, placés aux deux extrémités de l'estrade, agitent continuellement un drapeau, et indiquent, par la rapidité plus ou moins grande de ses mouvements, le degré de chaleur de l'action ; les drapeaux s'arrêtent, les combattants en font autant, et chacun retourne à son poste ou aux environs, car on n'y regarde pas de trop près.

« Après cette grande bataille, on fit manœuvrer des compagnies d'élite qui paraissaient assez bien exercées ; leurs évolutions se faisaient pourtant toujours remarquer par une extrême bizarrerie. L'artillerie anglaise avait dû avoir bien beau jeu avec des ennemis dont l'habileté consiste à faire des cabrioles, ou à se tenir longtemps en équilibre sur une jambe à la façon des pénitents hindous. Les fusiliers et les **archers** s'exercèrent ensuite à **tirer à la cible**; leur adresse fut remarquable. Les fusils chinois sont sans crosse, ils ont seulement une poignée comme les pistolets. Lorsqu'on tire le coup on n'appuie pas l'arme contre l'épaule, on tient le fusil du côté droit à la hauteur de la hanche, et avant de faire tomber sur l'amorce un crochet qui soutient une mèche allumée, on se contente de bien fixer les yeux sur le but qu'on veut frapper. Nous avons remarqué que cette manière de faire avait un grand succès, ce qui prouverait peut-être que pour bien tirer un coup de fusil, il est moins nécessaire de viser avec le bout du canon que de bien regarder l'objet, absolument comme lorsqu'on veut frapper un but en lançant une pierre.

« Le tir des petites couleuvrines fut, sans comparaison, ce qu'il y eut de plus divertissant pendant la parade. Nous avons dit qu'elles n'avaient pas d'affût et qu'elles étaient portées solennellement par deux soldats ayant chacun un bout de la couleuvrine sur l'épaule gauche, et retenu par la main droite. On ne saurait s'imaginer rien de plus pittoresque que la figure de ces malheureux quand on mettait le feu à la machine ; ils tenaient à montrer de la sérénité et de la grandeur d'âme ; on voyait qu'ils faisaient des efforts pour être impassibles ;

mais la position était si critique, et les muscles de leur face prenaient des formes tellement inusitées, qu'il en résultait des grimaces étonnantes. Le gouvernement impérial, dans sa paternelle sollicitude à l'égard de ces infortunés porte-couleuvrines, a prescrit qu'avant l'exercice, on leur tamponnerait soigneusement les oreilles avec du coton ; quoique placés à une distance assez éloignée, il nous fut facile de constater qu'on ne leur avait pas épargné la précaution. On comprend qu'avec un tir de cette façon, il ne doit pas être très-facile de viser ; aussi s'en met-on peu en peine, et le boulet s'en va où il peut. Pendant les exercices, on a la prudence de ne tirer jamais qu'à poudre.

« Lorsque la guerre a lieu en Tartarie ou dans les pays où l'on trouve des chameaux, il paraît que ces quadrupèdes sont chargés de mettre les couleuvrines en batterie en les portant entre leurs bosses. — Dans une série de tableaux représentant les campagnes de l'empereur Khang-hi dans le pays des Oeries, nous avons rencontré un grand nombre de ces batteries de chameaux. On peut se faire une idée, d'après cela, de la difficulté que doivent éprouver les troupes européennes dans une guerre contre les Chinois.

« La revue se termina par une attaque générale des forts détachés. Il nous serait impossible de dire et d'expliquer ce qu'on fit, parce que nous n'y comprîmes absolument rien. Tout ce que nous savons, c'est qu'on exécuta de longues et inimaginables évolutions, et qu'à plusieurs reprises on poussa des clameurs étourdissantes. Enfin les drapeaux cessèrent de s'agiter ; les juges de l'estrade se levèrent en criant victoire ; l'armée tout entière répéta trois fois la même acclamation, et un de nos voisins qui, sans doute, avait l'intelligence de ce qui avait eu lieu, nous avertit que tous les forts, sans exception, avaient été emportés avec une rare intrépidité.

« Nous retournâmes à notre résidence où nous vîmes bientôt revenir nos deux héros couverts de poussière, de gloire et de sueur. Nous les questionnâmes beaucoup sur les exercices militaires auxquels ils venaient de se livrer avec tant de succès ; mais ils ne purent nous donner des renseignements bien précis ; ils ne surent pas même nous dire quel rôle ils avaient joué au milieu de toutes ces évolutions. D'après leur témoignage, les deux tiers des soldats n'étaient pas plus habiles qu'eux, et se contentaient de suivre la direction et les mouvements des troupes d'élite. Ainsi, on voit que sur les

500,000 hommes composant, dit-on, la division chinoise, il y a à faire une forte réduction.

« Le nombre des troupes mantchoux est à peu près évalué à 60,000 hommes. Nous pensons que ces soldats sont habituellement sous les armes et qu'ils s'occupent avec assiduité de leur métier. Le gouvernement y veille avec soin; car l'Empereur a grand intérêt à ce que ses troupes ne s'endorment pas dans l'inaction et conservent un peu de ce caractère guerrier qui leur a fait conquérir l'Empire. On les traite, dit-on, avec beaucoup de sévérité; les infractions et les négligences dans le service sont toujours rigoureusement punies, tandis que les troupes mongoles et chinoises sont abandonnées à elles-mêmes. Il est même probable que la dynastie régnante favorise, jusqu'à un certain point, l'ignorance et l'inactivité des Chinois et des Mongols, afin de maintenir les Mantchoux dans leur état de supériorité, et de se réserver un facile moyen de défense en cas de révolte ou de sédition. Si les 500,000 Chinois étaient formés au maniement des armes et à la discipline militaire aussi bien que les Mantchoux, il suffirait d'un instant pour expulser de la Chine la race conquérante. »

Les *Hiàu-ki* Mantchoux, Mongols et Hànkiun

considérés comme trois corps, paradent avec la division principale, celle du Flanc, celle de l'Artillerie. Et cela se fait deux fois l'an par les corps ci-dessus appartenant à chaque Bannière, une fois par la totalité appartenant aux 2 bannières de même couleur et une fois l'année par la totalité appartenant aux 8 bannières. Les fusils à mèche s'exercent cinq fois par mois en automne en 200 sections, et ils font avec leurs armes d'abord 4 décharges dans les rangs (feu de peloton) ; ils tirent aussi trois fois l'arme sur la fourchette ou appui, sous les yeux d'un *tutung* et d'un haut fonctionnaire de la division d'artillerie. Du 1ᵉʳ au 5 de la 9ᵉ lune, chaque Bannière détache 6 pièces de grosse artillerie sur charrois, 1 au pont de Lù-kau, pour être tirées trois fois chacun des jours de manœuvres : les 8 Bannières, chacune leur tour, font feu d'un gros fusil de bronze l'un des 25 fondus sous le règne de Kien-lung, et nommé *Shin-wei-wù-tih*, c'est-à-dire « une majesté divine contre laquelle il ne faut pas lutter ; cette arme lance des balles de 10 2/3 lbs. On élève un but à cent pas, et l'exercice est bon quand ce but est touché 13 fois sur 15. Le seul autre exercice accessoire dont parle le *Code des Lois*, cet ouvrage important d'où les détails précédents ont été tirés, c'est la sonnerie de la coquille (le clairon), et on en fait un exercice ou concours sous les auspices d'un officier député par le Conseil de Guerre. Les troupes de chaque bannière qui se livrent à cet art, déploient leur habileté sous les murs de la ville, dans le voisinage de la porte commise à la garde de leur bannière.

« La musique militaire des Chinois, dit K. S. Mackensie, dans sa *Seconde campagne de Chine* ne prouve pas un grand talent artistique de leur part. Ils ont une sorte de fifre ou de flageolet dont ils ne savent tirer qu'une note ; ils ont aussi des trombonnes. Toutefois, il est peut-être hardi à moi de passer légèrement condamnation sur leur talent, car, à vrai dire, dans toutes les actions, les musiciens avaient toujours pris la fuite sans nous donner le temps de les entendre. J'allais presque oublier de parler du gong, qui répand la terreur, et dont les règlements militaires fixent le nombre dans chaque camp. Le talent de l'instrument se mesure, à ce qu'il paraît, sur le bruit qu'il sait produire, et, à vrai dire, je n'ai jamais entendu bruit plus effroyable que celui de ces gongs quand une fois on les met en branle. C'est la manifestation la plus retentissante des sentiments des Chinois, amis ou ennemis, tristes ou gais; ils battent leurs gongs à tout propos (1). »

§ 7. Division légère. Artillerie et mousqueterie.

Le *Kien-yui ying,* ou division légère, placée au quatrième rang sur le tableau, fut formée en 1749, comme le corps d'escalade des 8 Bannières. Elle est divisée en 2 ailes, chacune sous un ministre d'intendance générale (*tsung-tung tà-chin*); ces deux ministres obéissent eux-mêmes à un officier du même titre portant la dénomination accessoire « chargé du sceau. » Ces trois chefs sont désignés spécialement parmi la noblesse impériale de la plus haute classe. Ils ne sont pas comptés parmi ceux qui reçoivent leur part des 86,000 taëls mis à part comme pension *anti-extortive* d'officiers de Bannières, et je n'imagine pas qu'ils tirent le moindre émolument de leur office. On leur a attaché quelques *tsànling* du *Ying,* choisis par les *tà-chin* eux-mêmes, qui servent en qualité de *chàng-king*, ou secrétaires des affaires du corps; leur

---

(1) *Seconde campagne de Chine*, par K. S. Mackenzie, traduit par Xavier Raymond.

nombre n'est pas spécifié, mais ils ont sous eux 8 *pih-tih-shi*.

Les ailes par le fait sont commandées, chacune, par un *yih-ch'ang* (3 *a*), ou l'ancien de l'aile, et au-dessous de lui par 8 *ts'anling* en tout ; deux d'entre eux ont la commission de *yih-ch'ang*. Les *ts'anling* ont la dénomination accessoire *tsien-fung* (avant-garde), comme l'ont aussi les 32 *aide-tsanling*, et tous les *kiàu* ou subalternes qui viennent après eux. Un *tsoling*, avec un *fang-yù* (5 *a*) et un subalterne, ont la direction de 4 *lingtsui* et 54 cavaliers des Fa'ntz, étrangers ou sauvages tirés de la frontière septentrionale de Sz'chuen.

Il y a 4 *shù tsien-tsung*, sous-lieutenants, dont la mission est d'enseigner la tactique navale à 40 matelots fournis par la division de marine de Fuhkien. Durant l'été, 4 vaisseaux manœuvrent et combattent dans les lacs qui sont dans les jardins du palais impérial ; ils sont montés par 1,000 *tsien-fung* assistés par ces matelots dans leur combat fictif. Ces sous-lieutenants s'élèvent à leur grade en passant par quelques grades intermédiaires, et ils sont tirés du corps des matelots en question. Il y a aussi dans ce *ying* 8 instructeurs d'écriture mantchoux, choisis parmi les gradués dans les lettres ou Interprétation de chaque bannière, et 8 instructeurs de l'arc à cheval, tirés du corps des subalternes de la division principale, ou officiers inférieurs avec la plume bleue (*làn-ling ch'àng*, 9 $_\alpha$).

Les hommes de 1re classe de ce *ying*, au nombre de 2,000, sont appelés *tsien-fung*, ou hommes d'avant-garde, qui s'élèvent à mesure qu'il se présente des vacances parmi les *wù tsien-fung* qui sont au nombre de 1,000; ils se recrutent à leur tour parmi les élèves ou surnuméraires du même corps, ou de ceux des divisions métropolitaines ou de leur cavalerie. Leurs exercices, quoique barbares, méritent une mention particulière par suite de la distinction de ce corps, que l'on note comme excellent pour la force et l'activité. Ils manœuvrent six fois par mois avec l'échelle de siége, et ils font aussi trois décharges du fusil à mèche; six fois ils s'exercent à la lutte et font des tours de souplesse à cheval; un cavalier saute de son cheval sur celui d'un autre cavalier lancé au galop, tandis que l'autre cavalier quitte la selle pour en faire autant dans le même moment. Pareillement, tout montés, ils tirent trois coups de leurs fusils à mèches, lancent trois flèches, et font les simulacres de l'attaque et de la défense avec le sabre et le fouet de fer ou fléau, espèce d'instrument articulé. Ils ont en outre six examens par mois sur l'exercice du cheval et de l'arc à pied ; et deux fois l'an, pendant douze jours, ils s'exercent à tirer au but avec le fusil à mèche ; chaque tireur tire cinq coups par jour, et il est récompensé ou puni suivant que ses différents succès le placent dans l'une des trois classes de progrès. Chaque jour ils envoient un détachement composé d'un *ts'ànling*, d'un subalterne et de dix hommes au jardin de *Tsing-i*, plus d'à moitié chemin de Yuen-Ming Yuen, et il paraît qu'ils n'ont pas d'autres fonctions. Comme escorte, ils fournissent un sur dix de leurs officiers et de leurs hommes pour accompagner Sa Majesté dans ses excursions. Les hommes sont alors habillés de jaquettes jaunes bordées de bleu; leur *ts'anling* est vêtu de bleu bordé de jaune, et le *yih-ch'àng* qui commande, entièrement de jaune.

Les armes dont les Chinois se servent dans le Nord ne sont pas absolument les mêmes que celles qui sont employées dans le Sud de l'Empire. Dans le Nord, on voit de la cavalerie en plus grand nombre ; on peut même dire qu'elle y est concentrée, et nous en trouvons la raison dans l'état du sol des provinces du centre, du midi et de l'Ouest, lesquelles sont exclusivement affectées à la culture du riz, qui réclame de nombreux canaux pour l'irrigation (1). La cavalerie ne pourrait se mouvoir sur ces terrains, faute de moyens de communication.

Le *ho-ki ying* (division des armes à feu), désignée ici comme celle des artilleurs et mousquetaires, est composée d'hommes des huit bannières. Elle se divise en intérieure, cantonnée dans l'intérieur, et extérieure, qui est placée derrière la manufacture d'indigo, en dehors de la cité. Le corps intérieur s'applique à l'exercice du fusil à mèche et de la grosse artillerie; le corps extérieur, à celui du fusil à mèche seulement; mais aucun des deux ne néglige l'arc à pied et l'arc à cheval; au contraire, malgré leur désignation, ils s'appliquent à cela bien plus qu'à l'exercice des armes à feu. Ils sont tous sous la surveillance d'un *tsungtung*, ministre chargé du sceau, et deux en dehors du sceau, comme la division légère. Ils sont choisis dans la noblesse impériale des 8 premiers ordres, les capitaines-généraux de la Garde, de la division principale et de la division du Flanc, et parmi les *tù tung* ou *fù-tutung* des 8 ban-

---

(1) Le riz doit être immergé dans l'eau pendant au moins six semaines.

nières. A ce corps est attaché, outre les officiers spéciaux, un *yih-chàng* ou ancien d'une aile, avec un aide ou lieutenant *yih-chàng*, 3 *ying-tsung* ou maréchaux de camp, 4 *tsànling* et 8 *pih-tih shi*. Le corps intérieur est commandé par un *yih-chàng* et un aide ; 3 *ying-tsung*, ayant chacun un sceau d'office, et sortis des *tsànling* de mousquetaires qui sont au nombre de 4 ; 8 *fù-tsànling*, 16 *shù-tsanling* et 112 subalternes complètent les cadres.

Celui du corps extérieur est absolument le même. Quatre *pih-tith-shi* sont de plus attachés à chacun d'eux. Leurs rangs sont remplis par des Mantchoux et des Mongols seulement, choisis dans la proportion de 6 mousquetaires et 1 artilleur par chaque compagnie de *tsoling*. Les premiers ont le titre de *niau-tsiang hù-kiun* (hommes de flanc du mousquet), et se recrutent d'après un règlement particulier. Tout homme venant à Péking des trois provinces mantchoux, avec le contingent de peaux de martre auquel il est taxé, ou dans le dessein de faire son apprentissage dans les manœuvres du camp de chasse (1), est pris pour remplir une vacance; à défaut de ce genre d'hommes, les artilleurs, ou

---

(1) Toutes les garnisons de Bannière, sauf celles de

élèves, sont éligibles. Les fusiliers eux-mêmes sont recrutés parmi les élèves ou surnuméraires de leur *ying* propre, ou, s'il y a impossibilité, parmi ceux des

Fuhchau, de Canton, de Liàngchau, de Ninghià, de Chwàngliàng, de Sui-yuen, de Tai-yuen, de Tehchau, et les 9 garnisons intérieures du cordon métropolitain, dépêchent un petit nombre d'officiers et d'hommes à Péking pour s'instruire de leurs fonctions à remplir dans les équipages de chasse de l'Empereur, dans le cas où il doit se rendre aux chasses réservées de Muh-lau, à Jeh-Ho (Zhchol). Elles sont sous la garde d'un *tsungkw'àn* (3α), de 2 *yih-chàng* (4α), de 8 *fàng-yù* et de 8 *hiàu-ki kiàu* ou subalternes, tous sous les ordres du *tùtung* de Jeh-Ho. Les détachements arrivent à Péking en trois sections : la première de Hàngchau, Chapù et Kingchàu est remplacée, un an après son arrivée, par la seconde venant de Si-ngàn et de Tsing-Chàu; celle-ci l'est à son tour par la troisième de Nanking, de K'aifung et des Yu-wei de Sui-yuen. Tandis qu'ils font ce service, et pendant leur trajet pour se rendre à Péking afin de le remplir, ils ont le traitement de subalternes et d'hommes de la division du Flanc, etc. A Péking, ils sont placés sous les ordres du *tsungling* des trois bannières supérieures. Le contingent Jeh-Ho ne va pas à la cité naturellement, mais on le forme sur son terrain.

Il y a un catalogue de nobles mongoliens obligés de se présenter chaque année à Péking. Si l'Empereur passe la frontière pour chasser, ils viennent lui faire hommage sur le territoire de chasse même, et l'expédition est sous la conduite de quelques-uns d'eux, tandis que le reste se tient à la suite, tant que dure la chasse.

hiau-ki. Quand l'Empereur va à Muh-lan pour chasser, et part pour quelque excursion, 3 officiers et une centaine d'hommes de ce corps l'accompagnent, ou 2 officiers et 50 hommes s'il va au mausolée dans Chihli. Un *yih-chàng*, habillé de jaune, commande la troupe; les *tsànling* et *chàngking* sont vêtus de jaune bordé de blanc; les subalternes et l'escorte, de bleu bordé de blanc.

En général, les princes chinois ont toujours montré du goût pour la chasse; on raconte plusieurs anecdotes à ce sujet.

« Le philosophe Meng-tsé, disciple de Tse-sse, petit-fils de Confucius, s'entretenait un jour avec Suen-Kong, prince de Tsi, dont le règne commença 445 ans avant Jésus-Christ. Ce prince lui dit : « Le parc de Ouen-Ouang avait soixante-dix *ly* carrés d'étendue; en convenez-vous? — On le croit ainsi selon la tradition, lui répondit Meng-Tsé. — Si cela est, reprit le roi, il était fort grand. — Le peuple cependant le trouvait trop petit, dit Meng-Tsé. — Comment cela? ajouta le roi. Mon parc n'a que quarante *ly*, et mon peuple le trouve encore trop vaste. — Prince, lui dit le philosophe, le parc de Ouen-Ouang avait soixante-dix *ly* d'étendue, et ses sujets le trouvaient trop petit, parce qu'il leur était commun avec ce prince, et qu'ils y allaient faire du fourrage, couper du bois et prendre du gibier. La première fois que je mis le pied dans vos États, je m'informai des principales ordonnances pour m'y conformer. J'appris qu'entre le Kiao et le Kian, était un parc de quarante *ly* de circuit, et que si quelqu'un s'avisait d'y tuer un cerf, il serait puni aussi sévèrement que s'il avait tué un homme. Je compris de là que c'était comme une grande fosse creusée au milieu de votre royaume, et un piége tendu à vos sujets. Est-il extraordinaire qu'ils le trouvent trop grand ? »

(Meng-Tsé : Leang-hoei-ouang) (1).

« L'empereur Kang-hi, accoutumé à une vie active et laborieuse, craignit que les Mantchoux, ses sujets, ne dégénérassent de leur première valeur, dans un climat qui inspire naturellement la mollesse et fournit des appâts aux plaisirs ; et c'est pour cette raison qu'il n'en envoyait que le moins qu'il pouvait dans les provinces méridionales, où ces qualités de climat sont beaucoup plus sensibles que dans celles du Nord : il n'en faisait passer qu'autant

---

(1) *Histoire générale de la Chine,* par l'abbé Grosier, T. II. (Note de l'éditeur).

que la nécessité l'exigeait, et il observait de ne pas les y laisser longtemps. Cette même crainte politique, son inclination particulière d'ailleurs, et le dessein de contenir les Tartares dans la soumission, le déterminèrent à aller faire dans les montagnes de Tartarie des parties de chasse qui ressemblaient plutôt à des expéditions militaires qu'à des parties de plaisir. On formait autour des montagnes et des forêts des cordons qui, se doublant et se triplant à mesure qu'on s'approchait du centre, ne laissaient plus aux animaux qui s'y trouvaient qu'un cercle étroit où il leur était impossible d'échapper à la portée de la flèche. Kang-hi, infatigable, était toujours suivi de quinze chevaux de main, et souvent il en lassait huit ou dix en un jour de chasse. Ces parties de plaisir duraient quelquefois deux ou trois mois ; il y conduisait une armée nombreuse commandée par un grand nombre d'officiers, et suivie par plusieurs pièces de gros canons. Ce prince, à leur tête, exposé dans ces régions désertes et ces montagnes escarpées aux injures du temps, était accompagné de toutes les marques des grandeurs qui l'environnaient à Péking. Malgré les marches les plus fatigantes, le soir, retiré sous ses tentes, il **expédiait toutes les affaires, prenant sur son som-**

meil la perte du temps qu'il avait faite pendant le jour; et il recevait aussi les visites des régules qui venaient avec leurs enfants de trois cents milles, et souvent de cinq cents milles, pour lui faire leur cour. C'est ainsi que Kang-hi, fuyant les chaleurs extraordinaires qu'on sent à Péking pendant la canicule, allait passer cette saison en Tartarie, où la rigueur de l'air, occasionnée par l'élévation du terrain et la multitude des montagnes, l'obligeaient quelquefois à prendre les fourrures.

« Un jour l'empereur Tchuang-tsong, en chassant du côté de Tchong-meon, causait beaucoup de dégât sur les terres appartenant au peuple; le mandarin de Tchong-meon, arrêtant son cheval et se jetant à ses genoux, lui dit : « Si Votre Majesté, « qui doit se regarder comme le père de ses sujets, « détruit ainsi le peu qu'ils ont pour se sustenter, « n'est-ce pas les exposer à mourir de faim et de « misère? » L'empereur, irrité de la hardiesse du mandarin, le renvoya avec mépris et voulait même le faire mourir. Le comédien Kin-sin-mo, qui l'avait suivi, faisant semblant de quereller le mandarin, lui dit : « Vous, qui êtes un officier de l'Em- « pire, ne savez-vous pas que notre maître aime la « chasse? Vous laissez aller vos peuples dans les

« champs pour cultiver la terre ; n'est-ce pas afin
« d'empêcher le prince de s'amuser ? Rien n'est
« plus juste que de vous faire mourir. » Se tournant ensuite vers l'empereur : « Je prie Votre Majesté, ajouta le comédien, de me laisser assister
« à son supplice. » Le prince sourit et renvoya le mandarin (1). »

Le corps intérieur est exercé à l'arc six fois par mois à pied, et six fois à cheval ; douze autres jours au sabre et à la lance, et dans les derniers six jours, à l'attaque et à la défense avec ces armes. Ils font l'exercice avec le mousquet, à la parade, mais dix fois dans le printemps et neuf fois dans l'automne ; et, en chaque saison, ils ne tirent au but que cinq fois, soit avec le mousquet, soit avec le canon. On les passe en revue au printemps et à l'automne avec le corps extérieur, deux fois durant l'automne, par simple bannière, avec cinq autres corps de la même ; une fois par deux bannières ensemble de la même couleur, et une fois dans la grande parade des 8 bannières, comme nous l'avons décrit pour la division précédente.

(1) *Histoire générale de la Chine*, par l'abbé Grosier. T. VII.

Le corps extérieur n'a que la moitié de jours d'exercices, comme archers à cheval, et ils en consacrent six au fusil à mèche, neuf à des tours de souplesse à pied, à cheval, sur les chameaux, avec les fusils à mèche, les arcs, la lance et autres armes; et six aux mêmes exploits sous une autre forme et sur une moindre échelle; notre ignorance des exercices actifs des Chinois nous empêche de traduire les termes qui marquent leurs différences réciproques.

A ces derniers exercices on fait prendre part 100 élèves entre l'âge de sept et onze ans. Le corps fait l'exercice de la balle dix fois par mois, et figure aussi dans les naumachies qui se font dans les jardins, à jour alternatif, avec la division légère.

Les cinq corps mentionnés précédemment sont inspectés ensemble par l'Empereur une fois tous les trois ans, dans le Nàn-Yuen, ou Parc, en dehors de la Porte-Sud de Péking. C'est là qu'ils dressent leurs tentes en 36 campements contigus, chaque campement occupant un parallélogramme de 400 pieds chinois de long sur 240 de large; avec 10 pieds d'intervalle entre eux, ils présentent un front de 9,000 pieds. Ils sont divisés en ailes; la gauche consiste en 4 campements occupés par l'artillerie et les mousquetaires hànkiun des 4 bannières de l'aile gauche ; 4 campements mantchoux de la même bannière et de la même arme, un campement de la division principale, 4 de celle du Flanc, et 4 de la troupe soldée ; enfin, un campement formé par la division légère. L'aile droite comprend pareil nombre de chacun des mêmes corps des bannières de l'aile droite, mais contient un campement du corps d'artillerie comme contre-poids à celui de la division légère à l'aile gauche.

A la distance de 2,750 pieds de l'alignement est placé le pavillon de l'Empereur, près duquel est dressée en semblable occasion sa tente bien garnie de toutes les ressources de l'art militaire chinois. De là les commandements sont transmis par les joueurs de conques mongols des 3 bannières supérieures, des 5 inférieures, de la Garde et de la division du Flanc. Les premiers se tiennent le plus près de la tente, et le reste va en obliquant à la suite jusqu'à ce que les plus en dehors approchent des extrémités de la ligne sur laquelle la tête des troupes prendra sa place lorsqu'elles se fixeront dans l'ordre de revue : c'est à 1,000 pieds du pavillon.

La parade se forme sur trois lignes : les *orpù*,

ou chevaux-de-frise, avancent jusqu'à la ligne dont nous venons de parler, qui est à 1,150 pieds sur le front du camp. Là, ils présentent une ligne dans le centre de la position, directement soutenus par les mousquetaires hànkiun, qui se forment sur leur arrière. L'artillerie hànkiun s'aligne avec les *orpù* sur les deux flancs, et sont semblablement soutenus par leur escorte de mousquets et de boucliers. Les mousquetaires mantchoux, entremêlés dans les rangs de l'artillerie mantchoux, se placent, d'après leur bannière, sur le flanc droit ou le flanc gauche des hànkiun, et ainsi complètent la première ligne qui peut avoir de flanc en flanc une étendue de 6,340 pieds.

La seconde ligne, appelée en chinois celle de tête ou principale, est à 250 pieds en arrière des chevaux-de-frise. Les hommes de la division principale sont placés exactement dans le centre, montés et en ordre sous leurs bannières; à leur droite et à leur gauche se tient la division du Flanc montée aussi; sur le flanc gauche de leur aile gauche sont ceux de la division légère, mais tournés en arrière vers leur flanc intérieur de près d'un quart de cercle; tandis que sur la droite, tournés de même, sont les corps d'artillerie extérieurs. Cette ligne peut présenter un front de 6,540 pieds; ses flancs en retraite 1,000 pieds chacun, et leurs extrémités 7,140 pieds pour leur part. La seconde ligne, entièrement composée de la troupe soldée, est exactement semblable pour sa disposition et son étendue, et se place sur le terrain à 150 pieds en arrière de la première.

Voici la distribution et l'armement des troupes, 6,357 hànkiun au premier rang sont commandés par 4 *tùtung*, 8 *fù-tù-tung*, et 337 officiers dont les *tsànling* et subalternes (*kiàu*) sont strictement militaires ; les *Chàngking*, qui sont dans une large proportion sont plutôt une autorité civile. (1) Les hommes sont : 245 artilleurs pour tirer les pièces, 880 pour les traîner, 792 caporaux ou privés portant les grands étendards et pennons ; 2,560 mous-

(1) Nous avons vu en différents endroits, et particulièrement dans la force soldée des bannières, que les fonctions du *chang-king* sont presque toutes liées à la solde et à la correspondance des corps auxquels ils sont attachés. Je n'ai pas été en état d'affirmer quels offices détachaient ceux qui sont employés dans l'armée (car ils cumulent). Les *chàngking* du conseil, si ce sont des Mantchoux, sont ou *changshù* (7β) du cabinet, *làng-chung* (5α), *yuen wàilang* (5β), ou *chù-sz'* (6α) des conseils, ou de l'office colonial, ou *pih tih shi* des mêmes bureaux, qui peuvent être du sixième

quetaires, 688 boucliers, 440 faisant flotter les pennons, battant les gongs ou tambours, ou sonnant de la conque ; 640 portant les chevaux-de-frise, et 112 tambours et guides pour l'alignement. Ces derniers ont 16 grands étendards des 8 bannières, portés par 3 hommes chacun ; 16 autres appelés étendards du *tsànling*, 40 pennons rouges ou guidons, 376 petits pennons ; 160 garnitures de chevaux-de-frise, 160 longues lances, 80 canons tirés par 3 et traînés par 11 hommes chaque, 2,560 fusils à mèche, 688 buts, 88 gongs et 184 conques.

ou septième grade. Nous avons pris l'habitude de traduire ce dernier terme par « secrétaires ; » mais un *pih tih shi* placé au premier rang dans ses examens, à l'examen triennal de Péking, peut être désigné, sans tenir compte de son grade de *pih tih shi* qui le place dans le neuvième grade, pour les postes du cinquième dans le service civil ou militaire ; le choix de la marche qu'il doit suivre pour avoir qualité dépend de lui, bien entendu. Les *chàngking* des Hànkiun peuvent être pris à la même source que les Mantchoux, ou parmi les gradués dont la place dans les tribus *kù-jin* ou *tsin'sz'*, leur a permis d'aspirer aux fonctions métropolitaines du septième grade. Ils reçoivent comme *chàngking* des appointements dont il sera tenu compte dans l'estimation des dépenses de l'armée, quoique je les aie exclus de l'état dans les tableaux qui établissent la proportion de tous les rangs dans ce service.

Ces dernières troupes appartiennent proprement à la troupe soldée des bannières. La division d'artillerie envoie 5 officiers supérieurs et 512 *tsànling* et autres, 1,920 mousquetaires, dont chaque dizaine a son chef, 256 pour l'escorte des étendards, 16 porte-étendards, 440 canonniers, et 40 porteurs de pennons des canons, en tout 2,864. Leurs armes, etc., sont 40 canons se chargeant par la culasse, 2,920 mousquets, 160 conques, 40 étendards, 16 pennons rouges et 230 petits pennons ou guidons.

La seconde ligne (1) est formée de 818 hommes de la division principale, et 1852 de la division du Flanc. C'était même son complet avant qu'on y eût ajouté la divison légère et le corps d'artillerie extérieure, mais la *Recherche* de 1825 qui fixe cette augmentation à 11812, ne donne pas la disposition de leurs hommes à la grande revue. La ligne porte 8 étendards, 552 pennons, et 144 conques. Les armes des troupes sont, il est présumable, la lance, l'arc et en outre un petit sabre.

La 3ᵉ ligne dont le centre et les flancs sont tous

---

(1) Les lignes forment un rang entier, et l'on aura une idée de leur peu de compacité lorsqu'elles font halte, si l'on sait que le terrain assigné à chaque division laisse à chaque soldat près de 42 pouces d'espace.

deux exactement couverts par la seconde, 150 pieds en avant, met en rang 672 *lingtsui* et 2,022 soldats à son centre faisant face au front, et 104 *lingtsui* et 312 soldats dans chacun de ses flancs en retraite. Le centre est commandé par 4 *tùtung* et 8 *fù-tùtung* avec 360 officiers, et est garni d'étendards et de pennons petits et grands au nombre de 760 avec 112 conques ; les flancs ont chacun un *tutung* avec chacun un *fù-tutung* et 60 officiers et ils portent avec eux 12 étendards, 104 pennons et 28 conques. Chaque *lingtsui* a son pennon et ils sont en proportion d'un par 3 soldats privés.

Si loin que s'étende le déploiement de leurs pouvoirs, aucunes troupes, sauf celles qui sont armées d'armes à feu et de boucliers, et seulement des détachements d'entre elles, semblent n'être appelées à la Grande Revue. Les chevaux-de-frise ne paraissent pas quitter leur place, mais les troupes se meuvent sur le terrain à intervalles, et les mousquetaires avancent directement au front à périodes fixes, puis font halte, font une décharge et continuent à avancer : ils font cela jusqu'à 10 fois, parcourant entre chaque halte 50 pieds, et le 10° coup tiré, les troupes, la revue passée, se retirent sur le terrain en arrière des chevaux-de-frise, une moitié de la division principale et de la division du Flanc fournissant l'arrière-garde.

Notre notice sur ces 5 divisions se terminera par un détail fort court sur leur armure et leur équipement. La tête et le corps sont défendus par un casque et une tunique ou jacquette de piqué ; ceux des officiers sont cloutés si dru en métal que dans la pensée même d'un indigène, ils peuvent être considérés comme en acier. Les officiers sont armés d'un petit sabre, de 2 arcs et d'un carquois, et d'un nombre de flèches qui diffère suivant le rang de celui qui les porte; dans le 1er grade, il leur est alloué 400 flèches, dans le 2e, 350 ; dans le 3e, 250 ; dans le 4e, 200 ; dans le 5e, 150 ; dans le 6e, et au-dessous, 100. Dans la division principale, chaque homme a un mousquet, un sabre, un arc, un carquois et 50 flèches. Dans la division du Flanc et la troupe soldée, il y a par deux hommes une longue lance de 13 pieds chinois de long ; la 1re a 36 conques en coquillage par bannière pour donner les signaux ; la 2e, une par compagnie de tsoling, et 2 par chaque *ts'ànling*. Les mousquetaires hànkiun de la troupe soldée sont naturellement armés de fusils à mèche, et, avec l'artillerie, ont un tambour et 5 gongs à chaque bannière. Les hommes à boucliers ont en outre leur large bouclier, un poignard et un long sabre, avec 7 conques à chaque bannière. Les chevaux-de-frise fournissent un poste par compagnie, et chaque homme est muni d'une perche pour la porter.

Dans l'artillerie, 5 canons se chargeant par la culasse sont assignés à chaque bannière, avec 14 conques en coquillage, et 5 autres pour accompagner les pièces. Il y a en outre un parc d'artillerie à la charge des hànkiun de la troupe soldée ; une seulement des pièces est montée sur des roues, et enfin il y a un certain nombre de canons aux portes intérieures et extérieures, ainsi distribués :

	En parc.	montés sur roues.	aux portes.	pièces simples.
Bordé-jaune	69	24	2	12
Jaune-uni	79	36	2	11
Blanc-uni	69	35	2	11
Rouge-uni	74	36	2	10
Bordé-blanc	62	35	2	12
Bordé-rouge	68	36	2	11
Bleu-uni	65	36	2	12
Bordé-bleu	72	24	2	12
	558	262	16	91

LIVRE DEUXIÈME.

§ 1. — GENDARMERIE.

Le *Pà-kiun ying* (littéralement force de pied) ou Gendarmerie, est sous les ordres d'un officier connu dans cette spécialité (1) comme le *Pà-kiun tungling* (1 β), capitaine-général de la gendarmerie, ou *kiù-mun tituh*, général des 9 Portes, qui doit être un Mautchoux ou un Mongol. Avant sa promotion, il était un ministre du palais. (Voyez garde impériale), *tù tung* ou *fù-tutung* des Bannières,

(1) C'est généralement un officier qui cumule d'une façon prodigieuse. Le dernier *tungling* Wanking, dégradé l'année dernière pour avoir eu des liaisons avec un magicien dont les aveux impliquaient un grand nombre de nobles et de serviteurs publics, était lecteur aux fêtes classiques, président mantchoux du conseil de l'office civil, réviseur-général des véritables mémoires du règne, supérieur de l'Académie, pourvoyeur de la Maison Impériale, *tùtung* d'une bannière, surintendant du gymnase du palais Ning-Shau et de la trésorerie du conseil des revenus et visiteur des dix-sept greniers de la cité et du grenier de Tungchau.

capitaine-général de la division principale ou de la division du Flanc, ou général de division (*tsung-ping* 2 α) de gendarmerie. De ce dernier grade, il y en a deux sous lui, un de l'aile gauche, un de l'aile droite.

Les civils attachés au *Ying* sont, un *làngchung* (5 α), 2 *yuen wài land* (5 β), et 2 *chù-shi* (6 α), qui forment un secrétariat et un tribunal pour connaître des causes qui sont rapportées à ce *ya mun* ; un *sz'wù* (8 α) gardien des mémoires et comptes-rendus ; et 12 *pih-tih-shi* pour la traduction.

Les officiers militaires des hommes de Bannière sont : 2 *yih-yü* (3 α), un pour chaque aile, et 2 aides *pàng-pàn yih-yü* (3 β) ; 24 *kieh-yù* (4 α), et 24 *fù-yù* (5 α), ou un de chaque nation dans chaque bannière ; à chaque bannière mantchoux, 24 *pù-kiun kiàu* (5 α), lieutenants, et 5 *wei-shù pù-kiun kiàu* (6 α), sous-lieutenants ; et à chaque bannière mongole et hànkiun, 9 lieutenants et 2 sous-lieutenants. Ils ont la direction immédiate des soldats de Bannière du corps, qui consistait, en 1812, en 2 *lingtsui* et 18 *pù kiun* par compagnie de *tsoling* Mantchoux et Mongols, et en un *lingtsui* et 12 *pùkiun* par compagnie de *tsoling* hànkiun. Leur nombre en 1825 était :

	Mantchoux.	Mongols.	Hànkiun.
Lingtsui.	1,356	408	266
Pùkiun.	13,560	4,080	3,452

Les *Lingtsui* sont choisis parmi les *pùkiun*, la promotion ayant lieu toujours dans la Bannière où se rencontre la vacance ; les *Pùkiun* se recrutent parmi les surnuméraires capables de la troupe soldée, ou parmi les hommes en service privé des soldats de bannière. (1).

(1) C'est de cette manière que j'ai cru devoir rendre *kià-jin* ; qui peuvent être des esclaves régulièrement achetés, ou des dépendants de ceux qui suivirent dans l'origine leurs maîtres sortis de Mantchourie. Ils ne sont pas inscrits comme *hù*, peuple, mais comme *hù-hià*, classe au-dessous du peuple, où comme *ling-hù* population surnuméraire. Le mot *kià-jin* est encore appliqué à ceux qui, ayant été réduits en esclavage pour un crime, sont concédés à des officiers de mérite. La *Recherche sur l'Administration* dit que 957 des *pùkiun*, qui font leur service aux autels et aux temples, aux 9 portes et à d'autres, et aussi aux lacs des jardins, sont choisis parmi les adultes ou élèves des familles dans lesquelles se produisent des vacances. Ils sont tous Mantchoux ou Mongols. Le reste peut être *kià-jin*, soit esclaves achetés avec l'estampille réclamée par une loi de Kienlung, ou sans estampille, c'est-à-dire condamnés, ou soldats dégradés. S'il n'y a pas suffisance dans la compagnie *tsoling* où se produit une vacance, ou dans les compagnies qui obéissent au *ts'ànling*, une vacance de mantchoux ou mongols peut être remplie par un hànkiun surnuméraire de toutes les bannières ; et il en est de même pour

A cet *ying* appartiennent encore 18 *ching mun-ling* (1 β) gardes, mantchoux et 7 hànkiun, et des *mun-li* (7 α) secrétaires des portes en même nombre et dans la même proportion que les gardes avec 32 *mun tsien-tsung* (6 α), subalternes des portes. Le soin de donner l'alarme, en cas d'événements, est commis au *sin-pàu tsung-kwan* (4 α), officier chargé généralement des canons-signaux, au dessous duquel sont 4 Mantchoux et 4 Hànkiun *kien-shau sin-pàu kwan* (5 α), officiers chargés du même service; ils sont de service chacun à leur tour à un poste d'alarme nommé la Pagode blanche (1).

Le contingent chinois de 4,000 hommes de cavalerie et de 6,000 d'infanterie, est divisé en 5 *ying*, bataillons ou cantonnements, centre, sud, nord, gauche, droite. Le premier tableau indique le nombre et le rang de leurs officiers, qui sont distribués comme il suit :

les vacances hànkiun. Si la mort d'un *pù kiun* laisse sa famille à l'abandon, son plus proche parent peut lui succéder. Les élèves, qui ayant passé vingt-cinq ans, ont été cassés du rôle pour incapacité dans l'exercice de l'arc à cheval, sont aussi éligibles.

(1) Ces officiers ont été omis dans le premier tableau, où il y a encore une erreur à corriger pour le même corps. Les officiers de la gendarmerie du quatrième grade devraient être 50 et non 39 ; et ceux du cinquième 368 et non 360.

146 ÉTAT GÉNÉRAL

	Centre	Sud	Nord	Gauche	Droite
Fùtsiàng.	1				
Tsàntsiàng.	1	1	1	1	1
Yùkih.	1	1	1	1	1
Tùsz.	1	1	1	1	1
Shaupi.	4	4	3	3	3
Tsintsùng.	10	12	8	8	8
Pàtsung.	20	24	16	16	16
Wàiwei.	30	36	24	24	24
Extrà.	15	18	12	12	12

Le service commun des hommes de Bannière et des Chinois est défini par les mêmes mots ; il doivent veiller et garder, en faisant leurs rondes et en donnant l'alarme, Il paraît n'y avoir que des Chinois employés dans la cité extérieure placée au Sud de la cloture de la 9ᵉ porte, percée de ses 7 portes en dehors ; et, quoiqu'ils fassent généralement partie du *Ying pù-kiun,* ils sont appelés par distinction *siun-pù,* « preneurs ambulants des voleurs.» Malgré cela ils n'ont pas plus que d'autres de prétention à ce triste métier, puisque la prise des voleurs et des vagabonds est particulièrement confiée à 24 subalternes Mantchoux, 85 Mongols et 86 Hànkiun, commandant chacun 8 hommes de leur bannière, désignés comme lui pour ce service particulier et prenant la dénomination accessoire *pù-tàu*, « chasseurs de brigands. »

Le terme de Gendarmerie ayant pour nos oreilles un son moins martial que ceux qui sont appliqués aux autres corps à Pékin, on peut croire que j'ai eu tort d'en dire aussi long sur elle, mais la sûreté et l'ordre de la cité et de ses habitants sont immédiatement confiés à ce corps plutôt qu'à tout autre. Les troupes sont éparpillées en petits détachements pour la surveillance de jour et de nuit et disposés comme il suit : — Dans le Hwàng-ching, ou enclos impérial entourant l'enceinte, 90 gardes de 12 *pùkiun* chaque font le service sous les ordres de 16 subalternes, détachés de chaque bannière. Un subalterne et 120 *pùkiun* de chaque bannière veillent aux passages, cours d'eaux ou canaux. Ils sont tous Mantchoux. Il y a de plus, dans le Hwàng-ching, 112 barrières de rues qui sont sous la garde des 8 bannières mantchoux, je crois ; leur partage est irrégulier. Chacune de ces barrières est à la charge de 3 *pùkiun* additionnels, à moins qu'elle ne soit assez voisine d'un poste pour être à portée de son observation.

Pour le Nui-ching ou cité intérieure, où il y a 9 portes principales, et qui entoure l'enclos impérial, les hommes des bannières des 3 nations lui fournissent 626 gardes; les Hànkiun y sont en nombre inférieur, et les Mantchoux en grande majorité. Chaque poste monte à 12 hommes, sauf un des Mantchoux de la bannière jaune-uni qui n'en a que 5 ; la totalité est sous le commandement de jour de 5 subalternes mantchoux de chaque bannière, et 2 subalternes mongols et hànkiun. Chaque bannière mantchoux est munie de 12 seaux pour l'extinction des feux, chaque bannière mongole et hànkiun de 4. Les chargés de barrières de rues sont au nombre de 1190, distribués irrégulièrement parmi les bannières, et disposés comme dans le Hwàngching. Le cantonnement-centre de la gendarmerie chinoise, qui est divisé en 5 stations de garde, fournit 250 petits postes d'un cavalier et d'un piéton chaque, et ceux du Nord, de Gauche, de Droite, divisés chacun en 4 stations donnent respectivement 124, 162 et 110 petits postes semblables. Chaque station de garde a une patrouille de droite et une patrouille de gauche, qui contient encore une battue principale, et une sous-battue : la ronde est confiée à un *tsientsung*, et la battue à un *pà-tsung*. Le cantonnement-sud ne fournit pas de garde dans la cité intérieure, et les seules barrières de cette cité qui soient à la charge des Chinois sont au nombre de 13, sous la garde du *ying*-centre. Dans le Wài-Ching, ou cité au-delà et au sud du Nui-ching, il y a 43 petits postes de Chinois placés à ses 7 portes ; un *tsientsung* et 2 *pàtsung* sont chaque jour de service sur tous ces postes. On ne voit pas bien clairement quels cantonnements les fournissent, mais celui du Sud, avec 6 stations de garde, donne 296 postes et 289 garde-barrières. Chaque cantonnement est garni d'un petit nombre de seaux à incendie.

Il y a également sous les ordres des gardiens des portes, 320 chevaux de la *hiàuki* ou troupe soldée, chaque bannière garnissant sa propre porte, 640 gardes-portes de *pù-kiun*, les Mantchoux et Mongols prennent les 9 portes de la cité intérieure, les Hànkiun, les 7 portes de la cité extérieure. Deux artilleurs Hànkiun servent les canons à chacune des 9 portes et deux de la cavalerie aux sept portes. Les barrières-de-cheval des rues qui mènent aux 9 portes, sont chacune sous les ordres d'un subalterne et de 10 *pùkiun* ; elles sont fermées la nuit, et la clef en est confiée au subalterne de service.

La station d'alarme de la Pagode Blanche a 4 *lingtsui* et 8 artilleurs de Hànkiun désignés pour cela, et 16 *pùkiun*; elle est pourvue de 5 canons, 5 drapeaux et 5 lampes. On ne tire pas le canon, à moins qu'une plaque de métal gardée au Palais et portant ces mots : « Il plait à Sa Majesté d'ordonner qu'on tire le canon » n'ait été remise à l'officier de service par un haut officier de la Présence ou de quelque *ya mun*. L'alarme ainsi donnée, les drapeaux sont déployés, s'il fait jour, et les lampes allumées, s'il fait nuit ; les 5 canons placés à chacune des 9 portes répètent le signal, et les drapeaux et les lampes sont hissés comme à la pagode. Chacune des portes, si l'occasion s'en présente, peut donner l'alarme, sans qu'aucun signal ait été fait à la pagode, et les autres suivent son exemple.

A ce bruit, tous ceux qui sont de service sont naturellement en alerte ; depuis les nobles dans l'enceinte jusqu'aux *pùkiun* aux postes des battues, tous se tiennent sous les armes à leurs stations marquées : ceux qui ne sont pas de service s'équipent aussi, et se dirigent sur les points de rendez-vous assignés à leur corps ou à leur office. Les hommes des bannières des *pùkiun* courent aux murs ; les Chinois ou *suin-pù* à la défense des ponts-levis placés derrière.

Les gardes de l'aile gauche s'assemblent en de-

hors du Tung-hwà mun, la grande porte à l'Est de
l'avant-mur des appartements impériaux; l'aile
droite en dehors de Si-hwa mun, la porte correspondante du côté opposé; la troupe militaire de la
Maison Impériale en dehors de Shin-wù, au Nord
du même enclos. Les divisions Principale et du
Flanc envoient la totalité de leurs bannières jaunes
au Ti-ngan, porte au Nord et centre d'un plus
grand enclos que celui qui précède; les deux blanches au Tung-an à l'Est, les rouges au Si-an, à
l'Ouest, et les bleus au Tien-an, au Sud. Les capitaines-généraux de la Division Principale vont au
Wù-mun, la grande porte méridionale, qui est
plus intérieure qu'aucune de celles que nous avons
nommées et attendent des ordres; c'est ce que font
aussi le *tù-tung* et le *fù-tutung* de la force soldée
qui occupent les grands passages de la cité entre la
dernière clôture et les remparts, suivant leurs bannières. La bannière bordé-jaune s'étend depuis le
Kù-lau, ou Tour du Tambour, jusqu'au nouveau
Pont-Arcade; puis, passant la rue où se trouve le
collége de la Préfecture, elle s'étend au Nord jusqu'aux remparts. La bannière blanc-uni continue
la ligne Sud depuis la rue du Collége jusqu'à une
rue au-delà des quatre Tablettes d'honneur, à l'Est;

c'est à partir de là que la bannière bordé-blanc prend son terrain jusqu'à ce qu'elle atteigne l'unique Tablette d'honneur, à l'Est ; et de ce point la bannière bleu-uni descend jusqu'à la porte Tsungwan à l'est du mur du Sud. L'irrégularité des rues au Nord-Est force la bannière jaune-uni à occuper plus de place que la bannière bordée ; mais elle commence de même à partir de la Tour du Tambour, et barre le passage de la rue de Ma, le Chwang-yuen ; la bannière rouge-uni s'étend de ce point au-delà des quatre Tablettes, à l'Ouest ; la bannière bordé-rouge à la suite jusqu'à l'unique Tablette, à l'Ouest ; et enfin la bannière bordé-bleu de ce point jusqu'à la porte Suien-wù, à l'Ouest du mur méridional.

Les stations de feu ont été mentionnées comme placées sous les ordres des *hiàu-ki ying*, qui prennent ce service à tour de rôle avec les *pùkiun* ; à la porte Si-hwa, les derniers ont toujours un *hieh-yù* et un subalterne. La garde du feu est relevée tous les 5 jours : le *hiàu-ki* est remplacé par un *ts'anling*, qui avec le subalterne *pùkiun* chargé des clefs, et un officier député par le Conseil de Guerre passe l'inspection de la garde pour voir si la liste est au complet, et si quelque échange de service non autorisé n'aurait pas été fait ; les hommes de la garde de feu ne peuvent passer outre pour acheter des provisions que sur le rapport du *pùkiun* aux portes ou barrières. On organise 2 ou 3 files à cet effet chaque après-midi, car il est défendu à la garde de faire passer de la nourriture par-dessus les murailles où ils sont placés.

De tout cela il résulte que, pour le service quotidien de veille et de garde, plus de 15,000 hommes ou près de la moitié des forces de ce corps, sont requis, et qu'il est employé 203 subalternes ou un tiers de ce qu'il y a parmi les Bannières et les Chinois. Lorsque l'Empereur quitte Péking, les gardes sont augmentées, s'il se rend à Yuen-ming Yuen 4 *hieh-yù*, 12 subalternes et 640 *lingtsui* et *pù-kiun* suivent Sa Majesté au Yuen, où ils montent 50 gardes de 30 hommes chaque.

A Péking, durant toute la nuit, le *pù-kiun* frappe le bambou creux qui marque une veille, et passe la marque inscrite avec le nombre de veilles de la nuit de main en main. Ils ne laissent personne passer la barrière avant que l'officier sous la battue duquel ils sont, ne se soit assuré que la personne est un messager de l'Empereur, ou un des chefs de bureau, ou un homme dépêché pour cause de naissance, de décès ou de maladie. Pour tous les autres, s'ils sont nobles Impériaux, leurs noms sont pris par écrit, et le désir de Sa Majesté est consulté le lendemain par le *tungling* auquel les noms doivent être renvoyés ; si ce sont des officiers ou des femmes, le *pù-kiun* les renvoie chez eux ; s'ils ne sont pas officiers, on les retient, et dans les deux cas le bureau du *tungling* décide le matin la pénalité de leur infraction. Certaines portes peuvent être ouvertes plus tôt et fermées plus tard que de coutume à l'occasion du lever mensuel, ou lorsque la Maison de l'Empereur réclame de l'eau pour l'accomplissement des sacrifices, mais seulement avec une autorisation écrite du Conseil de Guerre ; il en est de même quand Sa Majesté est à Yuen-Ming yuen, ou à Nan yuen, et alors il est obligatoire de lui faire parvenir les papiers. Les personnes quittant la Cité la nuit pour des missions de l'Empereur, doivent produire une marque dont un morceau correspondant est gardé par le capitaine-général. Ceci amène des différences dans les marques suivant la porte par laquelle le messager doit passer.

Au lever, le *pù-kiun* prend le service au dehors de la porte méridionale, et est responsable de la propreté des approches. Lorsque l'Empereur veille, le capitaine-général, un *yih-yù*, 2 *hieh-yù* et 2 *fù-yù* veillent avec lui dans l'intérieur du temple, tandis qu'un *tsàntsiàng* et un *yù-kih* commandent les issues les plus importantes, 16 subalternes de *pù-kiun* placent 24 sentinelles en dedans du mur de clôture, et que 2 capitaines et 8 subalternes de *Siun-pù* avec 110 hommes d'infanterie, posent 40 sentinelles en dehors. Si Sa Majesté part pour une excursion, un des deux généraux de division et une force considérable de *pù-kiun* et de *Siun-pù* sont attachés à son escorte ; à la revue triennale, ils entourent son campement, et lorsque sa voiture marche, ils réparent et nettoient la voie qu'il doit parcourir, et fixent une sorte de dais de places en places, pour qu'il passe par-dessous.

Ils ont pour mission constante d'empêcher les routes d'être défoncées, et de réserver une grande ligne pour les voitures légères dans le milieu, et une autre sur les côtés pour les lourdes voitures ; les échoppes de natte n'ont pas la permission de s'avancer assez pour gêner le passage des voitures ni les hangards nattés de s'adosser contre les remparts. Les maisons des hommes de Bannière ne doivent pas être négligées jusqu'à tomber en ruine au point de nuire à la régularité des rues, et ceux qui les occupent ne peuvent les abattre sans être contraints à les rebâtir, si pauvrement que ce soit. Les hommes de Bannière venant à changer de résidence, ou achetant une propriété quelque part dans la cité, se font enregistrer au bureau *pù-kiun*. Durant le 2ᵉ ou 3ᵉ mois de l'année, rapport est fait pour attester que les égoûts, etc., de la cité intérieure ont été récurés. (Le Conseil des travaux et le *Ping-mà-s'z*, bureau sous les ordres des censeurs métropolitains du circuit, ont une part de cette branche de service.) Lorsque la ration de grains est sortie des greniers, un détachement du *siun-pù* dispose les véhicules envoyés pour la prendre, afin d'éviter la confusion.

L'office de cet *ying* naturellement est de prévenir les vols, les assassinats, etc., et de découvrir ceux qui se sont rendus coupables de ces crimes ou d'autres semblables : et en outre ils ont encore la mission de veiller à l'habillement et à la tenue convenable de toutes les classes. Ce qui n'est pas suffisamment éclairci, c'est quel bureau est chargé de faire exécuter les règlements sur l'uniforme et autres matières, mais on a une liste des délits dont il prend connaissance. Depuis la noblesse impériale jusqu'aux plébéiens, nul n'a le droit de porter des habits, d'user d'équipage qui ne lui soient pas attribués ; aucun théâtre ne peut se tenir en dedans des murailles ; les personnes honorées de certaines distinctions conformes à leur rang ne peuvent s'en dépouiller ou fréquenter les lieux publics sans les porter ; le monopole des grains doit être réprimé, aussi bien que son exportation en dehors de la cité ; les marchands ne peuvent, sans une licence, prêter de l'argent sur billets ou sur propriétés, ni prendre un interêt au-dessus du taux légal, c'est-à-dire de 36 pour cent ; et les diseurs de sornettes, *personnes répandant la religion hétérodoxe du seigneur du Ciel*, rogneurs, faux monnayeurs de la monnaie qui a cours, et tous les délinquants de ce genre, sont susceptibles d'être arrêtés par l'ordre du corps de gendarmerie. Dès qu'un arrêt est ordonnancé, les officiers sont récompensés, s'il est promptement effectué, par leur nom mis à l'ordre du jour ; les privés par une distinction ou une gratification ; un retard au-delà du terme prescrit, la connivence par séduction ou autrement, a naturellement aussi son châtiment. La pénalité n'est appliquée qu'à ceux dont l'offense ne mérite pas la déportation au plus bas des 5 degrés, par le bureau ; les charges plus graves sont à la disposition du Conseil des punitions. Les plaintes déposées au bureau, si elles sont sérieuses, sont rapportées au trône par le capitaine-général ; si non, elles sont communiquées au chef de la juridiction dans laquelle le plaignant réside. La Couronne reçoit avis de mois en mois des appels qui lui sont faits. Lorsqu'un homme de Bannière est condamné à la cangue, soit par le Conseil des punitions, soit à la réquisition de ce bureau, c'est le dernier qui est responsable de l'exposition du coupable, exposition qui a lieu à une porte différente, suivant la bannière à laquelle appartient le patient. Si un prisonnier condamné à la cangue pour le reste de la vie vit encore 10 ans, il peut être amené devant le Conseil des punitions qui, en considération de cette circonstance, peut ordonner qu'il soit exilé ou mis en liberté. Les hommes de bannière *Pù-kiun* s'exercent avec l'arc à pied ; la cavalerie aux portes, avec le fusil à mèche ; les *Stun-pù* avec l'arc également, et au printemps et à l'automne avec le fusil à mèche, à l'automne ils tirent le canon sur les murailles. Des 1937 pièces placées aux 9 portes de la cité extérieure, il y en a 1873 supposées en état de servir ; c'est-à-dire qu'il y en a 94 « de victoire certaine ».; 1729 « de divin mécanisme, » et 50 à la station d'alarme dont nous avons parlé plus haut. Quelques pièces des autres ont un poids de 1300 lbs; elles ne sont jamais tirées et quelques-unes ont été depuis longtemps reléguées en magasin.

Nous ne pouvons mieux faire que de citer pour les premiers essais du canon l'*Histoire* du père Alvar Semedo.

« L'an 1621, la ville de Macao, dit-il, envoya 3 grands canons au Roy d'à présent, avec des canonniers pour en faire l'essay, comme ils firent à Péking au grand estonnement de plusieurs mandarins qui voulurent s'y trouver et en estre les spectateurs. Une disgrâce survint en ce rencontre par la mort d'un Portugais et de trois ou quatre Chinois qui furent tuez à la cheute du coup, ce qui épouvanta les autres, et fit que ces pièces furent fort estimées, et qu'elles furent portées sur les frontières comme capables de donner de la terreur aux Tartares. De vray, ceux-cy ne sachant point ce que c'estoit que ces machines, les vinrent voir de compagnie, mais ils furent si bien receus d'une volée de boulets de fer, que non-seulement ils prirent la fuite, mais ils ont esté depuis tousiours plus avisés. » (1)

(1) *Histoire universelle du grand royaume de la Chine*, composée en italien par le P. Alvarez Semedo, Portugais de

« Il règne, dit Abel Rémusat, sur le nombre des troupes entretenues par l'Empereur de la Chine, la même incertitude que sur la population et les revenus de l'Empire. Les Anglais de la suite de lord Macarthney, portent le nombre des soldats à 1,808,000 ; Vaubraham et M. Deguignes fils, à 770 ou 800,000 hommes. Ces divers calculs peuvent n'être pas aussi contradictoires qu'ils le paraissent, si l'on a égard à la diversité des temps et des circonstances. Il doit y avoir de grandes différences entre le pied de paix et le pied de guerre, dans un pays où les soldats vont exercer chez eux des professions lucratives dans les intervalles du service, et où des nations entières sont appelées sous les drapeaux en cas de besoin. Les Mantchoux des huit bannières, les Khalkhas et les Mongols sont dans ce dernier cas, de sorte que les troupes chinoises ne font que la moindre partie des forces de l'Empire.

L'artillerie chinoise étant très-mauvaise et les fusils d'une fabrication fort imparfaite, on pourrait croire que les armées ne seraient en état d'oppo-

la compagnie de Jésus, et traduite en notre langue par Louis Coulon ; ch. 20, p. 139.

ser aucune résistance à des troupes européennes bien disciplinées ; mais la supériorité du nombre est un avantage qui leur resterait toujours, et la régularité des mouvements stratégiques leur permettrait de le mettre à profit. La tactique est chez eux l'objet d'une théorie savamment combinée, et elle a même fixé l'attention de quelques généraux de l'école du Grand Frédéric. »

« Les Chinois, dit K. S. Mackenzie, sont fort arriérés dans la science de l'artillerie ; leurs canons sont d'un poids énorme proportionnellement à leur calibre ; quelques-unes des pièces de canon que nous avons prises, ne pesaient pas moins de sept tonneaux (7,000 kilogrammes), quoiqu'ils ne fussent que du calibre de 42 ; et cependant, malgré cette immense épaisseur de métal, il en était encore bon nombre qui éclataient. A Anung-Hoy, nous trouvâmes tous les canons garnis de coins de mire, et quelques-uns des gros canons pris à Canton avaient des vis de pointage. Je crois cependant que les canonniers étaient trop peu instruits dans leur métier pour savoir s'en servir utilement ; même dans leurs batteries de campagne, il leur faut un magasin à l'arrière de chaque pièce ; c'est tout simplement un grand trou creusé dans la terre, et près de celui-là en est un autre plus grand encore où se précipite le canonnier après avoir mis le feu à sa pièce, pour se mettre à couvert en cas d'explosion. Les affûts sont aussi très-lourds; et, à cause de cela, les Chinois ne peuvent pas pointer réellement leurs pièces, ils ne peuvent tirer qu'en belle. A la fin cependant, ils se procurèrent des canons mieux fabriqués, achetés aux Américains et aux Portugais; tous les gros canons que nous vîmes à Canton étaient d'origine étrangère. Leur poudre, quoique forte et assez bien composée quant à ses éléments, est grossière et mauvaise. Voici les proportions comparatives des ingrédients qui entrent dans la fabrication de la poudre anglaise et chinoise :

	Nitre.	Charbon.	Soufre.
Poudre anglaise,	75	15	10
Poudre chinoise,	75,7	14,4	9,9

Aussi l'explosion que produit cette poudre manque-t-elle de force dilatante et retentissante. La fabrication elle-même de leurs canons, dans laquelle il n'entre que du fer forgé au lieu de bronze, contribue encore à faire perdre au son la puissance de sa vibration.

« Les Chinois paraissent ne pas connaître les

bombes et les obus, car nous n'en avons pas trouvé dans leurs arsenaux. On leur prit deux obusiers de bronze, avec lesquels ils se proposaient sans doute de lancer des boulets creux, car nous trouvâmes à Anung-Hoy d'immenses quantités de projectiles de cette espèce, ainsi que des boulets de marbre, de granit et des boulets ramés pour tous les calibres. Pour défendre l'entrée de leurs forts, ils emploient une espèce de grenade qu'on lance à la main; elle est faite de terre cuite et remplie d'une composition qui ressemble à la roche à feu, et que l'eau ne peut éteindre. Une autre sorte de grenade, aussi de terre cuite, a la forme d'une théière, et est remplie des matières les plus puantes qu'on puisse imaginer; après en avoir allumé la mèche, ils la lancent à terre; elle se brise en tombant, le contenu s'enflamme et empeste l'air des odeurs les plus révoltantes. Quelques artilleurs sont armés d'un bâton pourvu d'une coche à son extrémité; avec cette espèce de fronde, ils lancent des pierres à une distance considérable, et avec assez de précision. Leurs fusées ne sont, à vrai dire, que des jouets d'enfants; elles ont six pouces de long tout au plus, sont attachées à une baguette de bambou à tête de flèche d'un côté, et pourvue de barbes de l'autre. Elles font beaucoup de bruit, mais très-peu de mal. »

§. 2 — DIVISION DE YUEN-MING YUEN.

La division de Yuen-ming Yuen ne demande qu'une brève notice. Elle consiste en 3,672 *hùkiun* (hommes de Flanc) ; 300 *màkià*, cavalerie en cotte de mailles; 1,176 élèves recevant ration, et 650 sans ration. Ils sont des huit bannières et des trois races. Il y a en outre un petit nombre de *pàu-i* des 3 bannières supérieures, dont nous devons parler présentement. Ils sont compris, officiers et soldats, dans les détails sur les Yuen-ming Yuen, (voir au tableau); ils sont tous sous le commandement en chef d'un noble impérial, appelé, comme dans la division légère et celle d'artillerie, *Tsungtung tà-chin*, surintendant-ministre, chargé du sceau, sous les ordres duquel se trouve un nombre, on ne sait pas lequel, de nobles avec le même titre, mais non chargés du sceau.

La correspondance, etc, est faite par 2 *yingtsung* maréchaux de camp, 2 *ts'anling* (3ᵃ), 4 subalternes (*kiàu*) avec 8 *pih tih shi*; tous ayant la dénomination accessoire *hich-li shi-wù*. Les soldats sont commandés par 8 *yingstung* (3*a*), 8 *ts'ànling*, 16 *fù-ts'ànling* (4*a*), 32 *shù-ts'ànling* (5*a*), 128 lieutenants et 128 sous-lieutenants. Ils sont également partagés entre les bannières, et prennent la dénomination accessoire de *hù-kiun*, expliquée plus haut, qui, on peut le remarquer, est commune à la division du Flanc, et au corps d'artillerie intérieure et extérieure. Il y a 32 *pih-tih-shi*, désignés comme ayant mouvance avec le sceau (*kwanfàng*) qu'il ne faut pas confondre avec le *yin*, ou estampille du ministre commandant en chef.

Le corps est distribué en 124 stations de garde à la Yuen, et ceux qui sont de service sont relevés tous les 3 jours. Leur office est celui des gardes et des patrouilles auxquelles les *paù-i* prennent part ; leur armement consiste en 1,242 arcs, 29,700 flèches, 1,242 carquois, 1,210 petits sabres, 595 hallebardes, et 1,000 fusils à mèche. Pendant la nuit, ils se passent des marques de veille comme dans l'autre corps de Péking ; il y a 16 échanges de cette marque à la Yuen.

Les *pàu-i*, qui sont appelés « des 3 bannières de la Maison de l'Empereur » sont commandés par un *ying-tsung* avec 3 *ts'ànling*, c'est-à-dire un par bannière ; 3 *fù-ts'ànling*, 3 *shù-ts'ànling*, 9 lieutenants, et 3 sous-lieutenants. Il y a 4 *pih tih shi* sous le *yingtsung*, excepté quand tous les officiers ont la dénomination accessoire *hù-kiun*, hommes de Flanc. La force de leurs rangs n'est que de 120 *hù-kiun*, 30 *màkiù* et 160 élèves sans rations. Trois des stations de garde dans la Yuen sont confiées aux 3 *ts'ànling* des *pàu-i;* mais je ne suis pas en état d'affirmer quel genre de service font les hommes, qui sont les seuls soldats en nom, comptés dans les forces de bannière, pour le recrutement desquels il n'y ait pas de règle suffisamment établie. Comme il n'y en a pas dans les garnisons, je vais exposer ici combien, dans tous les rangs, on compte de ces *pau-i*, dont nous avons du reste déjà parlé ailleurs.

Nous les diviserons d'abord en officiers et soldats, et nous les considérerons en les comptant, dans : 1° la *division principale* des 3 bannières supérieures ; 2° la *division du Flanc* des 3 bannières supérieures ; 3° la *troupe soldée* des 3 bannières supérieures ; 4° la *troupe soldée* des 5 bannières inférieures ; 5° les *Yuen-ming Yuen* des 3 bannières supérieures.

1° Division principale des 3 bannières supérieures. — OFFICIERS, 24 en tout : 6 *wei-shù ts'ànling* 5β, 6 *wei-shù kiàu* 6α, 12 *lan-ling-chang* 6β. — SOLDATS, 120 hommes de Flanc.

2° Division du Flanc des 3 bannières supérieures. — OFFICIERS, 192 en tout : 3 *tungling* 3α, 15 *ts'an-ling* 3β,

14 *fù-t'sànling* 4β, 15 *wei-shù ts'ànling* 5β, 59 *wei-shù kiàu* 6α, 15 *lan-ling chang* 6β, 30 *pih-tih-shi*. SOLDATS, 1,200 hommes de Flanc.

3° Troupe soldée des 3 bannières supérieures. — OFFICIERS, 162 en tout : 15 *ts'ànling* 3β, 15 *fù-ts'ànling* 4β, 15 *tsoling* 4β, 18 *tsoling* (kikù) 4β, 2 *tsoling* (Coréens) 4β, 1 *tsoling* (Mohammedan) 4β, 30 *kwànling* 5α, 14 *wei-shù kiàu* 6α, 18 *wei-shù* (kikù) 6α, 2 *wei shù* (Coréens) 6α, 1 *wei-shù* (Mohammedan) 6α, 30 *fù-kwànling*. SOLDATS, 5,850 en tout : 264 *ling-tsui*, 5,216 cavaliers en cottes de mailles, 110 artificiers, 260 élèves sans rations.

4° Troupe soldée des 5 bannières inférieures. — OFFICIERS, 212 en tout : 25 *ts'ànling* 5β, 42 *tsoling* 4β, 10 *tsoling* (kikù) 4β, 42 *kwànling* 5α, 41 *fun-kwàn* 5α, 10 *fun-kwàn* (kikù) 5α, 42 *wei-shù kiàu* 6α. SOLDATS, 9,702 en tout : 700 hommes de Flanc, 269 *lingtsui*, 4,535 cavaliers à mailles rouges, 3,214 cavaliers à mailles bleues, 983 cavaliers à mailles blanches, 1 valet de pied.

5° Yuen-ming Yuen des 3 bannières supérieures. — OFFICIERS, 26 en tout : 1 *ying-tsung* 3β, 3 *ts'anling* 3β, 3 *fù-ts'anling* 4β, 3 *wei-shù ts'anling* 5β, 9 *wei-shù kiàu* 6α, 3 *wei-shù kiàu* 8β, 4 *pih-tih-shi*. SOLDATS, 310 en tout, 120 hommes de Flanc, 30 cavaliers en cottes de mailles, 160 élèves sans rations.

Le petit nombre qui est rapporté à la *tsien-fung*, ou division principale, est tiré des *hù-kiun* ou *paù-i* de la division du flanc, et choisi pour son habileté dans certains tours de force à cheval ; ils étaient autrefois connus comme *kiai mà ying*, la « division qui lâche la bride au cheval. »

Les *pàu-i hù-kiun* des 3 bannières supérieures, au nombre de 1,200, sont les soldats les plus habiles des *pàu-i* des 3 bannières supérieures. Ils sont régulièrement armés et exercés à l'arc et au fusil à mèche. Ils prennent 12 gardes dans le Palais, et accompagnent Sa Majesté dans ses courses et aux sacrifices, etc. Les *hiàu-ki* des mêmes bannières veillent pendant la nuit en dedans de l'enceinte dans 31 postes ; ils sont armés et exercés comme le reste, et il est bien établi qu'on ne doit pas les choisir parmi les artificiers de Bannière hors de charge, c'est-à-dire disgraciés. Ils sont tous rapportés aux chapitres qui retournent à la Maison de l'Empereur, et ils sont distincts de ceux qui sont sous la direction de la Cour des Bannières, qui appartiennent tous aux 5 inférieures et sont attachés au service des nobles impériaux de degrés supérieurs dans la proportion suivante :

Ordres de noblesse.	Hü kiun et lingtsui.	Mailles rouges et blanches.	Mailles bleues
1ᵉʳ ordre	40	160	60
2ᵉ —	30	120	50
3ᵉ —	20	80	40
4ᵉ —	16	64	30
5ᵉ —	12	48	20
6ᵉ —	8	32	20

Ils ont l'emploi de concierges, etc., auprès des nobles sous lesquels ils servent. Pour les officiers, on verra, en comparant les deux premiers tableaux, que leurs grades sont presque tous inférieurs à ceux des officiers qui portent la même dénomination dans les autres corps militaires des hommes de Bannière. Quelques-uns, qui ne figurent pas dans l'état donné page 166, sont de dignité héréditaire, mais nous n'avons pas de renseignements sur leur nombre. Dans les trois bannières supérieures, la promotion est régulière à partir du *fù-kiàu* en remontant; ce subalterne lui-même s'élève des *hù-kiun*, c'est-à-dire des soldats. Dans les 5 inférieures, le *ts'ànling* est choisi parmi les *hù-wei* (officiers à la suite des nobles, de 3 classes comme les *shi-wei* du Souverain) dont la classe les fait de même grade que les *ts'ànling*, ou parmi ces autres officiers du 5° ou 6° rang; les candidats sont nommés au Bureau des Bannières par le noble sous les ordres duquel la vacance a lieu, et présentés par lui à l'Empereur. Les *tsoling* des *pàu-i* inférieurs sont choisis de même. La dénomination accessoire *ki-kù* «drapeau et tambour» indique le *tsoling* qui les porte comme dirigeant l'exercice. Les *tsoling* coréens sont héréditaires; 89 hommes dans la compagnie de chacun d'eux servent comme soldats, et 59 hommes dans celle des Mohammedan. Les *kwànling* des 3 bannières supérieures ont la dénomination accessoire « *nui* » intérieurs, indiquant leurs rapports intimes avec le Palais ; leurs fonctions dans toutes les bannières sont presque les mêmes que celles des *tsoling*.

L'Etat veille à l'instruction de certains hommes des bannières militaires à Péking et à Yuen-ming Yuen, dans les langues mantchoues et chinoises, et dans l'exercice de l'arc à cheval. Les enfants de la noblesse impériale de la Maison sont placés, suivant l'aile à laquelle ils appartiennent, sous la direction de 6 professeurs mantchoux, et de 8 professeurs chinois, choisis parmi les lettrés, et sous celle de 6 professeurs d'équitation et d'arc choisis parmi les officiers en retraite et les subalternes, ou *shen-shé* de la division du Flanc. Le collége a un prince à chaque aile, 3 officiers de la cour comme visiteurs, 4 directeurs du 7° rang, et 16 aide-directeurs du 8° rang.

Les fils du *kin* (gioro), qui sont 320, apprennent les mêmes choses dans un collége des 8 bannières, surveillé par 8 princes ou nobles, 8 visiteurs, 16 aide-directeurs, 15 professeurs mantchoux,

15 chinois et 8 d'équitation et d'arc. Les professeurs dans les deux cas sont soumis à un examen.

Les fils des autres officiers de rang héréditaire, non de la Maison ou gioro, sont de même instruits dans un collége séparé ; et, au-dessous de la Cour des Bannières, il y a un bureau pour la promotion d'excellence à l'arc, appelé le *Shihwù shen-shé ch'ù*, bureau des 15 bons archers. 15 sont choisis dans chaque bannière, et 45 servent comme officiers : le reste est sous leurs ordres ; ils sont tous employés autrement d'ailleurs, mais ils ont une solde additionnelle, comme *shen-shé*. Un des *tù-tung* ou *fù-tutung* a la charge principale, assisté par 2 anciens des ailes, qui remplissent en même temps d'autres emplois. Les hànkiun de rang héréditaire ont un collége particulier. La division légère apprend la tactique navale, dans le but que nous avons indiqué en parlant d'eux ; et la Yuen-Ming Yuen a 2 colléges séparés pour les *pàu-i* et le reste, où l'on n'apprend que les lettres. Je ne fais qu'indiquer ici ces établissements qui se chargent d'instruire les militaires, ou de donner l'instruction dans les exercices de la guerre.

Ainsi les *ying* semblent être administrés presque entièrement par leurs propres officiers supérieurs, et la Cour des 8 bannières, le Conseil de Guerre ne possèdent qu'une juridiction concurrente sur les points de cérémonial et de moindre importance, autant que le permet la routine dans les affaires de chaque corps. Toutes les fois que des membres du clan impérial, soit de la Maison, soit du Kin, sont mis en question, c'est la cour du clan que cela regarde immédiatement, quoiqu'elle puisse être obligée d'avoir des assesseurs pris au Bureau des Bannières, au Conseil de Guerre, ou ailleurs. Mais les garnisons dispersées dans l'Empire, sauf à Péking et à Yuen-Ming Yuen, doivent correspondre avec le Conseil de Guerre, soit directement, si le commandant est chef dans la localité, soit par le canal du commandant en chef, si le commandant est un subordonné. Avant d'aller plus loin, il est donc nécessaire de dire quelques mots du Conseil de Guerre.

C'est une cour civile sous la surintendance générale d'un officier supérieur, qui, en certains cas, est l'un des ministres du cabinet ; 2 présidents, dont l'un est chinois et l'autre ne l'est pas, 2 vice-présidents de gauche et 2 de droite. Leur mission est « d'aider le Souverain à protéger le peuple en dirigeant tous les officiers militaires de la Métropole et des provinces, et de régulariser le jeu ou pivot de l'État d'après les rapports qu'ils recevront des différents départements sur toute suppression ou collation d'office ; création ou succession pour le rang militaire héréditaire ; arrangement postal, examens et choix des candidats méritants, et exactitude des rapports ; points sur lesquels ils auront à délibérer avec les subordonnés de leur cour, faisant appel à la Couronne pour les sujets d'importance, et disposant sur celles qui sont d'un moindre intérêt. »

Il reçoit des rapports de tous les commandants des forces de terre et de mer, en deçà et au-delà des frontières, sur ceux qui sont responsables de la sécurité des rives du fleuve, et la régularité des transports par canaux ; il en reçoit encore des officiers civils et militaires qui administrent les affaires des Nomades et des sauvages assez soumis au régime chinois pour accepter des titres chinois pour leurs propres chefs ou leurs officiers subordonnés. On envoie aussi au Conseil des rapports sur la pâture des chevaux et des chameaux confiés aux Nomades, sur les colonies ou plantations dans le Turkestan, et parmi les clans sur la limite de Kweichau, Hùnàn, et Sz'chuen.

Pour être capable de remplir ses nombreuses

obligations, il se divise en 4 *sz'* ou départements :
1° le *Wù-sinen*, pour la régularité des promotions qui concernent le service en ordre de succession, ou par droit de descendance; 2° le *Ché-kià*, pour la fourniture et la répartition des chevaux qui serviront dans la cavalerie ou pour la poste; 3° le *Chih-fàng*, pour la juste distribution des récompenses et des châtiments, inspection des troupeaux en plaine, et expédition des ordres généraux; 4° le *Wù-kù*, pour l'enregistrement des forces, calcul des cadres de l'armée, provisions d'armes et munitions de guerre. Ce sont là les principaux bureaux, dirigés chacun, comme on le verra plus tard, par un certain nombre de *làng chung*, *yuen wailang* et *chù-sz*, secrétaires de différents grades. Pour entrer dans plus de détails, on trouve attaché à ce que nous pouvons appeler le Conseil de Guerre, c'est-à-dire les présidents et vice-présidents, un *tàng-fàng*, ou bureau mantchou qui garde les rôles de service, promotion et emploi des hommes de Bannière, et un *pùn-fàng* ou bureau chinois pour les chinois; un *sz'-wù-ting*, bureau du contrôle des secrétaires et courriers réglant les *ti-tàng* ou courriers de la Couronne qui rendent eux-mêmes leurs comptes deux fois par mois; étiquetant les dépê-

ches reçues du dehors, et les soumettant au Conseil ; — un *tuh-tsui so*, bureau pour empêcher le retard des affaires, sous différents *làng chung* et autres d'entre les 4 *sz'* détachés à tour de rôle ; et un *tàng-yueh ch'ù*, bureau pour le mois, semblablement administré pour un mois chaque fois par des officiers qui comptent, datent et dépêchent les correspondances qui partent pour aller au dehors, soit de leur propre *yàmun*, soit de quelque autre grand *yàmun* métropolitain. Le service du *Wù-sinen sz'* ressemble un peu à celui qui est fait par le secrétaire militaire pour le commandant en chef, en ce qui regarde les promotions et les appointements. Le *ché-kia sz'* réunit l'office de maître-général des postes, de remonte pour chevaux et chameaux, et le département de la cavalerie. Attaché à ce bureau, sans lui être subordonné, car il est sous la direction de l'un des vice-présidents, est un bureau central, le *Hwui-tung kwàn*, pour la transmission des lettres publiques, allant et venant entre les provinces et la cité. Deux officiers des *sz'* sont choisis annuellement pour y servir sous le vice-président comme *kientàh*, surveillants du *mu-kwàn*, bureau de cavalerie ; 550 chevaux y sont gardés pour le service, et 40 pour l'usage immédiat de l'équipage de Sa Majesté. Il y a encore un bureau *tsieh-pàu ch'ù* « annonçant la victoire » qui transmet tous les mémoires des provinces adressés à Sa Majesté au Bureau des Mémoires dans celui des Gardes, et scelle et dépêche toutes les réponses du Souverain aussi bien que les lettres du grand Conseil d'Etat. C'est encore lui qui établit une ligne de communication, si l'Empereur quitte la cité. Au-dessous des *kwuitung kwàn* sont les *titàng*, qui transmettent les dépêches entre les cours métropolitaines et les provinces du dehors ; font parvenir leurs sceaux d'office, et leurs commissions impériales aux officiers généraux et autres dans les provinces auxquelles les *titàng* appartiennent ; ils font encore des copies pour l'impression et la transmission des papiers adressés à l'Empereur ou venant de lui, et qu'il a l'intention de faire publier. Il y aussi des *chai-kwàn*, messagers, officiers qui font circuler « la correspondance entre le bureau central et celui qui annonce la victoire », et cinq postes dans le voisinage immédiat de Péking.

Les *titàng* à Péking sont au nombre d'un par chaque région, pour Chihli, Kiàngnàn, Kiàngsì, Chehkiàng, Fuhkien, Hùpeh, Hunàn, Honàn, Shàntung, et l'établissement oriental de Rivières, Shànsì, Shénsi; et Kansùh; Sz' chuen, Kwàngtung, Kwàngsi, Yunnàn et Kweichau, et l'établissement du transport des grains. Ils sont natifs des provinces qu'ils représentent, choisis par les autorités supérieures, parmi les *tsin sz'* militaires, ou gradués du 3° degré, ou parmi les *shaupi*, aspirants ou élus. Dans les capitales, et aux quartiers-généraux des provinces et des établissements précédemment nommés, il y a des *titàng* presque dans le même nombre et la même proportion que dans la Métropole. Les *chài-kwàn* sont tirés des *kù-jin*, ou gradués du 2° degré. Après trois ans de service, les *titàng* sont éligibles comme *shaupi*, ou capitaines de l'armée *Luh ying*; le *chài-kwàn*, comme *tsien-tsung*, ou lieutenant.

Le *chih-fàng* révise les jugements pour mauvaise conduite dans les quartiers, ou en campagne, et classe le mérite de ceux sur les actions desquels rapport lui est fait ; il décide le montant de récompense ou d'indemnité assignable aux méritants, aux blessés, ou aux amis du mort ; et les degrés de promotion ou de disgrâce, résultat des examens ou inspections. Ses fonctions sont conformes à celles de l'adjudant ou quartier-maître général dans l'armée britannique. Il paraît qu'il a encore dans ses attributions la détermination de la force des bataillons ou garnisons dans les localités particulières. Le *wù-kù* peut être considéré comme réunissant le bureau de la guerre, le département du payeur-général, et l'artillerie.

Le Conseil, en 1849, se composait des officiers salariés suivants, Mantchoux, Mongols, Hànkiun et Chinois. Le surintendant était *ki-ying*.

A la tête du conseil se trouvent 14 personnages importants, où l'on voit : un surintendant 1_α Mantchou, — 2 présidents 1β, l'un Mongol, l'autre Chinois ; — 4 vice-présidents 2_α, 2 Mantchoux, 2 Chinois ; — 5 *chù-sz'* des archives 6_α, 4 Mongols, 1 hànkiun ; — et enfin 2 *sz' wù* 8_α, 1 Mantchou, 1 Chinois.

1ᵉʳ DÉPARTEMENT, ou *wù-sinen sz'*. 12 employés, c'est-à-dire : 4 *làng-chung* 5_α, 3 Mantchoux, 1 Han-kiun ; — 6 *yuen-wai-làng* 5β, 4 Mantchoux, 2 Chinois ; — et 2 *chù-sz'* 6_α, 1 Mantchou, 1 Chinois.

2ᵉ DÉPARTEMENT, ou *kü-kià sz'*. 9 employés, c'est-à-dire : 3 *làng-chung* 5_α, 2 Mantchoux, 1 Hànkiun ; — 4 *yuen-wai-làng* 5β, 3 Mantchoux, 1 Mongol ; — 2 *chù-sz'* 6_α, 1 Mantchou et 1 Chinois.

3ᵉ DÉPARTEMENT, ou *chuh-fang sz'*. 17 employés, c'est-à-dire : 7 *làng-chung* 5_α, 5 Mantchoux, 2 Chinois ; — 6 *yuen-wai-làng* 5β, 4 Mantchoux, 1 Mongol, 1 Chinois ; — et 4 *chù-sz'* 6_α, 1 Mantchou, 1 Mongol , 2 Hàn-kiun.

4ᵉ DÉPARTEMENT, ou *wù-kù sz'*. 185 employés, c'est-à-dire 3 *làng-chung* 5_α, 2 Mantchoux, 1 Chinois ; — 2 *yuen-*

way-lang, 5β, 1 Mantchou, 1 Mongol ; — 2 *chù-sz'* 6α, 1 Mantchou, 1 Hànkiun ; — 2 *mà-kwan kien-tuh*, 1 Mantchou, 1 Chinois ; — 78 *pit-tih-shi* 7, 8, 9, dont 60 Mantchoux, 10 Mongols, 8 Hàn kiun ; — 9 *làng-chung* (extra) 5α, tous Chinois ; — 11 *yuen-wai-làng* (extra) 5β, 3 Mantchoux, 8 Chinois ; — 37 *chù-sz'* (extra) 6α, 2 Mantchoux, 2 Mongols, 1 Hàn kiun, 32 Chinois ; — 4 *sz'-wù* (extra) 8α, tous Chinois ; — 16 *ti-làng*, Chinois ; — et enfin, 21 *chai-kwàn*, 1 Mantchou, 4 Hàn kiun, 16 Chinois.

Totaux et soldes des officiers appartenant au Conseil de Guerre :

	Salaires en taels.	Shih de grains.	Allocations en taels.
1 Surintendant,	180	90	60
2 Présidents,	180	90	60
4 Vice-présidents,	155	77 1/2	48
27 Làng-chung,	80	40	36
27 Yuen-wài-lang,	80	40	36
52 Chù-sz,	60	30	26
6 Sz'wù,	40	20	18
78 Pih-tih-shi,	21 1/2	10 1/2	

Tous ceux qui sont au-dessous de *chù-sz'*, n'étant ni extraordinaires, ni surnuméraires, reçoivent double solde et allocation en grains. Les *pih-tih-sih* sont les moins appointés. Ceux du 7° grade touchent 33 taels et 16 1/2 shih ; du 8°, 28 taels et 14 shih. Le Conseil touche encore 5,000 taels pour ses dépenses d'office. Le total de toutes ses dépenses sera donc au moins :

Solde, etc.	Taels.	24,700.
Grains. (Calculés 1 tael par shih).		7,749.
Gratification annuelle.		5,000.
	Taels.	37,449.

Les garnisons des bannières en dehors de la Métropole et Yuen-Ming Yuen, sont *chù-fang*, c'est-à-dire en stations pour la défense du pays ; à quelques exceptions près, les hommes occupent leurs postes d'une manière permanente de génération en génération. Ils sont commandées par des *tsiàng-kiun*, *tù-tung*, *fù-tùtung*, *ching-shàu yù*, et *fàng-shaù yù*. Les *tù-tung*, etc., ne doivent pas être confondus avec les officiers de même titre attachés aux bannières dans les quartiers-généraux ; pas plus que d'autres officiers dont la dénomination accessoire pourrait faire supposer qu'ils appartiennent au corps métropolitain.

Lorsque les officiers généraux d'une garnison sont un *tsiàng kiun* et deux *fù-tutung* (comme à Canton), un des trois se rend annuellement à Péking pour y rendre ses respects ; s'il n'y a qu'un *fù-tutung*, en plus du *tsiang-kiun* ou *tùtung*, la visite à

Péking est faite chaque année par l'un des deux ; si le *fù-tutung* est seul, il la fait tous les trois ans ; l'autorité revient au *tsung-kwan* des Nomades ou Mausolée, et aussi au *ching-shau yù*. Dans Chih-li nous avons les *ki-fù chu-fàng*, 25 villes de garnison sur le territoire environnant la cité, territoire mal défini, mais distant à ses extrémités de 100 à 150 milles de Péking. *Ki* est proprement le domaine extrà-mural du souverain ; *fù*, les *gueules* ou côtés protecteurs : c'est dans le cas présent les deux faces en terre d'une position étendue bornée à son 3ᵉ côté par la mer. L'usage du mot *cordon* appliqué à ceux qui sont mentionnés dans le 1ᵉʳ tableau, est peut-être bizarre, et il ne faudrait pas en conclure que ces 25 postes sont sur une ligne de démarcation non interrompue.

§ 3. CORDON DES 25 GARNISONS. — MAUSOLÉES IMPÉRIAUX.

Voici, d'après la *Recherche sur l'Administration*, la disposition des 25 garnisons dans le Chihli.

Elles forment 6 groupes principaux :

1ᵉʳ GROUPE, ou petites garnisons de l'aile gauche, au nombre de 4. — I. — Tsang-chau, composée de 523 hommes : 1 *ching-shau-yù* 3α, 4 *fang-yù* 5α, 4 *hiau-ki-kiàu* 6α, 31 caporaux, 469 cavaliers, 4 artificiers, 11 élèves. — II. — Pàu-ti, composée de 53 hommes : 1 *fang shau-yù* 4α, 1 *fang-yù* 5α, 1 *hiau-ki kiàu* 6α, 5 caporaux, 45 cavaliers. — III.

— Tung-ngàn, composée de 53 hommes, des mêmes titres que la deuxième. — IV. — Tsài-yù, composée de 53 hommes des mêmes titres que la deuxième et la troisième.

2ᵉ GROUPE, ou petites garnisons de l'aile droite, au nombre de 5. — I. — Pàu-ting-hien, composée de 509 hommes : 1 *ching shau-yù* 3_α, 4 *fàng-yù* 5_α, 4 *hiau-ki kiàu* 6_α, 31 caporaux, 460 cavaliers, 8 *kiàu* actifs, 1 *pih-tih-shi* actif. — II. — Kù-ngàn, composée de 53 hommes : 1 *fang shau-yù* 4_α, 1 *fang-yù* 5_α, 1 *hiau-ki kiàu* 6_α, 3 caporaux, 45 cavaliers, 2 *kiàu* actifs. — III. — Hiung-hien, composée comme la deuxième, si ce n'est qu'elle a 5 caporaux et n'a pas de *kiàu* actifs. — IV. — Liàng-hiàng, composée exactement comme la deuxième. — V. — Pa-chàu, composée comme la troisième.

3ᵉ GROUPE, ou garnisons de Mih-Yun, au nombre de 6. — I. — Mih-yun, composée de 2,163 hommes : 1 *fù-tùtung* 2_β, 4 *hieh-ling* 3_β, 16 *tsoling* 4_α, 16 *fàng-yù* 5_α, 16 *hiau-ki kiàu* 6_α, 120 de la division principale, 100 de la division active, 80 caporaux, 820 cavaliers, 100 d'infanterie, 230 élèves, 480 mousquetaires, 180 d'artillerie. — II. — Chang-ping chau, composée de 54 hommes : 1 *fàng shàu-yù* 4_α, 2 *fàng-yù* 5_α, 1 *hiau-ki kiàu* 6_α, 5 caporaux, 45 cavaliers. — III. — Yù-tien hien, composée de 105 hommes, en doublant les chiffres de la deuxième, sauf pour le *fàng shàu-yù* et les 2 *fàng-yù*. — IV. — San-ho hien, composée comme la troisième. — V. — Ku-peh k'au, composée de 217 hommes : 1 *fàng shàu-yù* 4_α, 4 *hiau-ki kiàu* 6_α, 12 caporaux, 178 cavaliers, 20 élèves. — VI. — Shun-i hien, composée comme la deuxième.

4ᵉ GROUPE, ou garnisons de Shan-hai kwàn, au nombre de 5. — I. — Shan-hai kwan, composée de 827 hommes : 1 *fù-tùtung* 2_β, 2 *hieh-ling* 3_β, 8 *tsòling* 4_α, 8 *fàng-yù* 5_α, 8 *hiau-ki kiàu* 6α, 40 de la division principale, 40 caporaux, 720 cavaliers. — II. — Yung-ping fù, composée de 105 hommes : 1 *fàng shàu-yù* 4α, 2 *fàng-yù* 5α, 2 *hiau-ki kiàu* 6α, 10 caporaux, 90 cavaliers. — III. — Lang k'au, composée de 155 hommes, distribués comme dans la deuxième, sauf qu'il y a 12 caporaux et 138 cavaliers. — IV. — Lowànyù, composée de 103 hommes : 1 *fàng-yù* 5α, 2 *hiau-ki kiàu* 6 α, 8 caporaux, 92 cavaliers. — V. — Hi-fung k'au, composée de 207 hommes : 1 *fàng shàu-yù* 4α, 2 *fàng-yù* 5α, 4 *hiau-ki kiàu* 6α, 16 caporaux, 184 cavaliers.

5ᵉ GROUPE, ou garnisons de Chang-kia k'au, ou Kalgan, au nombre de 4. — I. — Chang-kia k'au, composée de 1,074 hommes : 1 *tù-tung* 1β, 3 *hieh-ling* 3β, 10 *tsòling* 4α, 10 *fàng-yù* 5α, 10 *hiau-ki kiàu* 6α, 40 de la division principale, 40 caporaux, 600 cavaliers, 160 d'infanterie, 20 artificiers, 180 élèves. — II. — Tù-shih k'au, composée de 125 hommes : 1 *fàng shàu-yù* 4α, 2 *fàng-yù* 5α, 2 *hiau-ki kiàu* 6α, 4 caporaux, 96 cavaliers, 20 élèves. — III. — Tsien-kia tien, composée de 51 hommes : 2 *fàng-yù* 5α, 1 *hiau-ki kiàu* 6α, 4 caporaux, 36 cavaliers, 8 élèves. — IV. — Nomades Chahar, en 8 bannières, composée de 8,083 hommes : 1 *fù-tùtung* 2β, 8 *tsung-kwan* 3α, 8 *ts'anling* 3β, 62 *tsòling* 4α, 8 *fù-tsòling* 5α, 8 *tsin-kiun-kiàu* 6α, 8 *hu-kiun-kiau* 6α, 8 *hiau-ki-kiàu* 6α, 8 *pu-tau kwan* ou de police, 231 de gardes, 232 de division principale, 2,842 de division active, 694 caporaux, 3,874 cavaliers, 90 *pù-tau* ou de police.

6ᵉ GROUPE, ou garnison de Jeh-ho, composée de 2,266 hommes : 1 *tùtung* 1β, 5 *hieh-ling* 3β, 20 *tsòling* 4β, 20 *fang-yù* 5α, 20 *hiau-ki kiau* 6α, 300 de division principale, 100 caporaux, 1,700 cavaliers et 100 élèves.

Ces 25 garnisons paraissent être chargées de l'ob-

servation d'une étendue de pays, dont la garnison extrême intérieure est à Kalgan vers la Grande-Muraille, au Nord-Ouest de Péking ; tandis que l'autre extrémité de la ligne septentrionale est au bout de la Muraille, près du rivage de la mer, à Shànhài Kwan. La ligne Sud est encore plus irrégulièrement marquée par le fleuve Yung-ting qui coupe la Muraille à Kalgan ; puis, par l'éperon Sud de la Grande-Muraille, qui est coupé aussi par le Yung-ting ; la ligne en est marquée par la rivière qui, plus au Sud, se jette dans l'affluent principal du Yung-ting un peu au-dessus de son confluent avec ce fleuve ; c'est celui que nous appelons le Peiho, ou rivière du Nord, quand il a traversé le haut du grand canal à Tien-tsin.

La plus méridionale des cités de l'aile gauche, Tsang-Chau, est de beaucoup en avant des autres, située à quelque distance Sud du Pei-ho, sur la rive orientale du Grand Canal. Tuug-ngan est placée entre le Yung-ting au-dessus de Tien-tsin, et le canal entre cette dernière place et Péking ; Pau-ti entre le même canal et la rivière San-ho. Tsài yii doit être voisine de Péking, puisqu'elle est dans le district magistral de Tahing, sur le bord duquel une partie de la cité est placée. On peut donc dire que l'aile gauche couvre Péking au Sud-Est.

L'aile droite couvre également Péking au Sud-Ouest, puisque la principale cité de cette ville, Paù-ti, est placée sur la rive orientale du Tai-ho, et les quatre autres entre la rive occidentale et l'éperon de la Muraille.

Au Nord, à l'Est et à l'Ouest, la cité est protégée par les six villes qui sont sous le commandement de Mih-yun. Mih-yun même est située sur une rivière qui pénètre la Muraille du côté du Nord à Kù-peh k'au, chemin du Vieux-Nord, et après avoir quitté Mih-yun, et Shun-i, qui est une autre de ses garnisons subordonnées, descend au canal, près de Péking ; à l'Est de cette ligne, se trouve Sàn-ho sur la rivière du même nom ; et, plus loin, à l'Est, Yù-tien ; à l'Ouest, en dedans de l'éperon, est Chàng-ping chau. Ceci nous montre que le Shàn-hài, qui s'étend depuis la mer, le long et en dedans de la Muraille jusqu'à la passe Hi-fung, doit couvrir la partie Est ; et que Kalgan, qui est aussi en vue de la Muraille, est destiné à couvrir les villes occidentales, sous l'autorité de Mih-yun : Jeh-ho (Zhehol) reste comme poste avancé du Nord, pour couvrir Kù-peh k'au, ou pour en être défendu. Mais nous n'avons pas d'autorité assez forte pour affirmer que l'arrangement a été pris d'après ce principe : notre attention s'est dirigée simplement sur la position relative de ces villes, pour montrer jusqu'à quel point elles méritent leur titre de « Garnisons pour défendre les passages dans l'intérieur du territoire Métropolitain. »

Les deux ailes des 9 petites garnisons sont placées sous les ordres de deux officiers-généraux visiteurs, députés parmi les capitaines-généraux, ou *fù-tutung* en service, qui font une sous-inspection une fois tous les trois ans. Ils sont tous si indépendants, qu'ils s'adressent directement au Conseil de Guerre, et la disposition qu'on en a faite dans la **Recherche sur l'Administration** a sans doute rapport à la surintendance des deux visiteurs.

Quant à l'objet avoué de ce travail, je veux dire l'examen du nombre et des dépenses de l'armée chinoise, il faut admettre qu'il est entré peut-être dans de trop grands détails sur des faits d'une importance comparativement moindre. Ces détails, à quelques exceptions près touchant la promotion des officiers, sont maintenant presque épuisés, et il reste peu de chose à ajouter sur les forces des Bannières, puisque le service des garnisons locales mérite à peine quelque attention. Il faut cependant remarquer, au sujet du *tù-tung* de Chàng-kià k'au ou Kalgan, qu'il est aussi *tù-tung* des Nomades du Chahar et autres tribus. Le Chahar seul semble être organisé régulièrement en corps militaire sur le modèle des corps métropolitains, de ceux surtout qui représentent une classe de soldats. Leur nombre est parfaitement proportionné aux huit bannières sous lesquelles les Chahar sont rangés; il n'y a qu'une faible prépondérance en faveur des huit bannières supérieures. Un *fù-tutung* commande les autres officiers, qui, à l'exception du *tsòling*, sont en proportion exacte des bannières. La *Recherche sur l'Administration* n'accorde pas de troupes aux autres tribus, et c'est pour cela qu'elles ont été omises sur le tableau qui précède ; mais elles sont administrées, sous l'autorité du *tù-tung*, par des *tsoling* qui, en 1812, étaient au nombre de 57, à savoir : 7 pour les Nomades Kharchin (1), 3 pour les Orat, 1 pour

---

(1) Ces nomades sont *yù-muh*, pâtres errants; ces nomades et les *tàsang*, tueurs d'oiseaux, de bêtes, de poissons, dont ils apportent en tribut la peau ou la chair, sont dispersés d'une manière diverse au travers des juridictions militaires de la Chine extrà-provinciale, et sont plus ou moins administrés par des fonctionnaires militaires. On trouve les *tàsang* a Kirin, à Tsitsihar des provinces mantchouriennes et à Uriànghai; les *yù-muh* sont à Chàng-kià k'au, **comme nous**

les Sumit et les Isuths, 4 pour les Man-Mingan, 3 pour les Kalkas, 15 pour les Bargou, 18 pour les vieux Eluths et 6 pour les nouveaux, c'est-à-dire les Eluths annexés depuis 1754 ; tous désignés comme appartenant à la contrée du Chahar. Il y a aussi à Chahar un grand établissement quasi-militaire pour le soin des bœufs et des moutons : 40 troupeaux de bœufs montant à 12,000 têtes, et 140 de moutons, contenant 150,000 têtes, sont confiés à un *tsungkwàn*, 1 *tiàu-tsungkwàn*, 2 *fù-tsungkwan*, 6 *hieh-ling;* 12 *weishù hieh-ling*, 21 *fang yù*, 28 *hiau-ki kiau*, 154 *hù-kiun kiàu*, 180 *muh-chàng*, 180 *muh-fù*, avec 24 *pih-tih-shi*, officiers, 313 *hùkiun*, et 1,080 *muhting* ou pâtres. A Shang-tu-ta-pu-sun Nor, 300 chameaux, 500 étalons et 500 hongres sont nourris; les officiers sont : 1 *tsung-kwan*, 5 *yihchàng*, 1 *siàu tsungkwàn*, 3 *fang yù*, 2 *hiàu-ki kiàu*, 22 *hùkiun kiàu*, 200 *muhchàng*, 200 *muhfù*; les hommes sont : 340 *hukiùn* et 1455 *muhting*. La

venons de le dire, à Jeh-ho, comme on le lit dans le texte, et à Ili, Tarbagatai, Urianghai, Kobdo et Tibet; il y a aussi des *yù-muh* sur la frontière du Tibet et du Kansuh aux ordres du ministre résidant à Sining-fù, et sur les frontières de Shensi, dans le commandement du kwei-hwà. Ils auront à leur place une courte notice.

garnison de Jeh-ho ou « eau bouillante», fournit les subordonnés de Kara-hotun, dont je ne saurais déterminer la force; les établissements de chasse de Muhlàn sont aussi sous les ordres du *tù-tung* de Jeh-ho; il est en outre chargé de la surintendance des Nomades de Pahkau, Tatsz'kau, Santso tah et Hurun hota. Ses rapports sur ces Nomades ne sont pas adressés au Conseil de Guerre, mais à l'office colonial, qui désigne 1 *tsung-kwàn*, 1 *fù-kwàn* (4ᵃ), 1 *tsànling*, 2 *tsoling* et 2 *kiàu-ki kiàu* pour administrer leurs affaires. Les Eluths de Tashtava, rangés sous une bannière bordé-jaune, confiée à 2 *tsoling*, sont aussi sous les ordres du *tù-tung* de Jeh-ho. Le *tsung-kwàn* du pâturage Talikangài, où sont élevés 500 chevaux et 300 chameaux, est probablement son subordonné; il a sous lui 4 *yihchàng*, 1 *siàn-tsùngkwàn*, 1 *fang-yù*, 1 *kiàu-ki kiàu*, 3 *hukiùn kiàu*, 128 *muhchàng*, 128 *muh-fù*, 100 soldats *hù-kiun* et 954 *muhting*. Les grades sont les mêmes que ceux des corps militaires mentionnés plus haut; les *muhchàng* et les *muhfù* sont du 9° grade.

Les gardes des Mausolées Impériaux forment la dernière division dans Chihli. Ils sont sous le commandement suprême du *tsungping* (2ᵃ) des troupes du Vert-Etendard à Màlàn, qui, au titre de *tsung-*

kwàn (2*a*), joint, en sa personne, les hautes fonctions civiles qui ressortissent au Mausolée, sous l'autorité de la *Nui-wù fù*, ou Cour de la Maison Impériale.

Les Mausolées auprès desquels sont stationnées des troupes sont dans l'Est, Hiauling, la tombe de Shunchi; Hiàutung ling, celle de sa veuve; et Chau-si ling, celle de sa mère; King ling, les tombes de Kànghi, qui lui a succédé, de son chef et de quelques concubines; et Yù ling, les tombes de l'empereur Kien-lung, de l'héritier présomptif et des concubines.

Dans l'Ouest, sont T'ai ling, les tombes de Yung-ching et de ses concubines, T'ai-tung ling, celle de sa veuve; Chàng ling, celle de Kiàking; Chàng-tung, celle de sa veuve, l'impératrice douairière, morte en janvier 1850, et Mù ling, celle de Touk-wing. Il y en a une aussi, séparée, pour la jeune femme de 'Empereur actuel, morte avant l'avénement de son mari, et dans laquelle il reposera probablement; mais je n'ai trouvé aucun titre donné à cette tombe dans *la Gazette*.

Il y a donc ainsi en tout 17 tombeaux : chacun des principaux, je veux dire ceux des six empereurs, est sous la surveillance d'un *tsungkwàn* (3*a*), 2 *yih-chàng* (4*a*), et 16 *fang yù*; les tombeaux des impératrices ont 16, et tous les autres 8 *fàng-yù* ; il y a, pour chaque, 1 ou 2 subalternes *hiau-ki kiàu* ; et, de plus, de 4 à 8 *lingtsui*, de 40 à 150 hommes à la garde de 10 des tombeaux. Un ou deux *sui-kià* et 2 petits-secrétaires sont assignés aux deux premiers. Les officiers énumérés plus haut comme commandant à ces gardes, et rapportés au 2ᵉ tableau, ne doivent pas être confondus avec les fonctionnaires militaires détachés par la *Nui-wù fù* ou Maison Impériale, qui sont 17 du 5ᵉ rang et 17 du 7ᵉ, avec une variété de dénominations. La Maison Impériale désigne encore 30 officiers civils du 5ᵉ rang, 20 du 6ᵉ et 9 du 7ᵉ. Les fonctions des officiers civils et militaires concernent les sacrifices, provisions, payements, rapports, etc.

§ 4. GARNISON DE BANNIÈRE DES PROVINCES DE LA CHINE PROPRE.[a]

Nous voici arrivés aux garnisons de Bannière, stationnées dans les provinces de la Chine Propre. Elles sont distribuées comme on va le voir dans le tableau ci-dessous, et nous aurons très-peu de chose à ajouter aux renseignements qu'il contient.

192   ÉTAT GÉNÉRAL

Les garnisons sont au nombre de 25, réparties dans les 18 provinces.

1ʳᵉ GARNISON : Shansi, *sui yuen ching*. — 66 OFFICIERS : 1 *tsiàng kiun* 1β, 5 *hiehling* 3α, 20 *tsòling* 4α, 20 *fàng-yù* 5α, 20 *hiau-ki kiàu* 6α. — 3,300 SOLDATS : 80 caporaux, 200 d'avant-garde, 1,720 cavaliers, 700 d'infanterie, 600 élèves.

2ᵉ GARNISON : *Sui yuen ching yù-wei.* — 9 OFFICIERS : 1 *ching shau-yù* 3α, 4 *fàng-yù* 5α, 4 *hiau-ki kiàu* 6α. — 380 SOLDATS : 8 caporaux, 292 cavaliers, 80 élèves.

3ᵉ GARNISON : *Kwei hwà ching.* — 109 OFFICIERS : 1 *fù-tùtung* 2α, 10 *ts'anling* 3α, 49 *tsòling* 4α, 49 *hiau-ki kiàu* 6α. — 5,000 SOLDATS : 360 caporaux, 200 d'avant-garde, 4,440 cavaliers.

4ᵉ GARNISON : *Tai yuen fù.* — 9 OFFICIERS, comme dans la deuxième garnison. — 684 SOLDATS : 40 caporaux, 520 cavaliers, 40 d'infanterie, 80 élèves, 4 artificiers.

5ᵉ GARNISON : Shantung, *tsing chàu fù.* — 53 OFFICIERS : 1 *fù-tùtung* 2α, 4 *hieh ling* 3α, 16 *tsòling* 4α, 16 *fàng-yù* 5α, 16 *hiau-ki kiàu* 6α. — 1,996 SOLDATS : 64 caporaux, 200 d'avant-garde, 100 *tsienfung kiàu* actifs, 1,196 cavaliers, 320 d'infanterie, 100 élèves, 16 artificiers.

6ᵉ GARNISON : *Teh chau.* — 9 OFFICIERS, comme dans la deuxième garnison. — 554 SOLDATS : 34 caporaux, 466 cavaliers, 50 d'infanterie, 4 artificiers.

7ᵉ GARNISON : Honan, *k'ai fung fù.* — 31 OFFICIERS : 1 *ching shau-yù* 3α, 10 *tsòling* 4α, 10 *fàng-yù* 5α, 10 *hiau-ki kiàu* 6α. — 920 SOLDATS : 80 caporaux, 720 cavaliers, 100 d'infanterie, 20 artificiers.

8ᵉ GARNISON : Kiangsu, *kiangning fù.* — 130 OFFICIERS : 1 *tsiàng-kiun* 1β, 1 *ching shàu-yù* 3α, 8 *hieh ling* 3α, 40 *tsòling* 4α, 40 *fàng-yù* 5α, 40 *hiau-ki kiàu* 6α. — 4,662 SOLDATS : 240 caporaux, 140 d'avant-garde, 2,479 cavaliers, 572 d'infanterie, 1,050 élèves, 61 canonniers, 120 artificiers.

9° GARNISON : *King k'au.* — 54 OFFICIERS : 1 *ching shàu-yù* 3α, 2 *hiehling* 3α, 16 *tsòling* 4α, 16 *fàng-yù* 5α, 16 *hiau-ki kiàu* 6α. — 1,692 SOLDATS : 96 caporaux, 56 d'avant-garde, 985 cavaliers, 228 d'infanterie, 250 élèves, 29 canonniers, 48 artificiers.

10° GARNISON : Chehkiang, *hàng chau fù.* — 95 OFFICIERS : 1 *tsiàng kiun* 1β, 1 *ching shau-yù* 3α, 9 *hiehling* 3α, 32 *tsòling* 4α, 20 *fàng-yù* 5α, 32 *hiau-ki kiàu*. — 2,146 SOLDATS : 176 caporaux, 200 d'avant-garde, 1,224 cavaliers, 322 d'infanterie, 128 élèves, 96 artificiers.

11° GARNISON : *Chapu* (marine). — 30 OFFICIERS : 1 *fù-tùtung* 2α, 5 *hiehling* 3α, 8 *fàng-yù* 5α, 16 *hiau-ki kiàu* 6α. — 1,798 SOLDATS : 74 caporaux, 16 *tsienfung kiàu* actifs, 184 *tsienfung* actifs, 1,226 cavaliers, 100 élèves, 48 artificiers, 50 soldats de marine, 100 surnuméraires.

12° GARNISON : Fuhkien, *fùh chàu fù.* — 50 OFFICIERS : 1 *tsiàng-kiun* 1β, 1 *fù-tùtung* 2α, 8 *hiehling* 3α, 16 *tsòling* 4α, 8 *fàng-yù* 5α, 16 *hiau-ki kiàu* 6α. — 2,360 SOLDATS : 160 caporaux, 200 d'avant-garde, 1,200 cavaliers, 400 d'infanterie, 160 élèves, 40 artificiers.

13° GARNISON : *Fuh chau* (marine). — 9 OFFICIERS : 1 *hiehling* 3α, 2 *fàng-yù* 5α, 6 *hiau-ki kiàu* 6α. — 526 SOLDATS : 30 caporaux, 473 soldats de marine, 1 secrétaire, 12 instructeurs de la marine.

14° GARNISON : Kwantung, *kwàngchau fù.* — 91 OFFICIERS : 1 *tsiàng-kiun* 1β, 2 *fù-tùtung* 2α, 8 *hiehling* 3α, 16 *tsòling* 4α, 32 *fàng-yù* 5α, 32 *hiau-ki kiàu* 6α. — 4,265 SOLDATS : 240 caporaux, 150 d'avant-garde, 1,910 cavaliers, 400 d'infanterie, 400 élèves, 1,111 élèves sans rations, 24 canonniers, 26 artificiers, 4 secrétaires.

15° GARNISON : *Kwàngchau* (marine). — 9 OFFICIERS, comme dans la treizième garnison. — 604 SOLDATS : 30 caporaux, 104 artificiers, 470 soldats de marine.

16° GARNISON : Sz' chuen, *chinglù fù.* — 79 OFFICIERS : 1 *tsiàng-kiun* 1β, 1 *fù-tùtung* 2α, 5 *hiehling* 3α, 24 *tsòling* 4α, 24 *fàng-*

yù 5α, 24 *hiau-ki kiàu* 6α. — 2,672 soldats : 144 caporaux, 160 d'avant-garde, 1,296 cavaliers, 400 d'infanterie, 288 élèves, 48 canonniers, 96 artificiers, 240 surnuméraires.

17° garnison : Hupeh, *king chàu fù.* — 184 officiers : 1 *tsiàng-kiun* 1β, 2 *fù-tùtung* 2α, 10 *hiehling* 3α, 56 *tsòling* 4α, 56 *fàng-yù* 5α, 56 *hiau-ki kiàu* 6α. — 6,628 soldats : 336 caporaux, 200 d'avant-garde, 3,464 cavaliers, 700 d'infanterie, 720 élèves, 80 canonniers, 168 artificiers, 960 surnuméraires.

18° garnison : Shensi, *si-ngàn fù.* — 131 officiers : 1 *tsiàng-kiun* 1β, 2 *fù-tùtung* 2α, 8 *hiehling* 3α, 40 *tsòling* 4α, 4 *fàng-yù* 5α, 40 *hiau-ki kiàu* 6α. — 6,588 soldats : 240 caporaux, 400 d'avant-garde, 4,360 cavaliers, 500 d'infanterie, 740 élèves, 128 élèves sans rations, 100 canonniers, 120 artificiers.

19° garnison : Kansuh-Est, *ninghià fù.* — 81 officiers : 1 *tsiàng-kiun* 1β, 1 *fù-tùtung* 2α, 5 *hiehling* 3α, 24 *tsòling* 4α, 26 *fàng-yù* 5α, 24 *hiau-ki kiàu* 6α. — 3,472 soldats : 128 caporaux 200 d'avant-garde, 1,872 cavaliers, 584 d'infanterie, 600 élèves, 16 canonniers, 72 artificiers.

20° garnison : *Liàngchau fù.* — 33 officiers : 1 *fù-tùtung* 2α, 2 *hiehling* 3α, 10 *tsòling* 4α, 10 *fàng-yù* 5α, 10 *hiau-ki kiàu* 6α. — 1,600 soldats : 60 caporaux, 60 d'avant-garde, 1,150 cavaliers, 130 d'infanterie, 150 élèves, 20 canonniers, 30 artificiers.

21° garnison : *Chwàng liàng ting.* — 16 officiers : 1 *ching shau-yù* 3α, 5 *tsòling* 4α, 5 *fàng-yù* 5α, 5 *hiau-ki kiàu* 6α. — 845 soldats : 30 caporaux, 30 d'avant-garde, 620 cavaliers, 70 d'infanterie, 75 élèves, 10 canonniers, 15 artificiers.

22° garnison : Kansuh-Ouest, *Urumtsi.* — 56 officiers : 1 *tù-tung* 1β, 1 *fù-tùtung* 2α, 6 *hiehling* 3α, 24 *tsòling* 4α, 24 *hiau-ki kiàu* 6α. — 3,376 soldats : 120 caporaux, 24 *tsienfung kiau* actifs, 192 *tsien fung* actifs, 24 *siàuki* actifs, 2,304 cavaliers, 336 d'infanterie, 280 élèves, 48 canonniers, 48 artificiers.

23° garnison : *Barikwan.* — 19 officiers : 1 *fù-tùtung* 2α, 2 *hiehling* 3α, 8 *tsòling* 4α, 8 *hiau-ki kiàu* 6α. — 1,094 soldats : 40 caporaux, 8 *tsienfung kiàu* actifs, 28 *tsienfung* actifs, 4 *siàu-*

ki actifs, 768 cavaliers, 144 d'infanterie, 60 élèves, 16 canonniers, 16 artificiers.

24° GARNISON : *Kù ching.* — 18 OFFICIERS : 2 *hiehling* 3α, 8 *tsòling* 4α, 8 *hiau-ki kiàu* 6α. — 1,084 SOLDATS : 40 caporaux, 32 d'avant-garde, 8 *tsienfung kiàu* actifs; le reste comme dans la vingt-troisième garnison.

25° GARNISON : *Turfan.* — 10 OFFICIERS : 2 *hiehling* 3α; pour le reste, moitié des officiers de la précédente. — 564 SOLDATS : 20 caporaux, 32 d'avant-garde, 4 *tsienfung kiàu* actifs, 4 *siàu-ki* actifs, 384 cavaliers, 56 d'infanterie, 48 élèves, 8 canonniers, 8 artificiers.

Dans Shànsì, le commandant principal n'est pas dans la cité principale, Tài-yuen fù, mais à Sui-yuen, sous l'autorité de laquelle est le *Yù-wei*, fort ou campement à la droite, non mentionné dans le *Code des Lois* A cinq *li* au Nord-Est de Sui-yuen est la ville-garnison de Kweì-hwà, qui est également le centre d'une sous-préfecture, dont le commandement militaire est confié à un *fù-tùtung*. Le *Code des Lois* (1812) lui donne autorité sur les Nomades annexés de la tribu Tumet, qui faisait autrefois partie du corps Chosol, ou *Ckalkan*, de la Mongolie intérieure. Ils firent leur émigration sous le règne de Kienling (1763), et furent plus tard divisés en ailes, chacune d'elles sous les ordres de 5 *ts'anling*, avec 25 *tsoling* et 25 *kiàu-kikiàu* pour l'aile gauche; 24 *tsoling* et 24 *kiaù-kikiàu* pour la droite. La *Recherche sur l'Administration* (1825) indique bien le nombre d'hommes donné par le tableau, mais ne spécifie pas s'ils sont ou ne sont pas exclusivement Mongols. Les soldats qui font partie de la cavalerie sont appelés *pi-kiàh*, hommes qui « portent mailles, » désignation qu'ils reçoivent apparemment en commun avec *màkià* ; on n'en trouve pas la trace dans le tableau de la solde de 1831.

La garnison Sui-yuen envoie en détachement un *tsoling* et un *hiàu-ki kiàu* avec 50 hommes de Bannière à Uliàsutaï et à Cobdo, qui sont en outre munis de garnison par 240 hommes de troupes du Vert-Étendard, venant de Siuen-hwà et Tatung. Ils sont sous le commandement du *ting-pien-tso-fù tsiàng-kiung* de Kùrun, général chargé de veiller au commerce à Kiakhta et aux communications qui se font à travers les frontières russes : ce général ne me paraît pas avoir sous ses ordres d'autres troupes, bien qu'il ait autorité sur le *tà-sang* des tribus Tangnu dans Urianghai, Altai et Altai-Nor, placées sous la juridiction du *Tsàntsàn* de Cobdo, qui a encore l'autorité sur les Chaksin, les Mingats et les Eluths de cette région.

Dans le Shàntung, les 2 garnisons de Bannière,

Tsingchau et Tehchau, sont à 600 *li* l'une de l'autre. Celles de Kiàngning-fù (Nanking) et de King-k'àu, dans le Kiàng-sù, ne sont séparées que par la rivière ou par un de ses bras. Dans le Chekkiàng, nous trouvons à Chàpù la plus forte du petit nombre de stations rurales des Bannières qu'il y ait dans l'Empire. Dans ses rangs, cependant, il y en a 50 désignés comme *Shwui-shau ping*, « soldats nautiques »; le plus grand nombre est classé sous les mêmes appellations que les garnisons de terre. Fùhchau est le quartier-général d'une force de terre et de mer ; la dernière est tout entière, sauf le *ling-tsui*, composée de Hànkiun. Le *tsiàngkiun* de Fùhchau est, à peu de chose près, le mieux payé de la Chine Propre. Canton a aussi un double établissement ; plus de la moitié de sa force de terre se compose de Hànkiun ; et, dans sa force de mer, 100 hommes sont comptés comme *fù-kung-ping*, « soldats servant comme artificiers. » Le *tiàng-kiun* de Fùhchau et de Kwa'ngchau, a un commandement partagé avec le *tituh* sur les troupes de Luh ying. Dans le Sz'chuen, le *tsiàng-kiun* en a une division sous ses ordres seulement, en outre de ses hommes de Bannière. La garnison provinciale de Bannière, qui vient sur le tableau immédiatement après, est à King-chau dans l'Hùpeh ; elle est à 800 *li* de Wù-chàng, la capitale, qui n'a pourtant aucune troupe des Bannières. Leur plus gros corps, de tous points, est à Sì-ngàn, capitale de Shensì ; le plus grand nombre qu'il y ait nulle part, c'est dans la province voisine à Kànsùh, dont la vaste étendue est gardée par une armée d'environ 11,000 combattants. Leur *tsiàng-kiun* est stationné à Ninghià ; le chwàng liàng commandant est confondu, par la *Recherche sur l'Administration,* dans la force placée sous les ordres de ce général. J'ai pensé qu'il était préférable de distinguer son commandement comme étant celui de Kànsuh-Est. Dans Kansuh-Ouest, le général en chef est un *tù-tung*, stationné à Urumtsi ou Tih-hwichau, où il possède une portion d'autorité sur les soldats Luh-ying, au-dessous du *tituh* d'Urumtsi, ou Kànsuh-Ouest, comme le *tsiang-kiun* à Fuhchau et à Canton. Urumtsi est le poste des Bannières le plus occidental dans la Chine Propre ; à quelque distance, à l'Est, est située Kùching, la Vieille-Cité, connue encore sous le nom de Fànyuen ching. Ces postes sont au Nord du Tengkiri ou Monts-Célestes, lorsqu'ils courent vers l'Est ; dans la contrée Sud de ces montagnes, entre elles et le désert, se trouve Turfàn, sur les limites de la préfecture de Chinsì-fù, ou Barkoul; au Sud de cette cité, on rencontre Palikwan, ou Hwui-niag ching. A Tùrfàn et à Hami, tout joignant Barkoul, sont deux tribus Mohammedan dont nous parlerons tout à l'heure plus au long. Les garnisons d'Urumtsi, Kùching et Palikwan, aussi bien que celle des Luh-ying de Kansùh-Ouest, envoient beaucoup de détachements au commandant d'Ili. Nous allons voir quelles en sont les forces dans le tableau suivant :

Il y a dans Ili 6 garnisons de Bannières; les 4 dernières sont des cantonnements de Nomades.

1re GARNISON : *Hwui-yuen.* — 129 OFFICIERS : 1 *tsiang-kiun* 1β, 8 *hiehling*, 40 *tsòling* 4α, 40 *fàng-yù* 5α, 40 *hiau-ki kiàu* 6α. — 4,641 SOLDATS : 160 caporaux, 232 d'avant-garde, 88 *siàu-ki* subalternes actifs, 2,800 cavaliers à cottes de mailles, 600 d'infanterie, *id.*, 40 d'infanterie, *id.*, 400 mousquetaires, *id.*, 80 artificiers, 240 élèves.

2e GARNISON : *Hwui-ning.* — 52 OFFICIERS : 4 *hiehling*, 16 *tsòling* 4α, 16 *fàng-yù* 5α, 16 *hiau-ki kiàu* 6α. — 2,144 SOLDATS : 80 caporaux, 128 d'avant-garde actifs, 16 subalternes *id.* actifs, 16 *siàu-ki*, *id.*, 1,456 cavaliers à cottes de mailles, 320 d'infanterie, *id.*, 16 d'artillerie, *id.*, 48 artificiers, 64 élèves.

3e GARNISON : Tribu *Solor*. — 17 OFFICIERS : 1 *tsung-kwàn*, 8 *tsòling* 4α, 8 *hiau-ki kiàu* 6α. — 1,288 SOLDATS : 80 caporaux, 40 d'avant-garde, 968 cavaliers à cottes de mailles, 200 mousquetaires.

4e GARNISON : Tribu *Siphon* : 17 OFFICIERS, les mêmes que dans la garnison précédente. — 1,000 SOLDATS : 32 caporaux, 868 cavaliers à cottes de mailles.

5e GARNISON : Tribus *Chahar* en 8 bannières. — 33 OFFICIERS :

1 *tsung-kwàn*, 16 *tsòling* 4α, 16 *hiau-ki hiàu* 6α. — 1,768 SOL-
DATS : 32 caporaux, 1,736 cavaliers à cottes de mailles.

° GARNISON : Tribus *Eluth*. — 41 OFFICIERS : 1 *tsung-kwàn*, 20 *tsòling* 4α, 20 *hiau-ki kiàu* 6α. — 3,370 SOLDATS : 64 caporaux, 3,306 cavaliers à cottes de mailles.

Ces troupes stationnent dans le circuit Nord d'Ili, dans l'intérieur et à l'entour de la ville capitale de Hwui-yuen ou Kuldsha : elles n'envoient aucun détachement, sauf un seul d'environ 1,300 hommes, sous les ordres d'un *hiehling*, à la province éloignée de Tarbagàtai, dans laquelle il y a aussi 1,000 *tun-ting*, colons chargés de mettre en culture de vastes terres des commandements Luh ying de Ninghia, Kàn-Chau, et Suhchau dans le Kàn-suh. Ces derniers sont sous les ordres des officiers de la garnison, et relevés tous les cinq ans.

Dans le Nàn-Lù, ou circuit du Sud, les 8 cités Mohammedan sont tenues par des garnisons des bannières et des Luh ying, de cette façon : Cashgar reçoit d'Urumtsi 331 hommes des bannières, sous les ordres d'un *hiehling*, avec 626 Luhying, de la division Yen-sui, sous les ordres d'un *tsungping*; Yengi-hissar reçoit du même lieu 80 hommes de Bannière, sous les ordres d'un *yù-kih*; cette cité est subordonnée à Cashgar. A Yàrkand, 212 hommes de Bannière, commandés par 2 *tsoling*, et ve-

nant d'Urumtsi; et 655 Luh ying, commandés par
1 *fùtsiàng*, venus de Kùyuen et de Liàng-Chau,
forment la garnison. A Aksù, se rendent de Kùching et de Balikwan, 65 hommes de Bannière et
1 *tsoling*, avec 400 Luh ying, sous les ordres de
1 *tsàntsiàng*. A Ushi, venant des même lieux, 1 *tsoling* et 140 hommes, et de plus 650 Luhying, commandés par 1 *tù-sz'*, envoyés par Kùyuen, Kàn-
Chau, Liàng-Chau, Suh-Chau et Ninghià. Il n'y a
pas d'hommes de Bannière à Khoten, Kuché ou
Kharashar; mais la première a pour garnison 232
Chinois, de Liàng-Chau; la seconde 302 des divisions du gouvernement-général et du gouvernement de Kansuh et de Shensi; et la troisième,
293 de la division Yen-sui, dans la dernière province. Un *tù-sz'* commande à Khoten et à Kuché; un
tsàntsiàng est l'officier commandant à Kharashar.
Il y a, en outre, à Ushi, 247, et à Kuché 302 colons, tirés des divisions qui alimentent leurs garnisons.

Le *tsiàngkiun* d'Ili est le gouverneur militaire le
mieux payé de toute l'armée chinoise, et c'est aussi
l'autorité extra-provinciale la plus élevée sur les
Nomades d'Ili, de Tarbagàtai, sur les tribus Mo-
hammédan, au Sud de la précédente province, au-

trement connue sous le nom de Turkestan chinois, et sur les vieux Tùrguths et Hoshoits des cinq circuits. Les Sipoh, Solon, Taguri, Chahar et Eluths d'Ili, sont en partie formés en bataillons, comme l'indique le tableau, et ils portent les armes. Chacune des tribus est commandée par un *lingtui*, subordonné du *tsiàngkiun*; les Eluths consistent en 6 compagnies *tsoling* des 3 bannières supérieures, 10 des cinq inférieures, et 4 de Lamas, de Shapi-Nor. A Tarbagàtai, il y a sous les ordres du *tsàntsàn* ministre, une compagnie de Chahar, et une de Hassaks; les 6 compagnies d'Eluths, commandées sans doute par un *tsungkwan* (3ª) et un *fùkwan*, ont à leur tête deux ministres *lingtui*, subordonnés au *tsàntsàn*. Les Mohammedans des huit cités, dans le circuit Sud, sont administrés par un *pau-shi* et un ministre *pàngpan* à Khoten, et par d'autres à Yarkand; par un *pau-shi* à Aksu, à Kùché, et à Kharashar; par un *hiehpan*, à Ushi, et un *lingtui*, à Yengi-hissar, et tous ces chefs obéissent à un *tsàntsàn*, à Yarkand, assisté par un ministre *pàngpan*.

Quelques-unes de ces cités fournissent des garnisons subordonnées : ainsi, Cashgar, comme nous l'avons dit, en fournit à Yengi-hissar; Aksù, à Sairun et à Bai; Khoten, à Ilichi, Harash et Kehlià;

Kùché à Shayar, Kharashar, Pukur et Kurlah ; et il y a différents dépôts inférieurs au-dessous d'eux, tels que 16 près de Cashgar, 16 près de Yarkand, 12 à Aksù, et 8 à Khoten. Tout cela est gouverné par le *tsiangkiun*, comme chef suprême, et les commissaires désignés plus haut comme autorités intermédiaires, par leurs Begs nationaux, qui ont 59 dénominations, 1 ayant rang civil du 3° degré, 4 du 4°, 16 du 5°, 20 du 6°, et 18 du 7°. Les plus importants d'entre eux, qui ont les 4 plus hauts degrés, sont soumis à l'Empereur. On le prie de choisir ceux qui lui conviennent, lorsqu'une vacance se produit dans le degré immédiatement supérieur. Au 5° degré, les Begs sont choisis d'après l'examen personnel, fait sur les qualités des individus par les ministres résidents ; au 4° degré, ils sont pris parmi ceux que les mêmes officiers ont déclarés éligibles. Les vieux Tùrguths et Hoshoits sont Mongols de deux des 10 tribus, non incluses dans les 4 Khanates du territoire connu géographiquement sous le nom de Mongolie extérieure. Ils sont divisés en circuits Nord, Sud, Est, Ouest et Centre. Le circuit Sud contient 4 bannières de Tùrguths, sous les ordres de 54 *tsoling* ; leur pays est dans le voisinage de la rivière Churituz, au sud des Monts-

Célestes, à l'est de Kharashar ; le Centre a 3 bannières de vieux Hoshoits, sous les ordres de 21 *tsòling* ; il est à l'Ouest du circuit Sud. Les trois autres circuits sont composés de Tùrguths seulement et sont tous au Nord des Monts-Célestes ; — le circuit Nord a 3 bannières avec 14 *tsòling*, et paraît s'étendre au Sud de la province Tarbagàtai. Ces Turguths sont nommés les Hopoksiloh, mais je ne puis trouver une situation qui réponde à cette orthographe ; le circuit Est, de Tsizholang, en deux bannières commandées par 7 *tsòling*, est adjoignant aux plantations de Kùrkara-Usu ; et l'Ouest a une bannière de Turguths sur la rive orientale de la rivière Tsing ; obéissant à 4 *tsòling* ; il descend vers le cantonnement Chahar de Hwui-yuen. Ils ont tous des officiers pris dans la noblesse nationale : ainsi le Sud a un *Khan* (Choli-Kehtu), 1 *beitseh*, 1 *fù-kwoh-kung*, et 1 *tai-kih* du 1er rang ; le Centre, 1 *beitseh* et 1 *tai-kih* (1*a*) ; le Nord, 1 *dzassak-tsinwang*, 1 *fù-kwoh-kung* et 1 *tai-kih* (1*a*) ; l'Est, 1 *hiun-wang* et 1 *beitseh* ; et l'Ouest, 1 *beileh*.

§ 5. PROVINCES MANTCHOURIENNES.

Pour la Mantchourie, nous avons moins de détails encore à donner que pour l'Ili. Pourtant nous avons tenté de rendre claire la constitution et l'emploi de sa grande armée dans le tableau qui suit.

La Mantchourie se compose de trois provinces, renfermant en tout 28 garnisons.

1re PROVINCE : *Shing-king fù*, 14 garnisons.

- I. *Shing-king fù*. — 1,550 OFFICIERS : 1 *tsiang-kiun*, 1β, 1 *fù-tùtung* 2α, 11 *hiehling* 3β, 66 *tsòling* 4α, 10 *fàng-yù*, 5α, 66 *hiau-ki kiàu* 6α. — 6,975 SOLDATS : 200 d'avant-garde, 529 caporaux de cavalerie, 132 *id.* d'infanterie, 4,568 cavaliers à cottes de mailles, 1,056 d'infanterie, *id.*, 20 gardes du trésor, 8 gardes des portes, 28 gardes de nuit, 362 élèves, 6 faiseurs d'arcs, 66 forgerons.
- II. *Hiung-yoh ching*. — 19 OFFICIERS : 1 *fù-tùtung* 2α, 1 *hiehling*, 3β, 1 *tsòling* 4α, 5 *fàng-yù* 5α, 9 *hiau-ki kiàu* 6α. — 969 SOLDATS : 75 caporaux, 877 cavaliers à cottes de mailles, 8 gardes-magasins, 9 forgerons.
- III. *Kin chau fù* : 47 OFFICIERS : 1 *fù-tùtung* 2α, 1 *hiehling* 3β, 20 *tsòling* 4α, 5 *fàng-yù* 5α, 20 *hiau-ki kiàu* 6α. — 1,985 SOLDATS : 186 caporaux, 7 *id.* courriers de la poste, 1,575 cavaliers à cottes de mailles, 174 d'infanterie, *id*, 22 gardes-magasins, 21 forgerons.
- IV. *Hing-king ching*. — 9 OFFICIERS : 1 *ching shàu-yù* 3α, 4 *fàng-yù* 5α, 4 *hiau-ki kiàu* 6α. — 755 SOLDATS : 95 caporaux, 10 *id.* courriers de la poste, 650 cavaliers à cottes de mailles.
- V. *K'ai-yuen*. — 23 OFFICIERS : 1 *ching shàu-yù* 3α, 2 *tsòling* 4α, 11 *fàng-yù* 5α, 9 *hiau-ki kiàu* 6α. — 1,118 SOLDATS : 88 caporaux, 2 courriers de la poste, 1,005 cavaliers à cottes de mailles, 11 gardes-magasins, 12 forgerons.
- VI. *Liàn-yàng*. — 17 OFFICIERS : 1 *ching shàu-yù* 3α, 1 *fàng shàu-yù* 4α, 7 *fàng-yù* 5α, 8 *hiau-ki kiàu* 6α. — 469 SOLDATS : 54 ca-

poraux, 395 cavaliers à cottes de mailles, 11 gardes-magasins, 9 forgerons.

VII. *Fùh chau.* — 18 OFFICIERS : 1 *ching shàu-yù* 3α, 1 *fàng shàu-yù* 4α, 7 *fàng-yù* 5 α, 9 *hiau-ki kiàu* 6α. — 600 SOLDATS : 62 caporaux, 521 cavaliers à cottes de mailles, 8 gardes-magasins, 9 forgerons.

VIII. *Kin chau.* — 12 OFFICIERS de terre : 1 *ching shàu-yù* 3α, 4 *tsòling* 4α, 7 *fàng-yù* 5α, 12 *hiau-ki kiàu* 6α; 15 OFFICIERS de marine : 1 *hiehling* 3β, 2 *tsòling* 4α, 4 *fàng-yù*, 8 *hiau-ki kiàu* 6α. — 716 SOLDATS de terre : 77 caporaux, 631 cavaliers à cottes de mailles, 8 gardes-magasins; 700 SOLDATS de marine : 60 *lingtsui* ou caporaux, 5 pilotes de 1re classe, 5 *id.* de 2e classe, 45 matelots de 1re classe, 45 *id.* de 2e classe, 540 cavaliers à cottes de mailles.

IX. *Y chau.* — 38 OFFICIERS : 1 *ching shàu-yù* 3α, 17 *tsòling* 4α, 5 *fàng-yù* 5α, 15 *hiau-ki kiàu* 6α. — 1,210 SOLDATS : 145 caporaux, 10 courriers de la poste, 1,026 cavaliers à cottes de mailles, 11 gardes-magasins, 18 forgerons.

X. *Fung-kwàng ting.* — 19 OFFICIERS : 1 *ching shàu-yù* 3α, 1 *fàng shàu-yù* 4α, 8 *fàng-yù* 5α, 9 *hiau-ki kiàu* 6α. — 702 SOLDATS : 67 caporaux, 618 cavaliers à cottes de mailles, 8 gardes-magasins, 9 forgerons.

XI. *Chauyen.* — 18 OFFICIERS, comme dans la dixième garnison, 1 *hiau-ki kiàu* en moins. — 564 SOLDATS : 54 caporaux, 493 cavaliers à cottes de mailles, 8 gardes-magasins, 9 forgerons.

XII. *Niù-chwàng.* — 10 OFFICIERS : 1 *fàng shàu-yù* 4α, 3 *fàng-yù* 5α, 6 *hiau-ki kiàu* 6α. — 387 SOLDATS : 40 caporaux, 337 cavaliers à cottes de mailles, 8 gardes-magasins, 2 forgerons.

XIII. *K'ai-chau.* — 8 OFFICIERS : 1 *fàng shàu-yù* 4α, 3 *fàng-yù* 5α, 4 *hiau-ki kiàu* 6α. — 398 SOLDATS : 40 caporaux, 345 cavaliers à cottes de mailles, 11 gardes-magasins, 2 forgerons.

XIV. *Kwàng-ning ching.* — 26 OFFICIERS : 1 *fàng shàu-yù* 4α, 11 *tsòling* 4α, 4 *fàng-yù* 5α, 10 *hiau-ki kiàu* 6α. — 1,267 SOL-

DATS : 116 caporaux, 3 courriers de la poste, 1,124 cavaliers à cottes de mailles, 11 gardes-magasins, 13 forgerons.

2ᵉ PROVINCE : *Kirin*, 8 garnisons.

I. *Kirin*. — 119 OFFICIERS de terre : 1 *tsiàng kiun* 1β, 1 *fù-tùtung* 2α, 48 *tsòling* 4α, 21 *fàng-yù* 5α, 48 *hiau-ki kiàu* 6α; 6 OFFICIERS de marine : 2 officiers navals, 4ᵉ rang; 2 *id.*, 5ᵉ rang; 2 *id.*, 6ᵉ rang. — 5,225 SOLDATS de terre : 80 d'avant-garde, 317 caporaux, 5 des terres de la couronne, 40 courriers de la poste, 3 de provisions et de guides, 3,241 cavaliers à cottes de mailles, 500 d'infanterie de terre de la couronne, *id.*, 850 courriers de la poste, *id.*, 15 guides, 3 élèves, 4 *pài tan gah*, 40 *kiluh*, 51 faiseurs d'arcs, 76 forgerons; 377 SOLDATS de marine : 8 *lingtsui* ou caporaux, 125 matelots de 1ʳᵉ classe, 125 *id.* de 2ᵉ classe, 1 *lingtsui* de passeurs, 56 *lingtsui* de matelots, 45 artificiers. — Pour l'ARTILLERIE : 1 *ts'ànling* 3α, 8 *tsòling* 4α, 8 *hiau-ki kiàu* 6α.

II. *Tàsang-ula*. — 36 OFFICIERS : 1 *hiehling* 3β, 11 *tsòling* 4α, 11 *fàng-yù* 5α, 13 *hiau-ki kiàu* 6α. — 1748 SOLDATS : 70 caporaux, 28 courriers de la poste, 1,030 cavaliers à cottes de mailles, 600 courriers de la poste, *id.*, 10 faiseurs d'arcs, 10 forgerons.

III. *Ningùta*. — 39 OFFICIERS : 1 *fù-tùtung* 2α, 2 *hiehling* 3β, 12 *tsòling* 4α, 12 *fàng-yù* 5α, 12 *hiau-ki kiàu* 6α. — 1,555 SOLDATS : 40 d'avant-garde, 72 caporaux, 1 des terres de la couronne, 1,288 cavaliers à cottes de mailles, 130 des ter- de la couronne, *id.*, 8 faiseurs d'arcs, 16 forgerons.

IV. *Hwan-chun ching*. — 9 OFFICIERS : 1 *kiehling* 3β, 3 *tsòling* 4α, 2 *fàng-yù* 5α, 3 *hiau-ki kiàu* 6α. — 451 SOLDATS : 27 caporaux, 423 cavaliers à cottes de mailles, 1 élève.

V. *Pétuné*. — 41 OFFICIERS : 1 *fù-tùtung* 2α, 1 *hiehling* 3β, 12 *tsòling* 4α, 8 *fàng-yù* 5α, 12 *hiau-ki kiàu* 6α. — 1,115 SOLDATS de terre et de marine : 40 d'avant-garde, 72 caporaux,

888 cavaliers à cottes de mailles, 60 des terres de la couronne, 13 faiseurs d'arcs, 22 forgerons, 2 *lingtsui* de passeurs, 58 *lingtsui* de matelots.

VI. *Saùsing*. — 41 OFFICIERS : 1 *fù-tùtung* 2α, 2 *hiehling* 3β, 15 *tsòling* 4α, 8 *fàng-yù* 5α, 15 *hiau-ki kiàu* 6α. — 1,711 SOLDATS : 40 d'avant-garde, 90 caporaux, 1 des terres de la couronne, 1,390 cavaliers à cottes de mailles, 150 des terres de la couronne, *id.*, 20 faiseurs d'arcs, 20 forgerons.

VII. *Altchucu*. — 23 OFFICIERS : 1 *fù-tùtung* 2α, 2 *hiehling* 3β, 7 *tsòling* 4α, 8 *fàng-yù* 5α, 6 *hiau-ki kiàu* 6α. — 432 SOLDATS : 8 d'avant-garde, 36 caporaux, 1 des terres de la couronne, 362 cavaliers à cottes de mailles, 30 des terres de la couronne, *id.*, 3 faiseurs d'arcs, 2 forgerons.

VIII. *Larin*. — 15 OFFICIERS : 6 *tsòling* 4α, 2 *fàng-yù* 5α, 7 *hiau-ki kiàu* 6α. — 615 SOLDATS : 8 d'avant-garde, 52 caporaux, 482 cavaliers à cottes de mailles, 30 des terres de la couronne, *id.*, 24 surveillants, 3 faiseurs d'arcs, 2 forgerons, 14 *lingtsui* de matelots.

3ᵉ PROVINCE : *Saghalien*, 6 garnisons.

I. *Saghalien*. — 66 OFFICIERS : 1 *tsang-kiun* 1β, 1 *fù-tùtung*, 2α, 4 *hiehling* 3β, 26 *tsòling* 4α, 8 *fàng-yù* 5α, 26 *hiau-ki kiàu* 6α. — 1,707 SOLDATS de terre : 40 d'avant-garde, 140 caporaux, 4 *id.* des taxes, 1,209 cavaliers à cottes de mailles, 270 élèves, 16 faiseurs d'arcs, 2 selliers, 24 forgerons, 2 armuriers ; 427 SOLDATS de marine : 8 pilotes de 1ʳᵉ classe, 200 matelots de 1ʳᵉ classe, 219 *id.* de 2ᵉ classe.

II. *Merguen*. — 47 OFFICIERS : 1 *fù-tùtung* 2α, 4 *hiehling* 3β, 17 *tsòling* 4α, 8 *fàng-yù* 5α, 17 *hiau-ki kiàu* 6α. — 1,088 SOLDATS de terre : 40 d'avant-garde, 68 caporaux, 1 *id.*, des taxes, 768 cavaliers à cottes de mailles, 180 élèves, 15 faiseurs d'arcs, 15 forgerons, 1 armurier ; 45 SOLDATS de marine : 1 pilote de 1ʳᵉ classe, 20 matelots de 1ʳᵉ classe, 23 *id.*, de 2ᵉ classe. En plus, 1 *ts'ànling* 3α d'ARTILLERIE.

III. *Putahar.* — 1,984 soldats : 184 caporaux, 1,800 cavaliers à cottes de mailles.

IV. *Tsitsihar.* — 98 officiers de terre : 1 *tùtung* 1β, 1 *fù-tùtung* 2α, 8 *hiehling* 3β, 40 *tsòling* 4α, 8 *fàng-yù* 5α, 40 *hiau-ki kiàu* 6α; 12 officiers de marine : 1 *tsung-kwàn* 3α, 2 officiers navals de 4ᵉ rang, 2 *id.* de 5ᵉ rang, 4 *id.* de 6ᵉ rang, 3 officiers de navire de 4ᵉ, 5ᵉ, 6ᵉ rangs. — 2,615 soldats de terre : 80 d'avant-garde, 160 caporaux, 28 *id.* courriers de la poste, 3 *id.* des taxes, 1,933 cavaliers à cottes de mailles, 320 élèves, 24 faiseurs d'arcs, 2 selliers, 32 forgerons, 3 armuriers; 523 soldats de marine : 15 pilotes de 1ʳᵉ classe, 208 matelots de 1ʳᵉ classe, 300 *id.* de 2ᵉ classe.

V. *Hurun-Pir.* — 2,532 soldats : 26 d'avant-garde, 240 caporaux, 2,266 cavaliers à cottes de mailles.

VI. *Hulan.* — 17 officiers : 1 *fù-tùtung* 2α, 8 *tsòling* 4α, 8 *hiau-ki kiàu* 6α. — 505 soldats de terre : 32 caporaux, 5 *id.* des taxes, 452 cavaliers à cottes de mailles, 8 faiseurs d'arcs, 8 forgerons; 54 soldats de marine : 15 pilotes de 1ʳᵉ classe, 19 matelots de 1ʳᵉ classe, 20 *id.* de 2ᵉ classe.

Les garnisons de Shingking et de Kirin fournissent un nombre de détachements stationnés dans les villes et dans les postes fortifiés, et aux portes-barrières de la Palissade des deux côtés de la première province. Dans la cité de Moukden, ou Mùkten, deux petites gardes ont la charge de protéger les monastères Lama de Chàng-hing et de Shih-ching. Kinchau fù, au Nord de la baie de Liaù tung, envoie un détachement pour un poste à la rivière Sian-hing qui coule au-dessus, à la ville-district de Ning yuen, plus bas, vers la rive occidentale de la Baie, à Chung-tsien so et à Chung-hau so, station à mi-chemin en avant et en arrière, c'est-à-dire entre Moukden et Shàn-Kài Kvàn, à l'extrémité orientale de la Grande-Muraille. Chaque détachement est commandé par deux *tsoling* et deux subalternes. La même garnison envoie un *fàng-yù*, et quelques 30 ou 40 hommes aux 5 barrières, Sung-ling-tsz', Sin-t'ài, Peh-shih-tsui, Lishù-kau, et Ming-shui-t'ang. A la Palissade Ouest, au-dessous de K'ai-yuen, à l'extrême Nord, se trouve le détachement de Tiehling, et la barrière de Fah-kù. I-chau, située au Nord de K'ai-chau, comprend toutes les autres barrières entre lui et Kwàngning, c'est-à-dire Pih-tùchwàng, Tsing-ho, Kiù-kwàn-t'ai, Wai-yuen-pàu, et Ying-ngeh; Kwàngning, celle de Chàng-wùt'ai, la dernière, probablement, entre I-chàu et K'ài-guen, et envoie des détachements à Kù-lin ho, Pih-ki pàu, Siàu-peh Shàu, et Lü-yang yih. A l'Est, Hingking, qui renferme un des mausolées des derniers chefs ou souverains de Mantchoux, fournit au poste de Fù-shun pàu, et aux barrières connues comme portes de Hingking, Hien-chwàng, et Ngài-yàng; et enfin vers l'extrémité méridionale de la Palissade, Fùng-hwàng garnit la barrière unique de Wàng-tsing.

La station de marine de Shingking fù est Kin-chau, ville sur la côte orientale de la baie de Liàu-tung, entre les districts de Kài-ping et Fuh. Le Code du Conseil des Travaux, cité dans le *Code des Lois*, établit que 10 vaisseaux de guerre y doivent être envoyés des arsenaux de Chehkiang et Fuh-kien, car les habitants n'ont pas l'habileté de les construire. La difficulté se trouve plutôt dans l'équipement que dans la construction; les eaux intérieures et extérieures de Kirin et de Tsitsihar, à en juger d'après leur établissement, peuvent contenir comparativement une grande flotte, pour laquelle on n'a pas pris la même précaution; le soin de cette dernière, ce qui est assez bizarre, est remis au Conseil des Travaux de Mùkten. Les 10 vaisseaux mentionnés plus haut doivent être renvoyés de Tang-chau fù, au nord de Shantung, pour être réparés en partie par le gouvernement au bout de trois ans, pour l'être entièrement au bout de six ans, et abandonnés, quand ils sont vieux de neuf ans.

La garnison de Kirin envoie des détachements à Chàng-peh shàn, patrie célèbre de Aisin Gioro, le fondateur de la race Mantchoue; celle de Tà-sang

Ula, à petite distance de Kirin, en envoie à I-tung et à Ngehmuhosoloh, et aussi aux barrières de la Palissade entre K'ài yuen et la rivière Songari.

J'ai renfermé dans celle de Lanù la petite garnison de Shwang-ching pàu, qui n'a pas d'officiers; mais je ne voudrais pas nier qu'elle appartînt à Hwànchem, un point tout à fait opposé de la province. Les cartes ne lui donnent pas cette place, et elle est introduite par la *Recherche sur l'Administration* à la fin du rôle militaire de Kirin, sans rien qui puisse indiquer sa position par rapport au reste.

Les officiers de l'établissement sont, à l'exception de quelques-uns de la marine, du même titre que ceux des autres garnisons de Bannières. Les *Swui-sz*, officiers de navire, se rencontrent à la fois à Kirin et à Tsitsihar; mais il faut remarquer que les *Kwàn-chuen*, qui sont plus particulièrement officiers de l'arsenal, ne se rencontrent que dans la dernière province, qui justement est une province de l'intérieur. Le terme *ki-luh* qui suit celui de *pai tan gah* est impossible à traduire; celui que j'ai rendu par surveillants et qui suit *ki-luh*, c'est *tsun-tun-ta*, surveillants-généraux des plantations, dont les revenus retournent en partie au

Conseil des Revenus à Mùkten, et une partie à la Maison de l'Empereur à Péking. Les désignations des autres parlent assez d'elles-mêmes.

Le *ho-ki ying* ou division d'armes à feu, à Kirin et à Tsitsihar, est ailleurs dénommé sous le titre de *Mousquetaires:* il n'y a aucun corps de ce nom dans la *Recherche sur l'Administration*; c'est probablement un détachement envoyé, comme il arrive dans quelque corps métropolitains, pour ce service particulier. Les officiers sont fournis sur place, et non envoyés spécialement de Péking. Le *tsiàngkiun* de Kirin a l'autorité de gouverneur sur le Nord de Tà-sang Ula, cités ici parce que leur établissement officiel est de nature militaire. Ils sont formés non en compagnies, sous les ordres d'un *tsòling* comme on le voit ailleurs, mais en *Chù-hien* de trente hommes châque. De ceux-ci, en 1812, il y avait 65 pour les bannières supérieures, et 45 pour les bannières inférieures, chacune sous un *Chàng* ou ancien, recevant 24 taëls, et un *fù-chàng*, ou aide-ancien, recevant 18 taëls par an.

Parmi les 65 *Chuhien* supérieurs, 59 ramassaient des perles, recueillaient du miel et des pommes de pin; les autres, au nombre de 6, faisaient la pêche; des 45 inférieurs, 10 faisaient la pêche, et le reste ramassait l'autre tribut dont nous venons de parler : 1,950 hommes des bannières supérieures et 1,350 des bannières inférieures ainsi employés touchaient chacun 12 taëls par an. Ils étaient nommés *Sang-ting*, et étaient commandés par un *tsung-kwàn*, 2 *yihchàng*, 4 *yihchàng* actifs, 7 *hiàu-ki kiàu*, 4 *hiaù-ki kiàu* actifs, 4 *chàngking* du 6°, 4 du 7° degré, 4 collecteurs du 6°, 4 du 7° degré, 7 subalternes actifs, 24 autres députés et 6 *pih-tih-shi*, sont envoyés par la Maison de l'Empereur.

Les Nomades de la rivière Sagalien et de l'île de Tarakai, dans la province de Kirin, ne sont pas enrégimentés en compagnies *chuhien* et *tsoling*. En 1812, il y avait 2,398 familles sous 56 surnoms, des tribus Hèiche, Fùyak, Kuyé, Orunehun et Kelur, tenues pour être sous la juridiction du *fùtutung* de Sansing ; chaque famille payant le tribut d'une peau de martre. Dans Tsitsihar, nous trouvons 4,497 familles de tàsang des tribus Solon-taguri, Orunehun et Kilar, chacune payant deux peaux de martre (1). Elles sont placées sous l'auto-

(1) D'après le règlement de perception établi parmi les tribus Uriànghai, une peau de martre se remplace par le payement de 10 peaux de renard ; et une de renard par celui d'un

rité du *Tsiàng-kiun* de cette province, qui réside à la cité de Sagalien. D'ordinaire, il y a un *tù-tung* à Tsitsihar, que je suis porté à regarder comme la

demi-taël. A ce compte, les fourrures de Kirin vaudraient 11,990 taëls ; celles de Tsitsihar 44,970 taëls. Nous ne saurions dire quelle allocation est faite aux tributaires. Les *sang-ting* de Tàsang-Ulà, mentionnés ci-dessus, rendent par *chù-hien* 16 perles ou 1,760 perles en tout à la *kwàngch'usz'*, ou trésorerie de la Maison Impériale ; 5,000 *catties* pesant de miel à la *kwànling* de la Maison Impériale (voyez *Pàu-i*) ; 1,000 noix de sapin pour le combustible et 54 *shih*, pécule de pommes de pin, au *chàng-i-sz'* de la Maison Impériale, office des cérémonies, bouquets, etc. Il n'y a pas de redevance fixe de poissons ; ce qui s'en perçoit est envoyé au *chùn-fung*, ou beurrerie impériale. Les frais de perception sont indiqués comme montant à plus de 40,000 taëls, sans compter les appointements du *tsungkwàn* et autres officiers ; mais nous n'avons aucune donnée qui puisse nous permettre de supputer la valeur du tribut. Le miel amassé par les *sang-ting* ne vaut qu'un taël les 40 *catties*.

Ces *sang-ting* sont disséminés à travers 14 districts magistraux au Nord de Chihli, et par delà ses frontières dans Shing-King fù ; les anciens, 965 familles, payent une taxe qui monte en tout à 4,214 taëls ; les nouveaux, 1,116 familles, 8,071 taëls, ou un équivalent, en nature, de volailles, daims de différentes sortes, sangliers, lièvres, pigeons, cailles, canards sauvages, petits poissons à écailles (truites?), éperviers et corbeaux, miel, chair de daim, plumes d'oiseaux de proie pour flèches, peaux de renards et de veaux marins. Ils sont divisés en classes d'après le tribut qu'on leur pré-

216   ÉTAT GÉNÉRAL

plus importante cité de la province. A Hurun-Pir sont deux bannières de Nomades nouveaux, Bargou, annexés sous le règne de Kien-lung, et commandés par 24 *tsoling*; il y a de plus une bannière d'Eluths, vieux et nouveaux, et 2 *tsoling*. Cette dernière est fondue maintenant dans la garnison, et ne passe pas, comme les deux autres, sous la direction du Bureau Colonial.

Les Mausolées Impériaux en Mantchourie se composent de deux à Moukden, et un à Hingking. A Moukden, dans celui qui est appelé le Fuh-ling, repose le monarque qui envahit la Chine en 1618, prenant pour qualification de son règne Tien-Ming « qui agit sous les ordres du Ciel, » et sa femme l'impératrice. Dans le Chàu-ling est enseveli le fils de Tien-Ming, dont le règne fut appelé d'abord Tien-Tsung, puis appelé du nom de Tsung-teh; l'impératrice repose dans le Chàu-ling Ouest. A Hingking, dans le Yung-ling, ou Tombe de l'Éter-

clame, si la terre qu'ils cultivent ne rend pas suffisamment. Les nouvelles familles peuvent avoir à payer environ 0,035 de taël par chaque *hiàng*, ou 6 acres chinois. L'étendue qu'elles ont en main est d'environ 137,560. Ces nouvelles familles et les anciennes sont sous l'autorité civile des districts qu'elles habitent.

nité, sont 4 souverains, les prédécesseurs de Tien-Ming, appelés rétrospectivement les empereurs Yuen, Chih, Yih et Sinen, avec leurs femmes. Ces tombes sont confiées à 6 nobles des 4 ordres inférieurs de la noblesse impériale qui possèdent des maisons et des terres octroyées en vertu de leur charge ; leurs biens et leur charge passent, avec leurs titres, à leurs héritiers. Les petites forces qui gardent ces tombeaux sont naturellement sous la juridiction du commandant en chef Mantchou, mais la *Recherche sur l'Administration* en fait un commandement séparé, plaçant 186 soldats à Hingking, 176 à chacun des mausolées de Moukden et un *Tsungkwan* (3α), 2 *Yihchàng* (3α), 16 *Fang-yù* et 4 *lingtsui* à chacun des 3.

Le *fù-tùtung* de Kinchau fù est aussi *Tsungkwàn* des haras près de la rivière Tàling, où sont entretenus aux dépens de l'État 10,000 étalons en 20 troupeaux, et 5,000 hongres en 10 troupeaux ; ils sont conduits par 500 *Muh-ting*. Nous aurions dû dire qu'il y a de semblables établissements, en dehors du passage Tushih k'au (voyez *Cordon*), à Shang-tùtahpusun Nor, pour 49 troupeaux de 300 chameaux chaque, 114 troupeaux d'étalons et 4 de hongres de 500 chaque, confiés à 1,455 *Muh-*

ting, et gardés par 340 soldats *hukiun* ; et il y en a encore à Talikangai, dans la région de Tolon Nor, au-delà de la Muraille, pour 48 troupeaux de chameaux, et 74 de chevaux de la même force que les précédents à peu près, confiés à 954 *Muh–ting* et à 100 *hukiun*. A la tête de ces établissements, c'est le *tutung* de Kalgan qui est *tungkwàn*, comme aussi il commande aux 1080 *Muh-ting* ou pâtres, qui conduisent 40 troupeaux de vaches, de 300 têtes, et 140 de moutons de 1100 têtes, gardés par 313 *hukiun*. Ils ont pour officiers 4 *Siàu tsungkwan*, 6 *yihchàng*, 6 *hiehling*, 5 *fàng-yù*, 5 *fù-tsungkwàn* et des subalternes. C'est la dernière section de l'armée des Bannières.

§ 6. Corps accessoires de la Maison Impériale.

Il y a certains établissements attachés à la Maison de l'Empereur, que l'on pourrait prendre à tort pour des divisions militaires, à cause de leur titre et de leur place dans la *Recherche sur l'Administration*, qui les énumère à la suite des corps de bannières. Ce sont les *hing-ying*, ou division chargée des escortes, sous les capitaines-généraux des divisions principales et du Flanc, ou *fù-tutung* ; les *hù-tsiàng ying*, corps des chasseurs de tigres, sous les nobles ou capitaines-généraux des gardes ; le *chen-kan ch'ù*, ou *shàng-yù pi-yung ch'ù*, proprement « département de la chasse, » est commandé par un *shiwéi* tiré de ses rangs, sous les ordres des nobles ou ministres. Ce sont encore les *yàng-ying ch'ù* et les *yàng-kau ch'ù*, pour le dressage des faucons et des chiens, et le *shen-pù ying*, ou corps des maîtres d'armes, etc., qui enfin est sous les ordres des capitaines-généraux de l'un ou de l'autre des corps métropolitains. Ils n'ont pas de troupes particulièrement assignées dans la *Recherche sur l'Administration*, et leur existence, pour quelques-uns, est certainement éventuelle, et tient aux voyages et aux chasses de Sa Majesté, qui, durant ces 30 dernières années, ont été en bien petit nombre, si toutefois il y en a eu.

Je vais esquisser brièvement l'organisation militaire des feudataires Mongols de Chine, avant de m'occuper de l'armée du Vert-Étendard.

La nomination aux commandements les plus élevés des différentes divisions, dont la nature et l'emploi ont été rapportés sommairement déjà, est faite par Sa Majesté, sur la présentation ou du bureau des gardes, ou du Conseil de Guerre, qui met sous ses yeux la liste des hommes de Bannière éligibles, par rang ou office, à mesure que des vacances se rencontrent. Les capitaines-généraux, ou ministres des Gardes, sont ainsi nommés par le Bureau des gardes ; le conseil prononce sur les noms des officiers propres à succéder aux postes de ministres d'artillerie et de mousquetaires, de capitaine-général des Bannières, de la gendarmerie, des divisions principale et du Flanc, ou des Nomades ; de *fù-tu-tung* d'une bannière, d'une garnison ou des Nomades, et de *tsiàngkiun* de garnisons.

Un *tungling*, ou capitaine général des Gardes, peut être pris parmi les ministres ou ministres extraordinaires des Gardes, parmi les capitaines-généraux des corps nommés plus haut ou les *tsiàngkiun* des garnisons de Bannière ; un ministre, parmi les ministres extraordinaires.

Chacun des deux derniers emplois peut passer à celui de ministre d'artillerie et des mousquetaires ; les capitaines-généraux des divisions principale et du Flanc peuvent obtenir aussi ces emplois, ainsi que ceux des Bannières, s'ils sont Mantchoux ou Mongols.

Les *tù-tung*, capitaines-généraux des Bannières mantchoux, peuvent être choisis parmi les *tùtung*

Mongols de la même aile; parmi les Mantchoux qui sont *tùtung* de Bannières Hàn-kiun; parmi les *tungling*, capitaines-généraux de la gendarmerie, de la division principale et de la division du Flanc; parmi les *fù-tùtung* Mantchoux des Bannières, les *tsungping* de gendarmerie, et parmi les Mantchoux, qui sont *tsiàngkiun* de garnisons, *tù-tung*, ou *fù-tutung* des mêmes garnisons, ou des Nomades, ou *tituh*, généraux dans l'armée chinoise.

Les *tù-tung* Mongols sont nommés suivant la même méthode, excepté s'ils sont *tung ling* de la division principale ou de celle du Flanc; ils doivent être alors de la même aile que la bannière qui présente une vacance. Pour devenir *tù-tung* hànkiun, les Mantchoux du grade ci-dessus sont aussi bien éligibles que les Hànkiun, et il en est de même pour les vacances mongoles; enfin les Mongols peuvent être *tù-tung* de bannières mantchoues; mais il n'est pas certain qu'ils puissent l'être des bannières hànkiun.

La même règle doit être observée pour la nomination du *fù-tutung* dans les bannières des trois nations, qui peut être pris d'entre les *shilang*, vice-présidents de conseils, s'ils sont de la même aile que la bannière où se trouve la vacance ; de la 1ʳᵉ classe de *shiwei*, hommes de gardes ; des *yihyü* de gendarmerie ; des *ts'ànling* des corps métropolitains, de la Maison de l'Empereur et Yuen-ming-Yuen de la même aile ; des *yihchàng* de la division légère, des *yingtsung* d'artillerie et Yuen-ming-Yuen ; des *changshi* de la noblesse ; des *tsùng-kwàn* de Chahar ; des *tsùng-ping* de l'armée chinoise de Mantchoux et Mongols ; et aussi des ministres extraordinaires des gardes, des ordres *kùng*, *hàu*, *péh*, *tsz'*, *nàn* de noblesse chinoise, du *kwàn-kiun shi*, titre héréditaire du 5ᵉ rang, et de la 1ᵉ classe *hù-wei* de la suite des nobles impériaux les plus élevés.

C'est un avancement pour un *fù-tutung* Mongol de recevoir ce titre dans une bannière Mantchoue : c'est la même chose pour un *fù-tutung* mantchou qui commande une bannière de Hànkiun.

Les capitaines-généraux de la gendarmerie, qui doivent être Mantchoux ou Mongols, peuvent être choisis parmi les ministres des gardes, *tù-tung* ou *fù-tutung* des Bannières ; et les *tsung-ping* de gendarmerie, ou capitaines-généraux des divisions du Flanc et Principale. Les derniers capitaines-généraux dont nous venons de parler sont pris parmi les *fù-tutung* des Bannières, ou *ts'anling* supérieurs de la même aile que la Bannière qui offre la vacance; et l'on dresse une liste supplémentaire de 10 noms pris parmi les *ts'ànling* supérieurs de ces deux corps, les *ts'ànling* en général, et ceux qui remplissent les fonctions de *shang-shi* dans l'établissement d'un noble.

Dans les garnisons, le *tsiàngkiun* était auparavant ou un *fù-tutung* Mantchou ou Mongol des Bannières, ou le *fù-tutung* en second dans le commandement de la garnison, ou un Mantchou servant comme *tituh* dans l'armée chinoise. Le *tù-tung* de Chahar est pris parmi les capitaines-généraux des divisions principale et du Flanc, ou parmi les *fù-tutung* Mantchoux et Mongols.

Les *fù-tutung* des garnisons étaient, avant leur nomination, *ts'anling* de la *force soldée*, *hùhling*, *ching-chau yù*, ou *tsunkwan* de la même garnison, ou bien chargés de quelque autre fonction qui permet d'inscrire leur nom pour ce service, ou Mantchoux servant en qualité de *tsuŋgping* dans l'armée chinoise. Les *fù-tutung* de Bannières peuvent avoir leur destination changée, et être envoyés pour servir dans une garnison; mais c'est probablement lorsqu'ils veulent devenir anciens officiers dans leurs commandements.

A Si-ngan-fù dans Shensì, un hànkìun peut être *fù-tùtung* ; à Kwùwà dans Shànsi, il doit être des 3 bannières supérieures. Les *fù-tutung* hankìun de garnison sortent des *ts'ànling*, des *hiehling* et du *hing-ping hàm-krun* servant dans l'armée chinoise, et, ce qui est remarquable, du *tsankwàn* de la marine Tsitsihar.

Des officiers qui sont au-dessous du haut rang mentionné plus haut, dans les Gardes, tous depuis les ministres extraordinaires jusqu'aux simples gardes de la 8e classe, reçoivent leur promotion dans la succession régulière de leurs corps même ; les derniers peuvent être pris non-seulement parmi les gardes de la 4e classe, et ceux de la Plume-bleue, mais parmi les officiers héréditaires au-dessus de *yun-ki-yù (5α)* dans les 3 bannières supérieures, et parmi les subalternes (*Kiàu*) des Gardes, ou des divisions principale, du Flanc et soldée. La Plume-bleue se fournit dans les *Pih-tih-shi* de l'office du capitaine-général, les *ngan-ki yù* (7α) héréditaires, les *pai tan gah*, Gioro sans emploi, fils ou pères des ministres servant dans les rangs des Gardes, de la division des Gardes, de la division principale, de la division du Flanc, ou les officiers de Mantchourie éligibles d'après certaines règles, s'ils résident à Péking. Les officiers nommés *hoho-chusi*, qui ont servi à la suite des Princes, ou 5 ans à celle du Prince de la Couronne, peuvent aussi devenir Gardes de la Plume-bleue.

La promotion dans les autres corps métropolitains est tout à fait irrégulière ; il est difficile de la réduire à un plan général, ou de s'assurer qu'aucune des nuances qui distinguent les qualifications du candidat, pour la succession, n'a été omise. Les détails occupent près de 3 volumes de la *Recherche sur l'Administration*. Dans le *hiàu-ki ying* représenté comme la *Force soldée*, l'officier d'état-major (*tsànling*) est pris parmi les gardes de 1re et 2e classe, les nobles de la 10e classe, et les *fù-tsànling* du même corps ; ces derniers sont pris parmi les *chàngking* les plus considérables, les *tsoling* et les *hiàu-ki kiàn*, subalternes de la *Force soldée* ; ces derniers sont choisis entre les *ling-tsui* officiers non-commissionnés de leurs propres divisions, de la division principale et de la division du Flanc, et aussi entre les *ngan-hi-yü*, officiers héréditaires du 7e, et autres officiers inférieurs du 7° ou 8° rang.

Dans la *hùkiau* ou division du Flanc, le *tsànling* peut se choisir entre les *hiauki-ying tsànling* ; les mêmes gardes ou nobles, les gardes de la division principale, les *hù-wei* à la suite des nobles impériaux, vicomtes et barons de la noblesse nationale, et *king-kù-tù-yù,* rang héréditaire; enfin les *fù-tsànling* de la *hùkiun*. On peut les prendre encore parmi les mêmes officiers de *kiauki*, la garde de 2ᵉ et 3ᵉ classe, les nobles de 10ᵉ classe, les *huwei*, *tsoling*, *kitùyù* et *yun-ki-yù* héréditaires, et les *weishu tsanling* qui sortent à leur tour des subalternes de la Garde et de la division principale. Les subalternes de *hùkiun* sortent de la même classe que ceux de la *hiàu-ki*, et de leurs propres subalternes actifs. Il y a une précaution spéciale prise pour que ces *weishu,* ou subalternes actifs, soient presque tous *lingtsui* : ils portent le bouton du 6ᵉ grade, mais ne reçoivent pas de paye additionnelle ; les *weishu hùkiun kiàu* ne peuvent être pris parmi les officiers dégradés. Les règles pour l'emploi des officiers dégradés à 3 ou 4 degrés sont telles que, dans la plupart des cas, ils peuvent remplir, après un court délai, des fonctions appropriées au grade qu'ils ont perdu.

Les *tsànling* de la division principale sont fournis par les Gardes ou nobles ; mais semblablement aussi par les *tsànling* de *hùkiun,* ou les gardes de leur propre division ; ceux-ci à leur tour, par la deuxième classe des hommes des Gardes, ou par les subalternes de leur propre corps, qui sont tirés eux-mêmes des subalternes actifs et des *lanling-chang* du même corps.

Ainsi l'on peut remarquer qu'il y a une nuance, une ombre de distinction en faveur de la division principale au-dessus de la division du Flanc; et en faveur de cette dernière, au-dessus de la *Troupe soldée*. Mais, dans la Gendarmerie, les *yih-yü* qui semblent être avec les forces qu'ils commandent dans le même rapport que les *tsànling* des autres corps, sont pris parmi les *tsànling* de la division principale et de celle du Flanc, ou parmi les aides *yih-yü*, et les *hieh-yü* de la Gendarmerie. Les *pang-pàn* ou aides *hieh-yü* se recrutent dans les *hieh-yü*; et ces derniers parmi les *king-kù-tù-yü* et les *ki-tù-yü* héréditaires, parmi les *tsoling*, *chin-munling*, gardiens des portes, *fù-yü* et subalternes de Gendarmerie.

Les gardiens sont élus parmi les *ki-tù-yü*, *king-ki-tù-yü*, *fù-yü* et subalternes; les *fù-yü* parmi les subalternes; et les subalternes, parmi ceux des Gardes, des divisions principale, du Flanc et Soldée; parmi les *ching-i-yü* du Lwàn-i-wei (qui sortent eux-mêmes des soldats des Gardes, des divisions principale et du Flanc); parmi les *ching-mun-li*, secrétaires de la Porte; les officiers du 5°, 6°, et 7° rang, attachés à l'office des Bannières; les *yun ki yù* et subalternes actifs. Ces derniers se complètent par tous les officiers ci-dessus, les subalternes effectifs exceptés. Les *chang-king* de la *Pù tàu* sont pris dans les subalternes; les *ching mun-li* dans les *lingtsui* Gardes des divisions principale et du Flanc.

Les *tsung-kwàn* de la station d'alarme (voyez *Gendarmerie*), sortent de sofficiers *kientuh* du même service; ceux-ci des subalternes *ki-tù-yü* et *yun-ki yü* dès Gardes, des divisions principale, du Flanc et Soldée; des *ching-i-yü* (voir plus haut) et des officiers attachés aux bannières du 6° et du 7° rang.

L'ordre de promotion dans le *kien-yui ying* ou division légère, est régulier à partir du *fù-tsien-fung kiàu*, ou aide-subalterne, qui était auparavant *tsienfùng* du même corps, et qui alors, n'a, comme tel, ni grade ni solde, jusqu'au grade de *yih-chàng* ou ancien d'une aile.

Dans le *ho-ki ying* ou Artillerie et Mousquetaires, il se rencontre la même régularité. On devrait observer que les *kiàu*, ou subalternes de ce corps, sortent des *lan-ling chàng* pris eux-mêmes, suivant la *Recherche sur l'Administration,* parmi les soldats appelés chefs ou hommes de Flanc des mousquetaires. Ces désignations ne sont pas données dans les pages où cette force a été énumérée. Dans les Yuen-ming Yuen, les officiers de la *Hù-kiun* de cette place et les *pau-i*, sont promus avec une gradation régulière.

Des efforts ont été tentés par nous pour esquisser les fonctions du *tsòling;* ces fonctions, cependant, il faut bien l'avouer, n'ont été expliquées qu'imparfaitement. En ce qui concerne leur mode de promotion, remarquons brièvement qu'un *tsòling* ne peut pas être pris parmi les *tù-tung*, capitaines-généraux, ou les *shàngshù*, présidents de cours; mais qu'il peut l'être parmi les *fù-tutung*, les *shilàng*, vice-présidents de cours, et les ministres du 2ᵉ rang, qui continueront à recevoir leurs ordres; parmi les officiers civils et militaires du 3ᵉ au 5ᵉ rang, non encore *tsòling;* parmi les rejetons de la famille impériale, les autres de rang héréditaire, et les subalternes de la Troupe Soldée. Il doit y avoir une différence, encore inexpliquée, entre les *tsòling* attachés au corps, et ceux qui remplissent seulement le rôle de tribuns des bannières enrôlées sous leurs ordres. Dans les garnisons en dehors de Péking, le *hiehling*, ou officier d'état-major, remplit en certains cas les fonctions de *tsòling*; et, dans la Chine extra-provinciale, le *tsòling*, en général, est tiré des *fungyü* et des *hiàu-ki kiau* qui ont le grade inférieur.

Dans les garnisons du Cordon, et dans quelques autres en petit nombre, les nominations sont faites dans les bannières particulières. Ainsi dans Teh-chau, le *ching-shau yü* doit être d'une des deux bannières jaunes; dans le Tsangchau, d'une des deux blanches, etc., etc. Dans tout l'Empire, l'ordre de promotion est beaucoup plus régulier que dans les corps métropolitains, et c'est dans les grades inférieurs qu'on cherche les remplaçants quand il se trouve une vacance.

Les *ching-shau-yü* de garnison Honan sont pris dans les Gardes de 1re classe, ou parmi les *ts'anling* des divisions principale, du Flanc et Soldée; dans Tai-yuen, Teh-chau, Tsangchau et Paùting, dans ces 3 dernières, parmi les officiers de rang héréditaire, les officiers métropolitains du 4e et 5e rang et les *fang-shau yü* de Tushih k'au; dans Fuhchau, Mukden et 5 villes de la même province, parmi les mêmes *ts'anling*, avec cette clause, qu'ils appartiennent à la Maison Impériale. Dans Hùlan et les *yùwei* de Sui-yuen et Chwàng-liang, ils sont pris parmi les *ts'anling* de la division principale, de celle du Flanc, et de la division légère.

Les *hiehling* sortent des *fang-shau yü* et des *tsoling*; les *fang-shau yü* des *fang-yü*; les *fang-yü* des subalternes, et les subalternes des rangs.

Aux Mausolées de Chihli et de Mantchourie, les officiers sont nommés plus que partout ailleurs par droit de descendance. Dans Chihli, le *tsungkwàn* était auparavant un sous-secrétaire du Conseil ou des Gardes, ou *ts'ànling* de Péking ; le *yih chang* était un de ces *fàng-yù* qui se font une sorte de droit héréditaire sur leur charge, si leur famille en a joui pendant deux générations ou durant 80 ans. Dans les tribus nomades, organisées en partie seulement comme corps militaire, les promotions semblent se faire, autant que possible, dans le corps même. Dans presque toutes les nominations faites dans les Bannières, on a égard pour le choix à l'aile, à la Bannière ou à la compagnie *tsoling*.

Quand il ne s'agit pas de nomination aux emplois les plus élevés, la désignation des candidats, ou le soin de les présenter à l'Empereur est dévolue suivant les circonstances. Les ministres-extraordinaires des Gardes sont présentés par les capitaines-généraux des Gardes. Les officiers de la division principale, en descendant à partir du *ts'ànling*, par leurs propres capitaines-généraux; ceux de la division du Flanc par les mêmes, mais ils doivent être de la même aile ou de la même Bannière que le candidat. Les *tù-tùng* des Bannières ont à présenter tous les officiers de *hiàu-ki* ou Troupe Soldée, et tous les *hiehling*, *tsànling*, *tsungkwan*, *ching-shau yü* et *fàng-shau yü* de l'Empire, à quelques exceptions près; les *tungling* des Gardes ont une voix dans la nomination des *ching-shau yü*, à Teh-chau, Tsang-chau, Pàu-ting, et Tai-yuen, et sur celle du *fangshau yü* à Kùpeh k'au et dans onze autres garnisons du Cordon. Les *ching-mun-li* de Gendarmerie, et les *tsoling* non-héréditaires, des corps de Bannières, à Péking, sont présentés par le *tùtùng*, ainsi que les *ts'oling* des garnisons extérieures, mais sur la motion du Conseil de Guerre; les *ts'oling* du clan Impérial par la Cour du clan, sans en référer au *tù-tung*. Dans la Gendarmerie, les *yih-yü*, aides-*yih-yü*, *hich-yü*, *fù-yü* et gardiens, sont présentés par le *tsànling* ou capitaine-général. Les officiers des divisions Légère, d'Artillerie et Yuen-ming Yuen, par le ministre surintendant. Les officiers de *pàu-i* des 5 Bannières inférieures, par le *tu-tung* de leur bannière, à la prière des nobles, auxquels ils peuvent être attachés. Les *tù-tung* ou *fù-tutung* de Bannière en service pour l'armée présentent le *tsung-kwan* de la station d'alarme, le *tsunkwan* des Nomades Chahar, tous les officiers au-dessous du *tù-tung* de Jeh-ho, et, à Tù-shih k'au, tous ceux de Mih-yun et de Shàn-kài kwàn, mais à la demande du Conseil de Guerre qui propose aussi le premier, s'il s'agit des *hiehling* et *ts'oling* de Sui yuen, et de tous les officiers de Marine des Bannières, et des *tsung-kwan* et *yieh-chang* des dépôts de chevaux, de chameaux et de bétail. C'est la Bannière pour l'année qui introduit les *ching-shau-yu*, *hiehling* et *fang-shau yu* de Shing-king et de Ninghià, et les *fang yü* de Lowanyù et les marins de Mantchourie. Les membres anciens du Conseil de Guerre, tous les officiers d'Urumtsi, et tous les *hiehling* des garnisons qui ont complété six années dans les Mausolées, où un sous-secrétaire d'un Conseil passe *tsung-kwan*, c'est la Cour du clan qui le présente à la demande du Conseil de Guerre ; s'il était Garde, ou ministre de Gardes, c'est sur l'invitation de la Bannière de l'année.

§ 7. — LES FEUDATAIRES.

Les pages précédentes ont été consacrées aux hommes de Bannières dont il est question dans la *Recherche sur l'Administration*, comme étant enrôlés dans le service actif, et elles ne font mention que des Chinois qui font partie des corps ou garnisons, sous le commandement en chef d'officiers-généraux qui n'appartiennent pas à l'armée du Vert-Étendard. Dans la plupart des cas, sinon dans tous, on a introduit les Nomades partout où ces généraux ou les commissaires résidents avaient une autorité coloniale sur les tribus nomades ; mais, avant de parler de l'armée *luhying* ou chinoise, dont le service principal est renfermé dans la Chine Propre, il est bon de donner quelques notions sur les nombreux feudataires militaires de l'Empire, semés dans les régions connues des géographes chinois sous le nom de Mongolie intérieure et extérieure, Uliasutai et Tsing-hai, ou Koko Nor; et aussi sur les troupes des tribus qui obéissent au ministre résident de cette contrée.

Les tribus qui reconnaissent la domination de la

Chine se divisent en Mongoliens intérieurs et Mongoliens extérieurs. Les premiers occupent la région que leur nom leur assigne; les derniers occupent les régions et districts mentionnés plus haut. La Mongolie intérieure, située entre le désert de Gobi et la frontière non-interrompue de Mantchourie et de Chine, fut occupée en 1812 par 24 tribus de différents noms, rangées irrégulièrement sous 49 étendards, et divisées par proportions inégales en 6 *chalkan* ou ligues.

Les Mongoliens extérieurs étaient : 1° 4 tribus de Kalkas de différents noms, sous des khans; et, avec deux tribus fractionnées réunies à elles, elles formaient 4 ligues ; elles comptaient en tout 86 étendards, et résidaient sur le territoire Nord du désert de Gobi, nommé géographiquement Mongolie extérieure. 2° 11 tribus, non formées en ligues, sous 34 étendards, disséminées à l'Ouest des montagnes du Holan, au S. O. de la Mongolie intérieure; au S. de l'Altaï et au N. des chaînes du Tengkiri. 3° 2 tribus de Mohammedans, sous deux étendards, à Hàmi et à Turfàn, en dedans des frontières provinciales de Kansuh, au Sud des Monts Célestes; et 4° 5 tribus sous 29 étendards, autour de Koko-Nor, appelé par les Chinois Tsing-hai, ou mer d'Azur. Il y a des lamas de Mongoliens intérieurs et de Mongoliens extérieurs.

Tous ou presque tous les étendards des tribus indiquées plus haut, ont un chef national appelé Dzassak, dont le titre, à quelques exceptions près, est héréditaire ; les peuples qu'il commande sont nommés collectivement *orbadù* ou *orpatù*, en exceptant les *lamas* qui sont mis à part comme de Shapi Nor ; leurs dzassaks prennent la dénomination accessoire *lama* devant leur titre. Le petit nombre de tribus ou fractions de tribus qui n'ont pas de chefs semblables sont sous l'autorité la plus immédiate des généraux de Bannière et ministres résidents venus de Chine.

Je récapitulerai ces derniers brièvement. Sous le *tsiang kiun* de Sui yuen sont les Tumets de Shansi, au delà de la Muraille ; sous le *tù-tung* à Kalgan, près de la Muraille, sont les tribus privilégiées des Chahars, des Bargou, incorporés dans les Chahars, des Kalkas et des Eluths ; sous le *tù-tung*, à Jeh ho, les Eluths Tashtava ; sous le *fù-tutung*, à Hurun-Pir, les Eluths et Nouveaux-Bargou ; sous le *tsung-kwan*, à Tàsung-Ulà, les Solon, Taguri, Orunchun et Pilar, payant un tribut de pelleteries, et dépendant du *tsàng kiun* de Sagalien. A Ili, le *tsiàng kiun* a autorité sur les Eluths et les Chahars de sa propre province centrale d'Ili ; ils ont aussi des ministres Chinois. Il a encore autorité sur les Eluths, les Chahars et les Hassacks qui obéissent au *tsàntsàn*, ministre résidant à Tarbaga-tai, et sur les Mohammedans des huit cités dans Ili, au Sud du Tien-shan, qui obéissent d'abord aux ministres résidents de différents degrés.

Dans la province Uliasutai, qui reçoit, comme nous l'avons fait voir, une petite garnison du *tsiàngkiun* de Shànsi, il y a des Tangnu-Uriànkai, quelques-uns *yùmuh*, pâtres, quelques autres *tàsang*, pelletiers, sous les ordres du *tsiàng kiun* en observation à Kurun, qui est chef supérieur des ministres à Kobdo, ayant à veiller sur les Mingat, Eluths, Chaksin, Uriankai de l'Altaï, et Uriankai de l'Altaï-Nor. Sur la frontière du Tibet sont les Tamuh, ou Mongols Dam, sous 9 étendards, soumis à l'autorité du *tsàntsàn* résident.

Nous n'avons pas loisir de faire un examen minutieux de la constitution féodale de ces tribus, mais il est bon de noter les particularités qui suivent. Les Dzassaks des Mongols intérieurs sont anoblis par l'Empereur de Chine, soit en six ordres des mêmes titres que les six supérieurs de la noblesse impériale, soit au-dessous de ces ordres supérieurs, en quatre ordres de *tai-kih* et quatre de *tapunang*, égaux en rang aux officiers civils chinois des quatre plus hauts d'entre les neuf grades; mais il peut y avoir des officiers, non dzassaks, qui portent ces deux derniers titres. J'ai dit que le dzassak était *presque* héréditaire, parce que je trouve que, lors même que les mots de la patente originelle indiquent une succession à perpétuité (*wangti*), les titulaires ont été abaissés de quelques degrés, ou, si l'on veut, en différentes fois, et jamais l'héritier ne succède sans avoir l'assentiment de la Couronne. En même temps on a pris grand soin d'assurer une succession directe, et l'on a libéralement pourvu à relever l'héritage, en allouant le reste à de dignes collatéraux. Les dzassaks sont des vassaux et des tributaires soldés de l'Empereur, et leur noblesse fait une différence importante dans les allocations reçues de la Couronne. Leurs inférieurs, dans la tribu, sont leurs hommes de clans, vassaux seulement de l'Empereur, dont ils ont reçu, depuis le commencement de la dynastie, des pâturages tenus en fiefs dans la proportion de 20 *li* pour 1, pour 2, etc. jusqu'à 15 hommes, et par ordonnance duquel ils payent un revenu fixe en nature à leurs dzassaks. Ces derniers ne peuvent rien exiger au-dessus de ce qui est dû, mais ils reçoivent de l'argent et des dons de leur *suzerain* l'Empereur, qui, avec leurs titres, constitue lui-même leur fief, soumis à forfaiture, s'ils ne marchent pas avec leurs troupes au premier appel, ou s'ils commettent d'autres offenses. Les tribus sont divisées en compagnies *tsoling*, de la force de 150 hommes; il y en a jusqu'à 274 par tribu, comme chez les Ortous; ou aussi peu qu'une seule par tribu, comme chez les Kechikten. Nous en avons donné le nombre tel qu'il était en 1812; du reste, l'énumération des officiers et des hommes n'est pas difficile, parce que la règle proportionnelle est généralement méthodique.

Les dzassaks sont assistés par des *tai kih* nommés *hiehli*, fonctionnant conjointement, choisis par eux en nombre irrégulier, avec le chef de la ligue, et parmi tous ceux que nous avons rangés dans la noblesse. Chaque étendard a un *chàng-king*, un seul *fù-chang king* s'il y a moins, deux s'il y a plus de dix compagnies; un seul *tsànling* pour six compagnies choisies parmi les dignitaires ci-dessus, et un *tsoling* pris aussi parmi eux, excepté parmi les *tsànling* et les *hiàu-ki kiau*, mot traduit jusqu'à présent par celui de subalternes. Il y a de ces derniers un par chaque *tsoling*, et ils sont pris parmi les *màkià* ou cavaliers, qui forment le tiers des compagnies, et dont six par compagnie sont *lingtsui* ou officiers non-commissionnés. En temps de guerre, un *màkià* sur trois entre en campagne. Il y a encore pour dix maisons, ou familles, un *shih-chang* ou décurion. Le choix de ces officiers n'est pas déterminé, et l'on ne peut, par conséquent, en dire le nombre.

Les six *ming, chat kan* ou ligues qui sont formées des 24 tribus, sont chacune sous un chef ou ancien, et sous un lieutenant, choisis sur une liste de dzassaks, présentée à l'Empereur par l'Office Colonial. Les tribus sont tenues de se donner aide mutuel dans la même ligue en cas de danger. Une fois tous les trois ans, les ligues sont passées en revue par quatre hauts-commissaires que choisit l'Empereur entre les titulaires des postes militaires et civils les plus élevés de l'Empire ; leur inspection a le caractère de la surveillance la plus générale et la plus inquisitoriale.

Les dzassaks sont à leur tour obligés de faire leur visite à Péking ; l'année dans laquelle ce n'est pas le tour de tel ou tel dzassak de s'y rendre, il y envoie un *tai kih ;* à certaines occasions déterminées, ils s'assemblent tous en costume de cour pour faire hommage, comme marque de féauté, devant la porte de Sa Majesté, au quartier-général de la tribu.

Le chapitre d'où sont tirés ces détails se termine par les *yùmuh*, pâtres nomades des Mongols-Tumet, dont 49 compagnies *tsoling* obéissent au *tsiàngkiun* de Sui-yuen; et par les 3 étendards des *tà-sang* Taguri en 39, les 5 étendards du Solon en 47 compagnies, les Örunchun en 6 troupes de cheval et 3 compagnies de pied, et 2 compagnies de Pilar, toutes sous les ordres d'un *tsangkwàn*, qui lui-même obéit au *tsiàngkiun* de Sagalien. Ils devaient donc être compris dans l'établissement des Mongols intérieurs, et non dans la force provinciale des provinces.

L'économie particulière des Mongoliens extérieurs ressemble fort à celle des Mongoliens intérieurs. Leurs dzassaks sont anoblis par les mêmes titres, excepté par celui de *tapunang* dont on ne trouve pas trace. Quelques dzassaks, anoblis autrement ou non, ont le titre de *khan*, qui est supérieur à tout autre, et qui entraîne avec lui une allocation supérieure et de paye et de dons. Leurs *chalkan* ou ligues ont chacune un capitaine-général et un lieutenant comme les Mongols intérieurs et sont comme eux inspectés et passés en revue tous les trois ans. Leur organisation militaire est, à quelques exceptions près, absolument la même.

D'abord, dans la région de la Mongolie extérieure, nous trouvons 4 ligues de Kalkas, chacune sous les ordres d'un khan : 1° Tùchétù Khanate, comptant 20 étendards sous 58 *tsoling* ; 2° les Sainnoin, 21 étendards, dont 2 Eluths en 38 compagnies *tsoling* ; 3° les Tsetsen, 23 étendards en 46 compagnies et demie ; 4° les Dzassaktu, sous 19 étendards, dont 1 de Khoits, en 24 compagnies et demie.

Le général en observation sur la frontière russe, résidant à Kurun, chez les Tùchétù Khanate, a le commandement en chef de leurs troupes qui, en 1812, se composaient de 8,250 *màkià* ou cavaliers à cottes de mailles. Un lieutenant-général (*fü-tsiang kiun*) et un *tsàntsàn* choisis par l'Empereur parmi les dzassaks, possède aussi l'autorité ; il y en a un dans chaque Khanate. Pour assister le général en observation dans son service colonial et étranger, deux *tsiàngkiun* sont stationnés à Kurun ; l'un qui est un Mongol ou un Mantchou de haut rang est envoyé de Péking ; l'autre est un Dzassak.

Nous en arrivons aux Durbets divisés en deux ailes, dont l'une forme une ligue sous un lieutenant-général et est disposée comme les précédentes. La gauche comprend 10 étendards des Durbets et 1 des Khoïts en 11 compagnies; la droite 3 des Durbets et 1 des Khoïts, en 17 compagnies. Leur position est au-delà de la ligne frontière du N.-O. des Dzassaktù; ils s'étendent en travers de la province de Kobdo, au N. de la cité de ce nom; et leurs troupes, qui montaient, en 1812, à 1,400 *màkià*, étaient sous les ordres du *tsàntsàn* du gouvernement chinois à Kobdo. Les deux ailes sont soumises à un khan.

Sous les ordres du même officier de Kobdo, sont les troupes des nouveaux Turguths de la rivière Urungu, au S.-E. de la même province; et des Hoshoits du Djabkan, plus au Nord. Les premiers sous 2 étendards en 3 compagnies, qui ne fourniraient guère que 150 *màkià*, forment une ligue; l'unique étendard et l'unique compagnie des derniers fournissent 250 *màkià* qui n'appartiennent à aucune ligue.

Sous le général du Kurun sont 595 familles *tàsang* des tangsu Uriankai, payant deux fourrures de martre, et 412 autres, payant 80 peaux de loirs gris, sous les ordres du *tsàntsàn* de Kobdo; 412 des Tangnu Altaï, payant des peaux de loirs gris; 256 payant des peaux de martre, et 429 payant chacun 4 peaux de renard; il y a aussi 61 des Tangnu Altaï-Nor payant des peaux de loirs gris, et 147 des fourrures de martre. Il y a, sous les ordres du général, 8 compagnies de *yumuh* des Uriankai, et sous l'autorité du *tsàntsàn*, 7 compagnies d'Altaï et 2 d'Altaï-Nor.

Nous avons à parler maintenant des ligues dont les soldats sont sous le commandement du *tsàngkiun* d'Ili ; nous en avons déjà dit quelques mots dans ce livre. Il y en a 4 de vieux Turguths et une de Hoshoits, distribuées en 5 circuits. Celui du Nord est composé des vieux Turguths de Hopokiloh, 3 étendards en 14 compagnies ; celui de l'Est, des vieux Turguths de Tsirholang, 2 étendards, 7 compagnies ; celui de l'Ouest, des vieux Turguths de la rivière Tsing, 1 étendard, 4 compagnies. Ils sont au Nord des Tengkiri, s'étendant jusque dans Tarbagataï ; au Sud de la même ligne, dans le circuit du centre, sont 3 étendards en 21 compagnies de Hoshoits de la rivière Churutuz, et dans le circuit Sud, 4 étendards en 54 compagnies, de vieux Turguhts de la même localité. Le total des soldats de ces 5 ligues, d'après leur composition en 1812, doit être de 5000 Màkià. Il y a un khan qui commande à ces Turguths.

Dans toutes les tribus, toutes les fois qu'il y a 2 ou plus de 2 étendards, on les nomme, quoique sans beaucoup de régularité, étendards de droite, de gauche, du centre, de front, de bannière, suivant les cas; un étendard peut n'avoir qu'une compagnie; il peut en avoir 50. Les Alashàr, établis au Nord de la grande courbure du fleuve Jaune, à l'endroit où il limite, par sa rive méridionale, le pays des Ortous, et les Turguths de la rivière Edsinei, qui sont en-deçà de la Mongolie intérieure, n'ont chacun qu'un étendard; le premier étendard est divisé en 8 compagnies; le second n'en a qu'une. Leurs troupes réunies sont commandées par leurs propres Dzassaks, et non par aucune autorité chinoise. Comme les Hoshoits, des Djabkan, nommés plus haut, ils ne sont liés à aucune ligue.

En suivant le contour des nouveaux Kansuh, nous trouvons au Nord-Est du territoire Tsing-hài, ou Koko-Nor, 5 tribus en une ligue de 29 étendards; ce qu'elles ont de particulier, c'est qu'elles n'ont ni capitaine ni lieutenant comme en ont les autres. Leurs étendards sont au nombre de 21 composés de Hoshoits en 80 compagnies; une compagnie de Khoits; 4 étendards, 12 compagnies de Turguths; un étendard, une compagnie de Kalkas;

2 étendards, 6 compagnies 1/2 de Choros. Leur force active, en 1812, devait être de 5,052 *màkià* sous le commandement du résident à Sining, sur les frontières de Kansuh.

Les Mohammedans de Hàmi et Turfàn, aussi bien que ceux des cités dans le Turkestan Oriental ont été étudiés avec les commandements de Kansuh et d'Ili. La tribu de Hami a un étendard en 13 compagnies ; Turfàn, un en 15 compagnies, ou respectivement 650 et 750 *màkià*, sous les Dzassaks, qui sont surveillés par un *lingtsui* pour chaque pays placé sous l'autorité suprême du *tù-tung* d'Urumtsi.

La noblesse de ces régions est soumise aux mêmes obligations d'hommage et de services que les tribus précédentes. Il semble qu'il y ait une distinction fiscale entre les Mohammedans de Hami et de Turfan, et ceux d'Ili avec les cités du circuit méridional d'Ili, ou du Turkestan, qui sont mentionnés comme « familles » payant un tribut ou taxe de produit, dont personne n'est exempté, à l'exception des soldats. Les seules troupes indigènes citées dans le *Code des Lois*, c'étaient 500 Mohammédans à Cashgar, en 1812, dans la première cité du circuit ; au-dessus d'eux, il y a un *tsungkwàn*, un *fù-tsung kwàn*, et 5 *pihchàng* ou centurions. Leurs garnisons d'hommes de Bannière et Luhying ont été données précédemment.

Voici à peu près le calcul exact, fourni par les tableaux de 1812, des différentes tribus.

Les onze tribus sont : 1° celle de la Mongolie intérieure, 2° des Kalkas, etc., de Mongolie extérieure, sous le général à Kurun ; 3° les vieux Turguths, sous le *tsiang-kiun* d'Ili ; 4° les Hoshoits de Churutuz, sous le *tsiang-kiun* d'Ili ; 5° les nouveaux Turguths d'Urungu et de Djabkan Hoshoits ; 6° les Durbets et Khoits, sous le ministre à Kobdo ; 7° les tribus Koko-Nor, gouvernées par *Si-ning-fù* dans Kansuh ; 8° les Mongols Alaskan, sous leurs Dzassaks ; 9° les vieux Turguths d'Edsine, sous leurs Dzassaks ; 10° les Mohammédans de Hami, sous leurs Dzassaks ; 11° les Mohammédans de Turfan, sous leurs Dzassaks.

Ces tribus comprennent en totalité 199 bannières, 19 ligues, 6 khans, 13 *kiunwàng*, 30 beileh, 31 beitseh, 20 *chink-woh kung*, 51 *fù-kwoh kung*, 82 *taikih*, 1 *tapunàng*, 199 *chàngking*, 112 *fù-chàngking*, 267 *ts'anling*, 1,728 *tsòling*, 1,667 *hiau-ki kiàu*, 10,318 *lingtsui*, 16,356 *màkià* ou hommes d'armes, et 172,750 *hien-san*.

N. B. Chaque bannière a un *chàngking* ; un *fù-chàngking* pour 10 *tsòling*, et deux pour plus de 10 ; un *tsànling* pour 6 *tsòling*, et à chaque *tsòling* un *hiau-ki kiau*, 6 *lingtsui*, 50 *màkià* ou hommes d'armes, et une centaine de **hien-san**, ou hommes sans emploi. — Les Begs, dont nous avons parlé précédemment, sont salariés par la Chine ; les Dzassaks reçoivent une paye et des dons, et envoient leur tribut annuellement par des Begs, qui se rendent à Péking chacun à leur tour, tour qui revient une fois en 6 ans. Ces voyages se font aux frais de l'Etat, et le poids des bagages qu'ils emportent avec eux, est réglé d'après leur rang, héréditaire ou accidentel.

Le même ordre pour la présence à Péking et les camps de chasse est observé par les Kalkas, les Alasha, les tribus des Edsinei et celles des Koko-Nor.

Il nous reste à dire quelques mots des soldats du Tibet, sans nous arrêter sur les lignes de communication avec le pays et au-delà du pays, comme nous avons été déjà contraints de le faire pour les lignes de communication entre l'Empire et la frontière extérieure et la Mongolie extérieure, Uliasutai et Ili.

Dans le Tibet, les nominations civiles et militaires sont faites par le Dalaï-Lama, et le ministre résident du Tibet antérieur. Il y a 5 grades, dont le plus haut est équivalent au 3ᵉ grade chinois; mais le bouton, qui, en Chine, déclare le rang héréditaire, n'est porté que par les Tanguths, qui paraissent ne succéder qu'aux officiers héréditaires; les Lamas ne portent pas de bouton; mais cela tient à la particularité de leur coiffure.

Dans le Tibet antérieur, sont des *ying*, cantonnements ou campements, ainsi classés, 10 grands; 43 moyens; 25 petits; et 14 posts de frontières. Dans le Tibet ultérieur, il y a 14 *ying* moyens et 15 petits. Les *tsàntsàn* sont appuyés d'un contingent de 646 soldats luhying de Sz' chuen sous un *yùkih*, un *tù-sz'*, trois capitaines et 6 subalternes, qui sont distribués entre les deux provinces; et de plus 782 sous un *yùkih*, un *tù-sz'*, 3 capitaines et 9 subalternes, le long de la frontière du Tibet antérieur, limitrophe de Sz' chuen. Les soldats nationaux ne sont que 3,000, dit le *Code des Lois*; 1,000 dans le Tibet antérieur, 1,000 dans le Tibet ultérieur, 500 à Piry jih, et 500 à Dziang. Ils sont divisés en petites sections de 25 sous un *ting-fung* (7); 5 de ceux-ci constituent un commandement de 3 *hiafung*; 2 de ces derniers, celui d'un *yu-fung* (5); 2 *yu-fung*, le commandement d'un *taifung*; il y a 6 *taifung* dans le Tibet.

Pour les soldats, sur 10, il y a 5 mousquetaires, 2 avec sabre et lance, ils adoptent la tonsure des Mantchoux et ont des uniformes en rapport avec les armes qu'ils portent; et on trouve écrit sur ces uniformes les mots *fan-ping*, soldats étrangers. Ils sont inspectés aux 5° et 6° mois, lorsque l'agriculture est en chômage; leur poudre sort des manufactures locales, mais leur plomb et leurs mèches sortent de Sz'chuen. Ces détails se terminent par cette importante information que, dans le Tibet antérieur, il y a 13 canons, et 2 dans le Tibet ultérieur. Les seuls *yùmuh*, rapportés à ce pays, sont les Tamuh ou Mongols Dam, en 8 étendards sous 8 *tsòling*, 4 à Chahi tàng, 2 à Tangning, un au Wù-fuhshàu, ou montagne des cinq Boudhas, tous au Sud du Lakan Shan, et se prolongeant jusqu'aux frontières du Tibet antérieur : les autres étendards sont situés à l'Ouest du Yangtsz' kiàng.

LIVRE TROISIÈME.

§ 1. — LE VERT-ÉTENDARD.

Nous avons à parler présentement des *Luh-ying* ou troupes du Vert-Étendard. Accoutumés, comme nous le sommes dans les autres pays, à voir les armées employées soit à attaquer les autres pays, soit à défendre le leur contre l'invasion, la liste des charges imposées aux Luh-ying comme force de police, donnée par la *Recherche sur l'Administration,* nous engage à les considérer sous le point des vue d'une immense réunion de constables, plutôt que sous le jour d'une armée combattante.

Nous avons vu que quelques corps de cette force étaient détachés sur la frontière-Ouest pour aider les garnisons de Bannière à maintenir l'autorité impériale sur les régions qui lui ont été soumises à une époque comparativement récente. Dans les provinces, il y a aussi de ces détachements employés à tenir en échec les frontières sauvages, et les indigènes dans le centre de la Chine; et la marine, aussi loin que l'émission des ordres peut être de quelque utilité, est en mouvement continuel, et le long des côtes et sur les fleuves, pour la protection du commerce; mais la majeure partie des forces de terre des Luh-ying semble destinée au service de découvrir ou de prévenir le vol, la contrebande, et les autres crimes; d'escorter les provisions, les lingots à la Monnaie, ou les criminels d'une juridiction à une autre. La perception des revenus et l'établissement de la poste sont encore confiés en partie à leur soin, et les hauts officiers chargés de la surveillance des rivières à l'Est et au centre de la Chine, et du transport des grains du centre et du Sud jusqu'à la Capitale, ont, outre de gros corps de travailleurs et autres employés demi-civils, une certaine force de Luh-ying à leur disposition. La classification des Luh-ying est beaucoup plus simple que celle des troupes de Bannière. Les soldats sont divisés simplement en *mà-ping*, cavalerie, *pù-ping*, infanterie, et *shau-ping*, soldats de garnison. Les officiers sont :

1β *tituh*, généraux, ou amiraux en chef.

2α *tsung-ping*, généraux, ou amiraux de division.

2β *fu-tsiàng*, titre répondant à celui de brigadier ou commodore.

3α *tsan-tsiang*, colonel ou capitaine.

3β *yù-kih*, lieutenant-colonel.

4α *tù-sz'*, major ou commandant.

5α *shau-pi*, capitaine, ou lieutenant de marine.

6α *tsientsung*, lieutenant.

7α *pà-tsung*, enseigne.

8α *wài-wei*, sergent.

9β *wài-wei*-extra, sergent lancier.

En plus de ce qui précède, il y a quelques autres dénominations que nous noterons à mesure qu'elles se présenteront. Règle générale, les commandants auxquels sont attachés les officiers ci-dessus nommés, sont : 1° les *piaù*, sous les ordres des gouverneurs-généraux (*tsungtuh*), gouverneurs (*fù yuen*), et commandants en chef provinciaux (*ti tuh*), qui sont distincts selon l'officier auxquels ils sont soumis, comme *tuh-piàu*, *fù-piàu*, et *ti-piàu*. Ceux qui obéissent aux surintendants des rivières, ou des communications par eau (*ho-tàu tsungtuh*), dans Chihli, Shàntung, Honàn et Kiangnàn, sont appelés *ho-piaù*; et celui qui obéit au *tsàu-yun tsungtuh* (directeur-général du transport par canaux) est le *tsàu-piàu*. Les généraux de division (*tsung ping*) commandent aux *chin-piàu*; et, au-dessous, les *fùtsiàng* commandent les *hieh*, brigades; les *tsàntsiàng, tù sz'* ou *shaupi* commandent les *ying*, bataillons ou cantonnements; et enfin les *tsieng-sung, pàtsung* ou *waiwéi* commandent aux *sin*, postes ou détachements, et aux *tun* ou *pàu,* tours ou stations d'observations. Le *ying* se subdivise en tous ces postes, et contient toujours un *tsiàu* (ronde ou patrouille) droit et un *tsiàu* gauche; le plus grand des deux est encore divisé en chef-*sz'* et sous-*sz*; mais dans les provinces il y a quelques *ying* qui ne fournissent ni *sin*, ni *tun*, ni *pau*.

Les commandements sont, ou personnels, *kwàn-hiàh*, si le *ying* prend directement ses ordres de l'officier au *piàu* ou *chin-piàu* duquel ils appartiennent, ou, en chef, s'ils sont sous les ordres personnels d'une autorité intermédiaire. Les soldats du *ying* sous le commandement personnel de gouverneurs-généraux, gouverneurs, généraux en chef, et généraux de division, sont appelés *hiun-lien*, hommes exercés aux armes, par opposition à ceux, de la même brigade ou division, qui sont *chài-fang* détachés pour faire le service aux postes avancés, et tours d'observation, etc. Les seuls Luhying dans la Métropole étaient en 1849 les *siunpu* dans 5 cantonnements, sous le commandement en chef du *tituh* des 9 portes, ou le capitaine-général de Gendarmerie. Le cantonnement du Centre, placé sous son commandement personnel, est divisé en 4 stations aux parcs de Yuen-ming Yuen, Changchan Yuen, Tsing Yuen, et Lohshen Yuen ; pour le reste, le Sud et la Gauche, en 10 *Sin*, sont pour le *tsung-ping* de l'aile gauche ; le Nord et la Droite, en 8 *Sin*, pour le *tsung-ping* de l'aile droite.

Le *Livre Rouge* ou *Guide de la Cour* en 1849, indique que, depuis 1825, des changements très-étendus ont été introduits, qui affectent le nombre total des *ying* et leur partage entre les commandants divisionnaires. Nous n'avons aucune information plus récente que cette dernière au sujet des Luh ying dans les rangs. Dans les tableaux suivants consacrés aux soldats, il faut donc se rappeler qu'ils sont beaucoup inférieurs au nombre actuel de leurs forces. Ils sont disposés pour diminuer le nombre des tableaux, par rapport à des juridictions provinciales plus larges ; l'erreur contre laquelle il faut se garder, c'est de supposer que l'autorité civile ou militaire la plus haute dans chacune d'elles ait nécessairement la suprême autorité sur toutes celles de même nature, mais d'un rang inférieur.

Les *wai-wei* et les *wai-wei* lanciers ne sont pas placés sous le *ying* auquel ils appartiennent, comme on ne l'a pas fait dans le *Livre Rouge,* et leur disposition dans le *Code des Lois* (1812) doit être évidemment fautive. Leur arrangement, dans la *Recherche sur l'Administration* (1825) donnerait un *wai-wei pà tsung* pour 200 soldats, et un *wai-wei tsien tsung* pour 400 soldats. Le total a été reporté à chaque province d'après les données du relevé de 1812.

Quelques divisions *tsungping* ont des titres combinés, et quelques autres, des titres descriptifs; on les a conservés, et l'explication en a été donnée, toutes les fois que cela a paru nécessaire.

§. 2. — CHIHLI.

Dans Chihli, il y a une division du gouverneur-général, une du général en chef, et 7 sous des *tsungping.*

DIVISIONS	Ying	Sin	Fùtsiàng	Tsàntsiàng	Yúkih	Tŭ sz'	Shaupi	Tsientsung	Pa-tsung	Wai-wei	Lanciers Wai wei	Ma-ping	Pu-ping	Shau-ping
Gendarmerie...	5	23	1	5	5	5	17	46	92	138	67	4000	3000	3000
Tsungtuh......	7	37	1	1	3	3	15	15	36					
Tituh,........	26	82	2	3	4	13	14	38	68					
Tuining.......	13	6		1	2	4	9	13	29					
Chingting.....	9	43		1	2	5	4	8	21					
Tamlng-fù.....	15	31	1		2	4	2	10	15					
Tientsin-fù,...	15	25	1	1	5	11	10	31	54					
Tung-Yung....	18		2	1	4	9	8	18	48					
Malan	7	18			2	3	3	14	24					
Siuenhwà-fù ...	23	36	2		3	9	18	17	43					
TOTAL, avec la gendardarmerie.	138	301	10	13	32	65	80	310	430	463	529	12829	12049	24311

Les quartiers-généraux de *tsung tug* sont à Pàuting fù ; ceux de *titùh* à Kùpeh k'au près de la Muraille, qui lui donne sa désignation ordinaire ; il est en commun avec le *tsungping* des 7 *chin*, sous le commandement suprême du *tsungtuh*. La division Tung yung renferme Tung chau, quartier-général du *tsungping* commandant, et du *yungping fù* : le reste réside dans les cités ou aux passages qui donnent leur nom à leurs divisions. Le simple *fù-tsiang*, au-dessous du *tsung tùh*, commande le *ying* gauche du *tuh-piau*, et il est *chung-kiun*, adjudant ou quartier-maître-général, s'il n'est pas en réalité le commandant effectif de la division du *tsung-tuh* ; le *tu sz'* ou major du même *ying* fait encore les fonctions de *chung-kiun* ou de *fù-tsiang* ; le *ying* droit est commandé par un *yù-kih* dont le *chung-kiun* est l'unique *shau-pi* du *ying* ; et le *ying* de front et celui de l'arrière sont disposés de même. Le Pàuting est sous les ordres du *tsàntsiàng*, qui a aussi un *shàup'i* pour *chung-kiun* ; les autres *ying* de Sin-kiung et de Chàng-wau, sont chacune sous un *tù sz'* qui n'a pas de *chung-kiun*. Ceci servira de spécimen pour la distribution des officiers dans les cantonnements Luhying : les *tsiàu*, qui sont appelés de droite et de gauche, obéissent aux *tsientsung* et *pàtsung*; les *sz'*, supérieurs et inférieurs, obéissent sans doute au *pàtsung* seul.

Il y a en même temps sous les ordres du *tsungtuh*, 11 *ying* de *pu-tàu*, preneurs de voleurs, à cheval et à pied. Ils sont parsemés sur les routes du Nord, de l'Est, du Sud et de l'Ouest de Shuntien fù, dans le grand département central de Chihli, aux différentes portes de la Muraille, et dans les villes du Nord de la province. Ils ne montent qu'à 566 hommes, sous les ordres de 9 *tsien-tsung*, 9 *pàtsung*, 8 *wài-wei*, et 14 *wai-wei* extraordinaires, et sont placés en partie, à tout événement, à la disposition du pouvoir civil. On peut se faire une idée de l'étendue de leur mission, par ce fait que le *pu-tàu ying* de Kalgan place un détachement de 14 chevaux à Uliasutài.

Comme surintendant des rivières du Nord (*peh-ho-hotàn tsung-tuh*), le gouverneur-général commande 3 *ying* de rivières, c'est-à-dire un à Yungting, un sur le canal Nord, et un au Sud de Tsientsin. Il y a 5 circuits de rivières sous 5 *tàntai*: 1° le Yungting, chargé de la rivière de ce nom, dans lequel, sous les ordres d'un *tù sz'*, il y a 1,589 *ho ping*, soldats de rivières ; 2° dans le Tungyung, chargé du canal Nord, les Tung-hwui, Mi et

Lwan, 626 *ho-ping*, 500 *tsien-fù*, excavateurs, et 80 *kiàh-kiun*, troupes des écluses, sous une autorité civile, avec un petit nombre de subalternes militaires; 3° les Tientsin, chargés du canal du Sud et de Tsz'yà, où il y a 446 *ho-ping* sous les ordres d'un *shàu-pi*. Il ne paraît pas qu'il y ait des employés de ce genre dans le circuit Tsing-ho, qui a la charge de Chùlung, Kù-ma, Futoh et des eaux des marais de l'Est et de l'Ouest; il ne paraît pas y en avoir non plus dans le Tù-ming, qui renferme les Chang et les Wei. Le canal près de Tungchau était d'ordinaire sous 4 ordres du vice-président du Conseil des Revenus, commandant le dépôt des grains, qui a sous son commandement un petit nombre de subalternes.

§ 3. — SHANSI.

J'ai peu de chose à dire de la garnison luhying de Shànsi, sauf que le *fù yuen* unit à ses propres fonctions celles de *tituh* provincial. La division Tà-tung partage avec Siuen-hwa, dans Chihli, le détachement de 240 luhying, envoyé une fois tous les 5 ans, sous les ordres d'un *shàu-pi*, à Kobdo et à Uliasutai.

DIVISIONS	Ying	Sin	Pau	Fúsiang	Tsant's'g	Yúkih	Tusz'	Shaupi	Tsient'g	Paisung	Wai-wei	Lanciers Wai-wei	Mă ping	Pu-ping	Shauping
Fù yuen...	2				1			2	3	8					
Tai-yuen-fû	15	1	11	1	4	3	8	8	19	44					
Ta-tung...	16	7	34	1	9	3	19	17	39	85					
TOTAUX..	53	8	45	2	14	6	27	27	61	137	233	156	4496	7467	13668

§ 4. — SHANTUNG.

Dans Shantung, nous ne trouvons aucun *tituh*, mais on y voit une section importante de l'établissement des Rivières, sous les ordres d'un officier d'un rang supérieur à celui du gouverneur, qui ne lui est néanmoins soumis en aucune façon.

ÉTAT GÉNÉRAL

DIVISIONS	Ying	Sin	Futsiang	Tsants'g	Yükih	T'u sz'	Shaupi	Tsient'g	Patsüng	Wai-wei	Lanciers Wai-wei	Ma-ping	Pù-ping	Shauping
Hotuh.........	4	38	1	1	1	2	3	7	15					
Fù yuen.......	3			2	1		3	5	11					
Tang-chau fù..	14		2	3	4	6	9	19	44					
Yuen Chàu....	13		2	3	4	3	10	20	41					
Tsau-chau fù..	7			1	1	3	5	8	19					
Totaux.....	42		5	10	11	14	30	59	130	126	128	3575	2087	19247

Le *fù yuen*, qui est aussi *tituh*, réside à Tsiknan fù, sa capitale; le *ho-t'au tsungtuh*, ou plus simplement le *ho-tuh*, surintendant ou directeur-général des rivières, dans l'Est de la Chine, à Tsinung Chàu. Il a sous son commandement le bataillon de Luh-ying, comme on le voit au tableau ; son autorité s'étend aussi sur les quatre circuits de rivières dans Honan et Shantung, dans lesquels il y a 15 bataillons de *ho-ping*, fournissant 38 détachements : 1er circuit : le K'ai-kwei, renfermant les préfectures de K'aifung et de Kweiteh; 2° le Ho-peh, Nord de la rivière Jaune, dont les quartiers-généraux sont à Wù-cheh-hieh; ils sont dans Honàn; 3° le Yuen-i-tsàu, comprenant Yuen chau-fù, Tsàu-chau fù et I-chàu ; 4° le Yun-ho, qui observe les petits canaux qui relient le canal aux rivières Hwui-tung, Kia et Wei. Les trois premiers sont chargés de la rivière Jaune Est, le K'ài-wei, employant 1.064 *ho-ping*, 1452 *pau-fù* et *sàu-fù*, travailleurs des retranchements et fortifications; le Hù-peh, 783 *ho-ping* 40 *sàu-fù* et *chwàng-fù*, hommes des batteries; Yuen-i-tsàu, 264 *hoping*; le Yun-ho, 400 *hoping* et 2,718 *hiàh-fù*, *tsien-fù* (Voyez à Chih-li) et *pà-fù*. La *pà* est une sorte de digue ou retranchement. La province fournit aussi un contingent de *ki-ting*, escortes de grains, qui vont être examinées tout à l'heure dans Kiangsù, lorsque nous allons décrire l'officier-général qui commande la force du transport des grains.

§ 5. — HONAN.

Dans Honan, le *fù yuen* est aussi *tituh*; les deux divisions commandées par le *sung-ping* sont de Nànyiàng fù et de Ho-peh; la division, au Nord de la rivière, comprend le même territoire que celui qui est placé sous la surveillance de l'intendant du circuit du même nom; ses quartiers de *tsung-ping* sont à Hwài-king fù.

DIVISIONS	Ying	Siu	Fuhsiang	Tsiants'g	Yükih	Tisz'	Shaupi	Tsient'g	Patsung	Wai-wei	Lanciers Wai-wei	Ma-ping	Shauping
Fù yuen	2			1			2	5	11				
Nàn yàng fù	15		1	3	2	7	11	19	35				
Ho peh	18			3	3	4	18	18	30				
Totaux	35	1	7	5	11	31	42	76	84	54	2563	11033	

L'établissement de Rivière et sa division ont été notés dans la province précédente ; il reste simplement à mettre en garde le lecteur contre le danger de confondre les *hoping* et les autres, dont on trouve le nombre dans les pages qui ont rapport au Conseil des Travaux, avec les Luhying du *tuh-piàu*, ou division commandée par le *tungho tsung tuh*; ou directeur-général de la rivière de l'Est. Les jeunes saules dont on se sert pour faire les maillets employés à la réparation des encaissements de rivières, sont plantés par les soldats du *ho-ping* par lots de cent par homme dans les stations Hwang-ho, et de 20 dans les stations du Canal; et le bas peuple est en outre récompensé suivant la quantité, plantée par chacun, de ces saules et des roseaux avec lesquels se font les fascines que l'on introduit dans les brèches que fait la rivière. Le circuit de K'ài-kwei emploie annuellement 2,318 bottes de saules et 36,660 de roseaux; le circuit de Hopeh, 15,821 de saules, 394 de roseaux; celui de Yuen-i-tsàu, 3,165 de saules, 750,890 de roseaux; le circuit Yunho, 2,121 de saules, 147,329 de roseaux et 20,403 de *king*, sorte de chanvre allongé.

§ 6. — KIANGSU.

Dans les deux Kiang, nous trouvons, 1° à Kiang-sù : une division du gouverneur-général, une du directeur-général des rivières du Sud, une du surintendant du Transport par Canaux, une du général en chef provincial, une du gouverneur et trois sous des *tsung-ping*; 2° à Nganhwui, une du gouverneur et une du *tsung-ping*; 3° à Kiangsi, une du gouverneur et deux du *tsung-ping*.

DIVISIONS	Ying	Sin	Fùsiâng	Tsants'g	Yùkih	Tùsz'	Shàupi	Shàuyu	Tsient'g	Paìsung	Wai-wei	Lanciers Wai-wei	Maping	Piping	Shàuping
—Kiàngsu.															
Tsungtu...	11	1			6	3	8	7	15	30					
Hotuh.....	4	1			2	3	2		9	14					
Tsku-tuh..	7	2	1		2	3	5		12	22					
Fa-yuen (su-chau).	2		1				2		4	7					
Tituh.....	28	1	6		8	8	21		38	78					
Sù-sung...	15	1	2		5	5	14		21	47					
Lang-shau.	9		1		4	4	7		13	30					
Sù-chau-fù.	4				2	2	3		9	11					
— Nganhwin															
Fù-yuen...	2		1		1		2		4	5					
Shaù-Chùn.	7		1		1	4	4		8	19					
—Kiangsi.											254	188	4126	10433	31251
Fùyuen...	6	2	1		1	3	3		8	21					
Kiùkiàng..	16		2		3	10	6		10	26					
Nàn-kàn...	16		3		2	11	6		12	32					
											89	43	982	2010	7787
Totaux.	151	8	20		39	56	102		190	372	343	231	5108	12443	39038

Dans Kiàngsù, le *tsungtuh* réside à Kiàng-ning fù, ou Nanking; le *Nanho tsungtuh*, ou directeur-général des rivières du Sud, à Hwàingàn-fù, où se trouve aussi le *tsàuyun tsungtuh* ou surintendant-général du transport de grains par le canal. L'autorité de ces 3· officiers est entièrement distincte, et les forces de l'un ne sont, en aucune sorte, sous le commandement de l'autre. Le *fù yuen* réside à Sù-chau, le *tituh* à Sungkiank, département qui, ainsi que Sù-chau, est de plus tenu en garnison par les troupes de la division Sù-sung. C'est, comme Langshàn, une division marine ou navale; leurs *tsungping* sont sous les ordres du *tituh*, en ce qui concerne sa capacité navale, qu'il unit à son commandement militaire et tous les trois sont soumis au *liàng-kiàng tsungtuh*.

La navigation de la rivière Kiàngsù doit être ainsi protégée : la division Làngshàn envoie des croiseurs à l'Est, à Liàu-kioh-tsui ; et à l'Ouest, à Kingk'au, près de Nanking ; le contingent de King-k'au, à son tour, croise en descendant vers Làng-shàn et en remontant vers Nanking; le *tsiàng-kiun* de Nanking, envoie des croisières à l'Est vers King-k'au, et le gouverneur-général à l'Ouest vers Ngàn-king. Les flottes de Kiàng-sù et de Kiang-sì doivent se rencontrer 2 fois par mois, et échanger des marques indiquant l'accomplissement de leur service.

Il fut ordonné, en 1822, que des troupes de la division Tsau-chau, dans Shàntung, auraient rendez-vous avec des détachements de Tà-ming, dans Chihlì, sur la frontière commune des 2 provinces, pour empêcher la réunion de bandits, etc. Des troupes de K'ài-fung, dans Honàn, devaient aussi joindre les deux précédents. Du côté de Kiangnàn, les divisions de Tsàu-chau et de Yuen-chau devaient rencontrer celles de Sù-chau appartenant à Kiàngsù.

La charge civile du soin des rives, dans Kiàngsù, est distribuée entre 5 intendants de circuits de rivières : 1° le Sù-chàu, sur le fleuve Jaune, le Chungho, et le canal de Pihchau, à Sùhtsien ; 2° le Hwai-Yàng, comprenant des portions des départements du fleuve Jaune, le lac Hungtsih, et le canal à Kinshàn, Tsing-pù, Kùrs-yù, et Pàu-ying ; 3° le Hwài-Hài, renfermant une partie de Hwài-ngàn fù et Hai-chau, sur le fleuve Jaune, à son embouchure et les plantations de roseaux cultivés pour sa réparation, et les magasins des 2 districts susnommés ; 4° le Chang-chin, contenant Chàng-chau et

Chinkiàng fù, dont les quartiers-généraux se trouvent dans le dernier, et qui inspecte le canal dans cette cité, et à Kantsiuen, Tan-tù et Tanyàng; 5° le circuit Ho-ku, et la trésorerie de rivière à Tsingkiàng p'ù. Dans les 4 circuits travailleurs sont 7,254 *ho-ping,* et 2,078 *kiàh-fù,* faiseurs de digues, soldats de 20 bataillons qui fournissent 57 détachements, dont les *ying* sont séparés des 4 de Luhying sous le commandement personnel du *hotuh*.

Pour la fourniture des matériaux nécessaires aux endiguements et aux arsenaux ci-dessus nommés, aussi bien que pour ceux de Nanking, Sungkiàng, Sù-chau et Tàitsàng, il y a un autre corps d'employés, nommés *ping*, soldats qui sont également distincts des Luhying. C'est, pour les endiguements, 1,419 hommes divisés en *ying,* droit et gauche, chacun sous un *shàupi* et quelques officiers subalternes; pour les arsenaux, 1,411 en un cantonnement, également sous les ordres d'un *shàupi* et de subalternes.

Les 4 circuits travailleurs sont estimés employer annuellement 2,877,069 paquets de roseaux, et 1,188,363 de saules. Les cantonnements de plantations de roseaux (*wei-tang-ying*) doivent ramasser pour combustibles, 2,250,000 paquets de roseaux pour l'usage des travaux. L'allocation pour ce département, celui du Sud, fut réduit de 3 millions et demi de taëls à trois, en 1848-49; dans les deux derniers règnes, elle s'était élevée d'un million et demi à 3 et demi; on s'est plaint, cependant, de ce que cette dépense avait d'effrayant, et Sa Majesté actuelle s'est mise en garde contre cette extravagance. La distinction la plus sûre à admettre, entre les *Luhying* et les *Hoying*, ou autres troupes sous le commandement des généraux de rivières et de transports par canaux, c'est que les premiers sont *hiun-lien*, hommes armés, régulièrement exercés; les derniers sont simplement employés au service d'ingénieurs et aux approvisionnements : les *hiun-lien* paraissent être attachés à ces officiers-généraux plutôt pour relever leur dignité militaire qu'ils obtiennent comme présidents honoraires du Conseil de Guerre, que pour toute autre raison; quoique, du reste, ils prennent, comme troupe, leur part dans la protection des districts dans lesquels ils ont leurs quartiers.

L'autorité du surintendant du transport des grains par canaux (*tsàu-yun tsungtuh*) s'étend sur toutes les stations grandes et petites (*wei, so*) dans les huit provinces. Les quartiers-généraux sont à Hwàingan fù, où sont les *ying* Droit, Gauche et Central sous son commandement personnel, et un (*shauching*) tenant garnison dans la Cité; les trois autres sont un à Yenching et deux à Hài-chau. L'escorte des grains, qu'il a aussi la mission spéciale de surveiller, est réglée comme il suit : le grain rassemblé dans les districts est embarqué à 44 stations *wei* et 19 *so* dans les huit provinces énumérées plus haut, par les *shaupi,* , *schauyu* ou *tsiung-sung* de la station. Il est de là adressé à Tungchau et Tsientsin dans Chihli, sous la responsabilité générale de différents officiers civils, certains *tsien-tsung* non compris dans ceux des stations, et des *ki-ting*, classe d'employés décrite plus au long ci-dessous. Les jonques à grains qui portent la cargaison quittent le point où il avait été amassé en flottes qui partent à différentes périodes, de manière à éviter la confusion; chaque embarcation transporte 300 péculs de grain, et reçoit de 160 à 200 taels pour couvrir les dépenses du voyage. Les provinces contribuent à ce service, et sont pourvues d'établissements dans la proportion ci-dessous indiquée dans le tableau.

PROVINCES	Flottes de grains	Jonques de grains	Station Wei	Station So	Shaupi	Shan-yu	Tsientsung	Division accompagnant les flottes	Kiting ou escortes de grains
Chihli............	2	37		2			4		3750
Shàntung.........	14	864	6	4	4		33	11	4460
Kiàngsù..........	52	2539	14		12		111	63	26390
Ngànhwui.........	13	716	7		7		24		7960
Kiàngsi...........	14	658	3	9	3	7	16	13	6380
Chehkiang........	22	1146	7	7	7	3	37	24	11500
Hùnan............	3	178	1		1		6	3	1780
Hupeh............	3	180	10		10		6	3	1800
TOTAUX.......	123	6318	48	19	44	10	237	114	64020

Les *ki-ting*, proprement hommes des Bannières ou d'Etendard, qui sont tenus responsables pour l'arrivée régulière et le montant complet des cargaisons de grains, sont passés en revue tous les quatre ans par les *shaupi* et *tsien-tsung* des *wei* et *so*, en compagnie des magistrats du district, lorsque l'on renvoie les indignes. Ce doit être des hommes honorables et de quelques biens, sans cependant être gradués par examen, quoique ceux qui achètent leur grade soient éligibles, comme le sont aussi les officiers civils retirés, les secrétaires, etc. A la revue des quatre ans, si ceux qui étaient déjà *ki-ting* se trouvent être devenus pauvres, on les remplace par d'autres dont on juge la fortune suffisante. Ils portent un montant de grains à leur propre compte, et, s'ils apportent à Tung-chau de 100 ou 200 *shih* ou péculs au-dessus de la cargaison, ils peuvent être récompensés par un bouton du 9° grade ; si la cargaison est insuffisante, ils sont mis à l'amende dans la proportion régulière du déficit, ou plutôt déduction en est faite sur leur solde. Cette déduction au prorata de 10 à 12 péculs de grains, évalués à 1 taël ou 1 taël 1/3 par pécul, ou de 10 à 14 taëls par an ; avec une allocation de 3 péculs de grains au même taux pour les dépenses du voyage. Les données de fournitures et de dépenses sont prises sur le *Hù-pù-tsihli* de 1831. Si ces données sont justes, l'importation annuelle du grain dans la capitale serait de 1,895,400 *shih*, ou quelque chose comme 94,770 tonneaux, à un prix qui met en question le profit.

Je n'ai rien à dire de particulièrement remarquable sur les commandements divisionnaires dans Kiàngsù. Dans Ngànhwui, les forces du gouverneur croisent le long de la rivière à l'Est, vers Nanking, et à l'Ouest vers la frontière de Kiangsi. Dans la dernière province, celles du commandement Nànkan, et celles du Kiù-kiang, dont les quartiers-généraux sont à Kiùkiang fù, qui sont tous deux en partie des divisions navales, continuent la protection jusqu'aux frontières de Hùnàn. Les escadres rendent leur compte au chef civil et aux autorités militaires des provinces à travers lesquelles elles passent.

§ 7. — FUHKIEN ET CHEHKIANG.

Immédiatement après, sur notre liste, est le commandement-général de Fuhkien et de Chehkiàng. Dans la première province, il y a dans la capitale,

Fuhchau fù, une division de gouverneur-général, et une de gouverneur; à Amoy, une d'amiral; à Chinchew, une de général, 4 divisions de marine sous des *tsungping* de marine, et 4 divisions de terre de la force de terre. Dans Chehkiang, la division du gouverneur est stationnée à Hàngchau fù, la capitale provinciale; le quartier-général du général est à Ningpo.

DIVISIONS	Ying	Fütsiang	Tsants'g	Yükth	Tutz'	Shaupi	Tsient'g	Patsung	Wai-wei	Lanciers Wai-wei	Ma-ping	Pu-ping	Shauping
— Fuchkien —													
Tsungtuh	4	1	3		1	3	6	15					
Füyuen	2			1		2	4	8					
Shwuisz'tituh	5		1	4		5	10	20					
Haitan	2			2		2	4	8					
Quemoy	6	1	2	2		6	14	24					
Namoa	1			1		1	2	4					
Formosa	18	3	4	8	4	15	31	56					
Luhlu tituh	18	2	5	5	9	9	26	58					
Fuhning	6			6		6	12	24					
Kien-ning	5			4	1	5	12	24					
Ting-chau	3			3		3	5	12					
Chang-chau	8			8		9	16	33					
TOTAUX	78	7	16	44	15	66	142	278	291	272	3786	24869	32780
— Chehkiang —													
Füyuen	5	1	1	2	2	3	9	19					
Tituh	15	4		5	2	15	24	49					
Hwang-yen	12	2	2	3	5	10	23	49					
Tinghai	7	1	1	3	3	5	12	26					
Wanchau	13	3	1	3	4	9	21	41					
Ch'üchau	6	1		3	3	6	10	21					
Ku-chau	4			2	2	3	7	12	198	163	2196	10791	23752
GRANDS TOTAUX	140	19	22	63	36	117	248	495	489	435	5982	35660	56532

Des 4 *ying* sous les ordres du *tsungtuh* ou gouverneur-général, l'un est naval; la *Recherche sur l'Administration* le désigne aussi comme ayant l'autorité supérieure sur le *hai-fang ying* de Cheh kiàng, dont nous ferons mention en parlant de cette province. Sous le général de Marine ou amiral, l'escadre ou division nommée après les Iles de Hài-tan, a son quartier-général à Fuhtsing sur la terre ferme; le Quemoy est das le même district, et un peu au nord d'Amoy; le Nàn-ngàn (Namoa) est commun aux deux provinces de Fuhkien et de Kwangtung, et a sa station de quartier-général dans la première province, à Chàu-ngan, et, dans la dernière, à Yàu-ping. Le *tsungping* est à la fois sous les ordres des gouverneurs-généraux et des amiraux. Le poste avancé de Formosa, quoique mentionné comme division navale, a naturellement une force mêlée sous son *tsungping*, qui est l'officier le plus élevé de l'île. L'intendant est *ping-pi*, officier qui a le pouvoir de mettre en mouvement les troupes, et prend le titre honoraire de *ngàn-chah sz'*, ou juge criminel. Le *tsungping* ne peut demander l'autorisation de se présenter à la Cour qu'après avoir été promu ou remplacé à l'expiration de son terme de service : ce service ne semble pas différer de celui du même officier partout ailleurs. Il a 3 *ying* sous ses ordres à Tài-wàn fù, son quartier-général; le reste, qui est entièrement de la marine, se compose de 3 à Tài-wan fù, dans le circuit Nord, dont le quartier-général est à Chang-hwa; 2 dans le Sud, quartier-général à Fungshau; un à Tànshwui, et 2 à la Pescadore 1ʳᵉ. Des rapports sont adressés au Conseil de Guerre au sujet des habitants de Formose, qui sont divisés en insoumis à l'Est et en annexés à l'Ouest, et aussi sur les tribus Aborigènes dans la Chine Centrale. Les officiers militaires ont reçu la défense spéciale de s'approprier des terres appartenant, soit aux sauvages, soit à la population chinoise reconnue. Les troupes ou matelots sous les ordres de ce *tsungping* sont relevés de Fuhkien tous les 3 ans; il est lui-même responsable auprès du *tsàngkiun* de la garnison Mantchoue à Fuhchau, aussi bien qu'à son propre amiral de Fuhkien, et au gouverneur-général de Fuhkien et de Chehkiang.

Dans Chehkiang, l'autorité militaire du *fu yuen* paraît renfermée dans ses deux propres cantonnements; les 5 *Chin-piàu* sont tous sous le gouverneur-général à Fuhchau, et le *tituh* de Chehkiang qui est responsable lui-même au même gouverneur-général : car son rang l'empêche d'être sous les ordres d'un *fu'yuen*. Des *chin-piau* les marins sont de Hwang-yen et Wan-chau, et la division de Tinghài ou Chusan, sous les ordres du *tsungping* commandant ce qui reste, est la garnison de Chinhài, à l'embouchure du Yungkiang ou rivière Ningpo.

Sur la côte de Chehkiang, dans le circuit de Hàng-chau, Kiàhing et Hùchau, est un cantonnement du titre spécial de *Hài-fang*, protection contre la mer, auquel a été fait allusion plus haut. Outre le gouverneur-général de Fuhkien et de Chehkiang, le gouverneur du dernier réclame autorité sur ce cantonnement, qui a pour officiers 1 *shaupi*, 5 *tsientsung*, 5 *pà-tsung*, 9 *wai-wei*, et 4 *wai-wei*-extra, qui commandent 300 soldats et 812 *pau fu*, faiseurs d'endiguements. Ceux-ci, avec un établissement civil considérable, ont soin de réparer les excavations et les ouvrages en pierre ou en terre faits pour contenir les empiètements des fleuves et de la mer, dans Kiang-si et Chehkiàng. Les travaux s'étendent dans le premier, depuis un lieu voisin de Kinshàu dans Sungkiang fù, jusqu'à Shanghài ; et depuis Nan-hwui jusqu'à Pàushàu ; dans Chehkiang, ils entourent un immense espace de pays situé dans l'intérieur des districts de Jin-ho, Tsien-tàng, Hàining, Ping-hu, et Hài-yen, dans le circuit de Hang-chau, etc ; et dans le circuit de Ningpo, Shauhing, et Tàichau, dans l'intérieur du district de Shauyiu, Hwui-kì, Sìan-shàn, Yù-yàu et Shàngyù.

§ 8. — KWANGTUNG ET KWANGSI.

Dans Kwangtung, qui complète le tableau maritime de la Chine, nous trouvons une division de gouverneur-général, une de gouverneur, une d'amiral, une de général, et 7 sous des *tsungping*, dont 3 seulement appartiennent à la marine, un est de terre et de mer et 3 de terre seulement. Dans Kwangsi, il y a une division de gouverneur, une de général en chef et 2 sous des *tsungping*, dont l'un est un des plus importants de l'Empire.

DIVISIONS	Ying	Fùtsāng	Tsants'g	Yūkih	Tā-sz'	Shanpi	Tsient'g	Patsang	Wai-wei	Lanciers Wai-wei	Ma-ping	Pu-ping	Shauping
— Kwangtung —													
Tsungtuh..........	6	1		5	1	5	10	22					
Fù-yuen..........	2		1	1		2	3	6					
Shwuisz'tituh.......	5		1	3	1	4	12	21					
Yang-kiàng........	9	1		1	6	6	13	30					
Kieh-shih.........	4			3	1	4	8	15					
Namao............	4		2	1		4	8	18					
Hainan............	10	1	1	4	2	10	20	39					
Luhlu-tituh.........	13	2	2	3	6	13	21	43					
Nan-shau lien......	18	4	3	5	6	17	36	69					
Chauchau fù.......	13	2		5	4	4	25	47					
Kau-Lien lou.......	11	2	1	2	7	9	18	40					
Totaux........	95	13	11	33	34	78	174	350	283	81	2183	22108	42616
— Kwangsi —													
Fù-yuen..........	2		1	1	1	2	4	8					
Tituh.............	7		1	4		5	10	20					
Tso-Kiàng.........	4			1	3	3	7	15					
Yù-kiang..........	34	7	4	5	15	20	26	80					
									181	81	1505	8222	12805
Grands Totaux...	142	20	17	44	53	108	221	473	474	162	3688	30330	55421

Le *tsiàngkiun* de la garnison de Bannière de Canton a un commandement accessoire sur les forces de terre de Kwangtung. Le gouverneur-général et le quartier-général du gouverneur sont à Canton ; mais celui du *shwuisz'tituh,* ou commandant-naval en chef, est à Hù-mun chài, station de Bogue ; celui du *luhlù-tituh,* ou général en chef des forces de terre, à Hwui-chau fù. La division Yàng-Kiàng est entièrement navale, ainsi que celle du fort de Kichshih, dans le district Hàifung, et celle de Namoa, mentionnée dans le détail de Fuhkien. Le Kiungchau, ou division Hainàn, a trois *ying* navals et le reste se compose de forces de terre. Sur le continent, la division de terre de Nàn-chau lien est distribuée sur Nankiung chau, Shànchau fù et Lien-chau, les trois départements qui donnent leur nom au circuit ; son quartier-général est à la cité Schau-chau fù. Il ne faut pas entendre pourtant que les juridictions civiles limitent les juridictions militaires : une grande partie de Kwang-chau fù est dans la division du *tsung-ping* de Nàn-shàu-lien. Un de ses quatre *fùtsiang* est commandant de la brigade Tà-pang, et connu des étrangers sous le nom du mandarin Cowlon (kiùlung). Partager tout l'Empire et définir les limites de chaque *chin,* demanderait plus de temps et d'espace qu'il n'est utile présentement. La division Kàu-lien, ou Kaù lien-lo tient également garnison à Kàu-chau fù, Lien-chàu fù et Loting chau : son quartier-général est à Kàu–chau fu.

La force du *fù yuen*, dans Kwangsi, est stationnée à Kweilin, cité principale ; celle du *tituh* à Liù-chau fù. Les quartiers-généraux du Tso-kiang, division gauche de la rivière, sont à Nànning fù, ceux du Yù–kiang, la droite, à Sz'ngan fù. Le dernier est un poste spécial pour lequel un premier candidat et un candidat en expectative sont présentés à Sa Majesté par le Conseil de Guerre. Les forces sont certainement distribuées d'une manière bizarre par rapport à celles de l'autre division. Les 4 *ying* du Tso-kiang séjournent à Nànning-fù, dans le Sud de Kwangsi, 3 sous les ordres du *tsungping* personnellement, en garnison dans la Cité ; sous le *tsungping* de la première sont 7 *fù-tsiàng* ou brigadiers, c'est-à-dire 1 à Liù-chau, où le *tituh* commande aussi 7 bataillons ; 1 à Pingloh, à l'Est de Liù chau ; 1 à Wùchau, au Sud de Pingloh ; puis, au Sud-Ouest de Nan-ning, et à une petite distance, est la brigade Sin-tài, de Sinning–chau et de Tài-ping fù, dont le *fù-tsiang* a son quartier dans la dernière cité ; au Nord-Ouest de celui-ci est le Chin–ngàn ; au Nord de ce dernier et à l'Ouest de Liù-chau, est le Kingyuen ; enfin, un peu au Nord de la cité provinciale de Kwei-lin fù, sur la frontière de montagne, est la brigade I-ning hien. Celles des six précédentes ont acquis un mauvais renom durant les derniers troubles causés par les proscrits armés contre le Gouvernement. Au Nord de Kwang-si, sont quelques commandements militaires locaux parmi les aborigènes Miautsz'. Leurs officiers civils sont nombreux dans les différentes parties de la province ; mais nous n'avons pas le temps nécessaire pour en parler. Le lecteur trouvera quelques autres détails sur les fonctionnaires qui sont semblablement dans la juridiction du Conseil de Guerre, quand nous parlerons des commandements de Sz'chuen ; en même temps, il suffira de faire remarquer que, dansKingyuen, où il y a une brigade de la division du général en chef, on trouve deux *chàngkwànsz'changkwàn* (6 *α*), et un *Chàng-wànz' fù-chàng-kwàn* (7 *α*).

Dans Kwàngtung, la force navale doit faire des croisières par quartier, le commandant en chef naval se présentant en personne chaque été et chaque hiver. Comme c'est la dernière des provinces maritimes, j'introduirai ici quelques détails, sur l'emploi des navires le long de toute la côte maritime du Nord au Sud.

La marine Shingking croise à partir du Tieh-shàu, aux environs de la pointe Charlotte, jusqu'aux îles Kuih-hwù, sur le côté-Est du golfe de Chihli. La marine Shàntung, depuis les îles Hwàng-ching, sur la côte de Shàntung, environ à 60 milles (mesure de Chine) Sud du Tiehshàu, jusqu'au cantonnement Wùting, sur la frontière de Chihli, et depuis Chin-shàu, le point le plus oriental de Shàntung, à Ngantung, sur les confins de Kiangsu. La mer entre le Tiehshau et le Hwang-ching est traversée par les flottes de Shingking et de Shantung, chacune d'elles parcourant une distance de 90 *li* à partir de son propre port; la première croise de la 5° à la 10° lune, et la division Tangchau, dans Shantung, de la 3° à la 9°. Les autres flottes provinciales divisent l'année en croisières ; celle de Kiangnan va jusqu'à la mer et revient dans le courant de la 3° lune; celle de Chehkiàng fait quatre croisières de deux fois le mois entre la 2° et la 9° lune, et une croisière par mois durant chacune des quatre dernières lunes. La flotte Fuhkien fait une première croisière de la 2° à la 5° lune, et une dernière de la 6° à la 9° lune ; dans les quatre autres, il y a différentes parties de la flotte mises en mer pour un mois à la fois, la lune paire ou impaire réglant le départ de telle ou telle division. La marine Kwangtung parcourt les mers deux fois l'an, pour six mois à chaque fois.

Pour assurer l'exécution de leur service, les escadres sont tenues à des rendez-vous à des places désignées. Les navires de Sù-sùng, et de Kiangsù, se rencontrent avec les Tinghài à Ta-yang-shàu ; ceux de Chehkiàng, les Tinghài avec les Hwàng-yen à Kiù-lung kiang ; les Hwàng-yen avec les Wanchau à Shakioh shàu ; les Wanchau avec les Hàitan à Han-tau kiang ; les Haitàn de Fuhkien avec les Quemoy, dans Chinchew, et les Haitàu avec la section Fuhkien du Namoa.

Kwàntung a un arrangement qui lui est particulier, réglé en 1812 comme il suit : Le Conseil de Mer est divisé en 5 *lù*, courses ou circuits d'observation, distingués en Est supérieur et inférieur, Centre, Ouest supérieur et inférieur. Les deux croisières qu'ils font par année sont connues comme hâtives et dernières. La croisière hâtive de la course orientale supérieure est faite sous les ordres du *fù-tsiàng* de Chinghài, près de Namoa ; la dernière est sous les ordres du *tsungping* de Namoa ; toutes deux doivent se rencontrer à Kiàhtsz',

(Kupche) avec les croiseurs de la course orientale supérieure. Ceux-ci sont mis en mouvement dans la 1re moitié de l'année par le *tsàntsiàng* de Pinghài, et dans la 2e moitié, par le *tsungping* de Kiehshih ; et leur rendez-vous avec le Centre a lieu à Fùh-tàng mun ; le Centre, en 1812, partait hâtivement sous les ordres du *fù tsiang* de Hiàngshàn, et, en dernier, sous ceux du *tsantsiàng* de Ta-pang ; mais cette dernière, commandée maintenant par un *fù tsiàng*, n'est plus qu'une station navale ; le rendez-vous du Centre avec la course occidentale supérieure doit être à la hauteur de l'île Hwàngmàu, et ses escadres doivent croiser hâtivement sous le *tsung-ping* de la division Yàngkiàng, et dernièrement sous le *yùkih* de la même division, qui est *chung-kiun* (terme impossible à faire passer dans la marine, à moins de dire capitaine du pavillon du *tsung-ping*). Ce dernier se rencontre avec la flotte occidentale inférieure en vue de Nàu-chàu (île sel ammoniac) ; l'autre prend la mer pour sa croisière hâtive avec le *fù tsiang* de Hài hau, et, pour la dernière, avec le *tsungping* de Kiungchau ou Hàinan. Celles-ci, outre qu'elles doivent rencontrer les derniers mentionnés à Nàuchau, doivent aussi rencontrer le *fù tsiàng* de la *hieh* Lung-mun, dans le commandement Hàinan, à la hauteur de Weichau. Dans les deux courses occidentales, il y a aussi 3 croisières subordonnées. Dans les eaux orientales de l'Ouest supérieur, les *ying* à Nàuchau, Wùchuen et Tungshau, doivent chacune faire leurs deux croisières de demie-année sans revenir au rendez-vous des divisions supérieures. Dans le circuit occidental inférieur, la force du *fù tsiàng* lungmun fait aussi 2 croisières séparées de demie-année, et, outre qu'ils se rencontrent tous ensemble en vue de Weichàu, elle inspecte la mer jusqu'au cap Pehlung, sur la limite des eaux étrangères, ou partie occidentale du golfe de Tonquin, dans lequel le pirate Shap'ng tsai a été défait par les troupes anglaises en septembre 1849. Le *tituh shwuisz'* ou commandant en chef naval doit faire une croisière Est ou Ouest, au printemps et à l'automne, Les croisières *(siun)* sont divisées en *t'ung-siun* sous les ordres d'un *tsungping*; en *tsung-siun*, sous ceux d'un *fùtsiang*, *tsàntsiang* ou *yùkih*; en *fun-siun*, sous les ordres d'un *tùsz'* ou *shàupi*; et en *hieh-siun*, sous ceux d'un *sientsung* ou *patsung*; les dénominations accessoires *t'ung* et *tsung* peuvent être rendues toutes deux par général, ou en chef; *fun* veut dire divisionnaire, et *hieh* auxiliaire. Si le *tsungping* a encore quelque excuse à apporter pour affaire, il peut envoyer un *fù-tsiàng* à la croisière *t'ung-siun;* ou, à son défaut, un *tsànt-siàng*; mais ni un *yùkih*, avec un *tùsz'*, ni le dernier avec un *shaupi* ne peuvent commander une croisière *tsung-siun,* ni un *tsientsung*, ou un *pà-tsung* une croisière *fun-siun*. Cette classification a rapport probablement au nombre d'embarcations que chaque officier peut commander pour une croisière ; je ne puis trouver à assigner de cause à de telles distinctions. D'après un ouvrage local, le *Hwangtung hài fàng hwui-lan,* ou tableau synoptique de la défense des côtes de Kwangtung, il ressort que le circuit le plus oriental expédie 15 vaisseaux montés par 750 hommes ; le suivant, 10 vaisseaux montés par 500 hommes ; le Centre, 15 par 750 ; l'Ouest supérieur, 10 avec 500, et l'inférieur 15 avec 850 hommes. Dans Shingking en Mantchourie, où les officiers de marine sont autrement désignés que dans le reste de l'Empire, le *tsiàngkiun* détache un officier du 3ᵉ grade pour une croisière *tsung-siun*, et 3 ou 4 du 4ᵉ ou 5ᵉ grade pour une croisière *hieh-siun*. Dans Shàn tung, les *siun* sont divisées en *siun* Nord, Sud et Est ; mais le petit nombre d'officiers qu'il a dans sa marine le force à un système différent de commandement des croisières, qu'il confie à des officiers subalternes. En tous cas, le *tsungping* fait rapport par trimestre au Conseil de Guerre sur les officiers qu'il emploie dans son service, et sur les infractions au réglement qu'il peut avoir eu à commettre. Semblable rapport est envoyé au gouverneur-général et à l'amiral du territoire ou de la station.

§. 9. MARINE.

Les vaisseaux de la marine chinoise sont divisés en vaisseaux des eaux intérieures et des eaux extérieures. Plusieurs de leurs nombreuses dénominations sont intraduisibles, sauf par les personnes bien informées sur les lieux ; le nombre fixé par le Conseil des Travaux, comme le complément de chaque province possédant une marine, est donné dans le tableau suivant. On a établi, pour la construction et la réparation des vaisseaux, des arsenaux, savoir : un à Shàntung, 5 dans Kiàngnàn, 3 dans Chehkiàng, 4 dans Fùhkien et 5 dans Kwangtung. Les bâtiments des eaux extérieures sont radoubés légèrement au bout de trois ans, réparés complètement au bout de 6 ans et condamnés au bout de 9 ans, à moins qu'on ne les trouve encore en état de tenir la mer, auquel cas le gouvernement les fait encore réparer à fond. Ceux des eaux intérieures reçoivent une réparation légère 3 ans après leur construction, une réparation générale dans les 5 ans, et une autre réparation légère 3 ans plus tard. Dans Chehkiang, Fuhkien et Kwangtung, les voiles et agrès de la marine extérieure sont réparés tous les ans ; en d'autres provinces, tous les 3 ans; ceux des embarcations fluviales, tous les 5 ans.

Voici le contingent détaillé des navires, pour chacune des treize provinces maritimes :

1° SHINGKING extérieur, 10 *Chen ch'uen* ou vaisseaux de combats.
2° SHANTUNG extérieur, 12 navires: 4 *Kàn-tsang chuen*, pour la chasse?— 6 *Sha-chuen*, à fond plat. — 2 *Shwangpung chuen*, à 2 mâts.
3° KIANGNAN extérieur, 158 navires : 2 *Kàn-tsang chuen*, pour la chasse? — 17 *Sha-chuen*, à fond plat. — 38 *Tà-kù.* — 2 *Shwàng pung keï*, à 2 mâts. — 37 *Siàu ch'uen*, pour les courses particulières. — 4 *Tung-ngàn chuen*, à rames. — 16 *Hù-chuen.* — 5 *Siun-chuen*, croiseurs. — 2 *Kw'ài-tsiàu siun*, croiseurs rapides. — 4 *Hai-tsiàu siun*, allant à la mer.
5° KIANGNAN intérieur, 498 navires : 14 *Sha-chuen*, à fond plat. — 12 *Tà-kù.* — 27 *Tsiàu-ch'uen*, pour les courses particulières. — 10 *Siàu-ch'uen*, petits. — 10 *Sz'lu chuen*, à 4 rames. — 16 *Hai-tsiàu*, à 4 rames, allant à la mer. — 4 *Lù-tsiàu*, à rames. — 52 *Hù-chuen.* — 2 *Tà-hù.* — 53 *Siàu-hù·*

— 218 *Siun-chuen*, croiseurs. — 12 *Tsiang-chuen*, à avirons. — 20 *Kw'ai chuen*, vaisseaux rapides. — *Ta-kw'ài*, grands vaisseaux rapides. — 20 *Siàu-kw'ai*, petits vaisseaux rapides. — 22 *Tsiang lu-kw'ai*, à rames et avirons.

5° FUHKIEN extérieur, 267 navires : 10 *Kàn-tsang chuen*, pour la chasse? — 2 *Shwàng pung*, à 2 mâts.— 1 *Shwàng-pung kéï*, à 2 mats. — 222 *Tung-ngàn chuen*, à rames. — 30 *Mi-ting*, bateaux à grains. — 1 *Chàn-pàn chuen*, vaisseau en sapin. 1 *Hang-yang chuen*, vaisseau passeur.

6° FUHKIEN intérieur, 155 navires : 63 *Tsiàu-ch'uen*, pour les courses particulières. — 10 *Siàu-ch'uen*, petits. — 11 *Hài-tsiàu*, à 4 rames, allant à la mer. — 18 *Siàu-siun*, petits croiseurs. — 35 *Pàh-tsiàng*, à 8 avirons. — 8 *Luh-tsiàng*, à 6 avirons. — 5 *Sz'tsiàng*, à 4 avirons. — 2 *Pung chuen*, à grosses poutres. — 3 *Hwà-tso*, bateaux flottants.

7° CHEHKIANG extérieur, 156 navires : 2 *Kàn-tsang chuen*, pour la chasse ? — 49 *Kw'ài chuen*, bons marcheurs à 4 rames.— 139 *Tung-ngàn chuen*, à rames. — 4 *Hù-chuen*. — 24 *Pàh-tsiang siun*, croiseurs à 8 avirons. — 30 *Mi-ting*, bateaux à grains. — 56 *Tiàu-chuen*, vaisseaux de pêche. — 1 *Yàng poh chuen*, mouillage en mer. — 2 *Pung kw'ài*, vaisseaux rapides à grosses poutres.

8° CHEHKIANG intérieur, 170 navires : 6 *Sha-chuen*, à fond plat. — 14 *Tsiàu ch'uen*, pour les courses particulières. — 18 *Kw'ài hù*. — 15 *Siun-chuen*, croiseurs. — 57 *Siàu-siùn*, petits croiseurs. — 2 *Pàh-tsiàng siun*, vaisseau à 8 avirons. — 40 *Chùng-siùn*, à 8 avirons, moyenne classe. — 18 *Kw'ài chuen*, vaisseaux rapides.

9° KWANTUNG extérieur, 156 navires : 2 *Tsang ch'uen*, vaisseaux à filets. — 5 *Kü chuen*. — 135 *Mi-ting*, bateaux à grains.— 12 *Pung hai*, petits vaisseaux à grosses poutres. — 2 *Pung kw'ai*, vaisseaux rapides à grosses poutres.

10° KWANGTUNG intérieur, 275 navires : 4 *Ku-tsàu*. — 126 *Siun-chuen*, croiseurs. — 51 *Tsiang-chuen*, vaisseaux à avirons. — 18 *Luh-tsiang*, à 6 avirons. — 26 *Kw'ài-tsiang*, bateaux rapides à avirons. — 35 *Kih-tiàu*, bateaux bondissants. — 6 *Lù ch'uen*, vaisseaux à rames. — 7 *Kw'ài chuen*, vaisseaux à rames.

11° KIANGSI intérieur, 49 navires : 39 *Hù-chuen*. — 10 *Siun-chuen*, croiseurs.

12° HUPEH intérieur, 86 navires : 68 *Chen ch'uen*, vaisseaux de combats. — 18 *Siun chuen*.

13° HUNAN intérieur, 50 *Chen ch'uen*, vaisseaux de combats.

La marine a pour mission d'empêcher les îles de devenir le refuge des pirates ou des gens sans aveu, et le peuple de venir s'y établir ou d'abandonner la terre-ferme en nombre important. Des rapports annuels spéciaux sont faits à l'Empereur sur ces escadres croisières qui s'occupent de l'accroissement de la population de l'île. Pour prévenir la contrebande, la piraterie et les autres crimes, il y a de sévères règlements sur l'équipement et l'armement des vaisseaux marchands de différentes classes, et aussi sur leur peinture, leur gréement, etc., et la nature de toutes ces particularités peut se lire dans leur registre de bord ou leurs lettres de navigation. A Macao, dit le *Code des Lois*, en 1812, il ne doit pas y avoir plus de 25 vaisseaux d'hommes de l'Ouest. et ils doivent être enregistrés par les officiers locaux. Les marins ou militaires des différentes stations ont l'ordre exprès d'assister les marchands en détresse ; et la *Recherche sur l'Admi-*

nistration (1825) reproduit un vieux décret du règne de Kiàking par lequel les officiers sont également responsables des méfaits commis par les pirates sur les vaisseaux des étrangers dans les eaux chinoises.

« L'état des forces navales du Céleste-Empire est encore plus misérable, si c'est possible, que celui de ses troupes de terre.

« Les jonques de l'Etat sont de lourdes masses à fond plat, à faible tirant d'eau, ayant des ancres en bois, des câbles en rotin, des étraves plates et droites, un arrière démesurément élevé et percé d'un grand trou par lequel on rentre le gouvernail dans les très-mauvais temps, des voiles le plus souvent en nattes, quelques mauvaises pièces de canon sur des affûts mal amarrés. L'équipage de la plupart de ces bâtiments est de 40 à 60 hommes, sans discipline et sans instruction militaire, mais fort habiles à la manœuvre du bord, et qui, sous de bons officiers, feraient probablement des marins excellents.

« L'uniforme des troupes de marine ne diffère pas de celui des troupes de terre. Leurs armes les plus ordinaires sont la lance, l'épée et le bouclier. Tous les navires de guerre chinois sont organisés de manière à pouvoir marcher à la rame.

« Les grades des officiers de l'armée navale paraissent être les mêmes que ceux de l'armée de terre, et, comme nous l'avons dit, la plupart des généraux commandent à la fois des divisions de jonques et des régiments d'infanterie dans les provinces du littoral (1). »

« L'Empereur de Chine entretient dans les différents ports de son empire des bâtiments de guerre, des *champang*, qui ne diffèrent point des jonques marchandes, quant à la construction. Seulement ils sont armés de quelques mauvaises pièces d'artillerie, et montés, outre les matelots, par des soldats qui en composent la garnison. Nous avons été à même de visiter ces deux sortes de navires; ce que nous avons remarqué nous a paru aussi susceptible d'exciter la curiosité que les édifices les plus extraordinaires qu'il soit possible de rencontrer sur terre en voyageant beaucoup.

« Lorsqu'on arrive, pour la première fois, sur le pont d'une jonque ou d'un champang, on a peine à se rendre compte de ce qu'on voit, et l'on a besoin

(1) *Voyage en Chine, Cochinchine, Inde et Malaisie,* par Auguste Haussman, tome II, p. 152 et suiv.

d'un moment de réflexion pour procéder à l'examen des objets dont on est entouré. — De l'arrière, une dunette à trois étages envahit une grande partie de l'espace, et, sur l'avant, s'élève une seconde dunette qui n'a qu'un étage, mais qui est surmontée d'une galerie entourée de balustrades. Le pont, proprement dit, est donc resserré entre ces deux châteaux d'arrière et d'avant, et, en somme, il ne lui reste qu'une vingtaine de pieds de longueur sur quinze ou seize de largeur. Au centre sont placées deux écoutilles par lesquelles on puise avec des seaux l'eau que peut faire le navire. Le puits pour l'eau douce, placé sur l'arrière à tribord, n'est autre qu'une citerne carrée, construite en briques sur le vaigrage. Il serait possible que cet appareil, si imparfait qu'il soit, eût cependant donné aux Anglais, qui ont été les premiers à innover sous ce rapport, les caisses cubiques en tôle, au moyen desquelles on conserve si bien maintenant l'eau qu'on embarque.

« Le pont d'une jonque chinoise se trouve environ à trois pieds au-dessus de la flottaison, lorsque le navire est en charge; mais il est défendu par un vibord de cinq pieds de haut et d'échantillon proportionné. Du gaillard d'arrière on monte sur un tillac long de vingt pieds comme le pont, et à l'extrémité duquel s'élèvent trois étages de dunette qui ont, en profondeur, environ quinze pieds. Le premier étage est distribué en chambres tribord et bâbord, avec un espace réservé au milieu pour la manœuvre de la barre, qui n'a qu'un angle de 45 à 50 degrés à parcourir. La boussole, placée dans le même endroit, est divisée seulement en 24 rhombs. Les Chinois, lorsqu'ils sont sur rade, démontent leur gouvernail, en le faisant basculer par une ouverture pratiquée à cet effet, et de manière à ce qu'il soit suspendu moitié en dehors et moitié en dedans. Les deux étages supérieurs contiennent des chambres comme le premier; on y remarque celle du capitaine, et une autre plus spacieuse qui renferme un autel et l'idole de Confucius, ou de quelque divinité vénérée des marins chinois (1).

(1) « Devant cette idole, l'encens brûle perpétuellement; on tire en son honneur de nombreuses pièces d'artifice, on la traite enfin avec beaucoup de respect tant que dure le beau temps. Mais si, par malheur, une tempête vient à se déclarer, et si l'idole, sourde aux prières des matelots, ne calme pas la guerre des éléments, alors on lui adresse toutes les insultes imaginables, souvent même on la jette à l'eau, et ensuite les Chinois, satisfaits, se mettent à attendre leur sort avec une merveilleuse résignation (1). »

(1) *Seconde campagne de Chine*, par K. S. Mackensie, traduit par **Xavier Raymond**.

Du fronteau de la dunette, deux forts grelins descendent sur l'arrière pour servir de sauvegardes au gouvernail et le soutenir verticalement lorsqu'il est en place.

« Le château d'avant renferme le logement des matelots et plusieurs soutes pour les vivres et les marchandises. Le pont de ce gaillard peut avoir trente pieds de longueur; il se termine carrément par une forte pièce de bois qui joint les murailles du navire en faisant saillie à l'extérieur. Cette partie saillante fait l'office de bossoir; elle supporte les ancres à la hauteur de leur croisée, tandis qu'une autre pièce moins forte, qui dépasse également le vibord, les soutient auprès de l'organeau. — Les ancres sont faites de bois dur et n'ont point de joal; on emploie pour les manœuvrer deux vireveaux établis l'un au-dessus de l'autre, et sur l'avant desquels sont placées les balustrades dont nous avons parlé.

« La cale est partagée en soutes indépendantes les unes des autres, et construites de telle manière que, dans un échouage, l'eau ne pourrait les envahir toutes à la fois. La matière que les Chinois emploient pour le calfatage est regardée comme des plus solides et des mieux en état de résister à l'humidité. Le creux d'une jonque, à en juger par la profondeur du puits qui est au centre, doit être environ de douze pieds entre le pont du navire et le carlingue.

« La place qu'occupe le grand mât est un peu sur l'avant du point où se trouverait le maître ban pour l'un de nos navires. Ce mât se compose d'une pièce longue de cinquante à cinquante-cinq pieds, et d'un diamètre de trente-cinq à trente-six pouces à la hauteur du pont. Il se termine, à sa partie supérieure, par deux flasques de dix pieds, roustées de distance en distance, et qui contiennent plusieurs nouets de poulie pour les drisses. Le grand mât est perpendiculaire aux lignes d'eau; il n'a point de haubans ni d'étai; mais, pour l'appuyer dans son étambrai, on place, tribord et babord, deux coins qui se prolongent comme des jumelles. Les règlements de la navigation en Chine interdisent l'usage des haubans aux jonques, et, en général, à tous les bâtiments susceptibles de prendre la mer pour une course un peu lointaine. Cette ordonnance a pour but de les empêcher de s'écarter trop des mers de l'Empire. Aussi ne dépassent-ils point le détroit de Malacca dans leurs plus longs voyages, et se bornent-ils ordinairement à aller aux Philippines, dans les ports de la Cochinchine et du royaume de Camboge, et en un mot à parcourir l'intérieur de la mer de Chine. Le mât de l'avant, de même que celui de l'arrière, est semblable au grand mât; mais ils sont établis sur des proportions beaucoup moindres, et principalement le mât de l'arrière qui s'élève peu au-dessus de la dunette. Les voiles, disposées comme celles des bateaux de pêche, sont en nattes; celle du milieu repose sur un chandelier placé par tribord au pied du grand mât, lorsqu'elle est amenée et roulée sur elle-même,

« Une jonque, vue à l'extérieur, présente par son travers une muraille très-arquée et relevée en croissant vers ses extrémités. Des caissons en bois, avec des barreaux pareils à ceux de nos cages à poules, sont placés le long de cette muraille sur l'arrière, et servent encore de soutes pour les provisions. La dunette forme en dehors un tableau qui atteint en élévation les deux étages supérieurs, et qui porte assez ordinairement une peinture de dragon ailé avec le nom du navire. L'arcasse présente dans la verticale un angle rentrant de 90 à 100 degrés qui descend jusqu'à la quille. C'est au sommet de cet angle que le gouvernail se trouve fixé sans aiguillots ni fémelots; les grelins qui descendent au fronteau de la dunette le soutiennent de bas en haut, tandis que deux autres cordages semblables, passés horizontalement, l'assujettissent par un moyen analogue à celui que nous employons pour nos gouvernails de fortune.

« Nous n'avons point eu occasion de voir de jonques sur les chantiers ; mais un marin chinois nous a montré un modèle assez régulièrement exécuté, quoiqu'en petit. Nous remarquâmes, en l'examinant, que l'angle rentrant de l'arcasse existait de même en-dessous du navire et dans toute sa longueur. Ainsi les flancs d'une jonque chinoise s'enfoncent à deux pieds plus bas que la quille elle-même; en sorte qu'ils doivent produire à peu près l'effet des ailes de dérive de certaines barques hollandaises. Il est probable aussi que les sauvegardes horizontales du gouvernail passent dans cette double rainure formée par la quille au sommet de l'angle, et qu'ils vont se roidir sur l'un des vireveaux du gaillard d'avant. Ce dernier ne s'élève pas à plus de huit pieds au-dessus de la ligne de flottaison.

« De nombreuses bannières, des pavillons, des flammes et des guidons de diverses couleurs, flottent sur les champang de l'Empereur; le grand mât porte entre autres un pavillon blanc, orné de dessins rouges et jaunes (1). »

Si, à ces divers jugements, nous ajoutons encore les réflexions que l'abbé Huc a consignées dans un de ses ouvrages sur le même sujet, nous croirons avoir donné une idée suffisante de l'état de la marine chinoise.

« On voit que la marine de l'empire chinois, dit-il, est de niveau avec son armée de terre; elle se compose à peu près de 30,000 marins, distribués sur une quantité considérable de jonques de guerre. Ces bâtiments, très-élevés à la poupe et à la proue, d'une construction grossière et portant une voilure en nattes de bambou, manœuvrent très-difficilement; incapables d'entreprendre des voyages de long cours, ils se contentent de parcourir les côtes et les grands fleuves, pour donner la chasse aux pirates qui paraissent fort peu les redouter.

« Les pirates paraissent être, pour la marine chinoise, un véritable objet de terreur. Leurs petits bâtiments, généralement mieux armés que les jon-

(1) *Journal de la navigation autour du globe de la frégate* LA THÉTIS *et de la corvette* L'ESPÉRANCE, *pendant les années* 1824, 1825, *et* 1826, par M. le baron de Bougainville; édition in-4°, p. 287.

ques mandarines, et légères comme une *vipara*, leur donne sur leurs ennemis de grands avantages. A ces avantages viennent encore se joindre l'appât du gain et la certitude de l'impunité.

« Aussi, la plupart du temps, les jonques mandarines se contentent-elles de faire une simple démonstration.

« Les formes des jonques de guerre, de celles surtout qui naviguent dans l'intérieur de l'Empire, sont très-variées. Il est à remarquer que, à quelques rares exceptions près, le fleuve Bleu a été, dans toutes les époques, le principal théâtre des batailles navales que les Chinois ont eu à soutenir. Elles étaient très-fréquentes dans le temps où l'Empire était divisé en deux. Les noms que portent les jonques servent quelquefois à donner une idée de leur forme. Ainsi, par exemple, on distingue le Centipède à cause de ses trois rangées de rames représentant les nombreuses pattes de ce hideux insecte ; le Bec-d'Epervier, dont les deux extrémités, également recourbées et possédant chacune un gouvernail, lui permettent d'aller en avant et en arrière, sans virer de bord ; la jonque à quatre roues, deux à la proue et deux à la poupe, que des hommes font aller en tournant une manivelle. Ces bâtiments à roues remontent à une très-haute antiquité, et il n'a manqué à ce peuple inventif que l'application de la puissance de la vapeur pour avoir en entier la découverte de Fulton.

« La bizarrerie des peintures vient encore le plus souvent ajouter à l'étrangeté des formes des jonques. On cherche à leur donner l'aspect d'un poisson, d'un reptile ou d'un oiseau. Ordinairement on voit à la proue deux yeux énormes, chargés sans doute d'épouvanter l'ennemi par l'atrocité de leur regard.

« Malgré toutes ces monstruosités, ce qui frappe encore le plus un étranger, c'est le désordre et la confusion qui règnent à l'intérieur. On y rencontre souvent plusieurs ménages réunis, et il n'est pas rare de voir sur le pont des maisonnettes construites tout bonnement en maçonnerie. Les marins européens ont pourtant toujours admiré l'ingénieuse idée qu'ont eue les Chinois de diviser le fond de leurs jonques en divers compartiments séparés l'un de l'autre, de sorte qu'une voie d'eau ne peut jamais entraîner qu'un dommage partiel. C'est probablement à cause de l'efficacité de ce moyen qu'on n'a pas jugé nécessaire d'établir des pompes à bord.

« Le gouvernement militaire de chaque province,

placé, comme l'administration civile, sous l'autorité du vice-roi, comprend à la fois les forces de terre et de mer. En général, les Chinois font peu de différence entre ces deux genres de forces militaires, et les grades des deux services ont les mêmes noms. Les généraux des troupes sont appelés *ti-tuh;* ils sont au nombre de seize, dont deux seulement appartiennent à la marine exclusivement. Ces officiers supérieurs ont chacun un quartier-général où ils réunissent la plus grande partie de leur brigade, et répartissent le reste dans les différentes places de leur commandement. Il y a, en outre, comme nous l'avons déjà fait remarquer, plusieurs places fortes occupées par des troupes tartares et commandées par un *kiang-kiun* tartare, qui n'obéit qu'à l'Empereur. Les amiraux (*ti-tuh*) et les vice-amiraux (*tsung-ping*) résident habituellement à terre, et laissent le commandement des escadres à des officiers secondaires. »

§ 10. SZ'CHUEN.

Ce qui distingue particulièrement l'établissement Sz'chuen de Luhying, comme nous l'avons déjà remarqué, c'est qu'il y a une *Kiun-piàu,* ou division du Vert-Étendard, placée sous le commandement unique du *tsiàng-kiun* de la garnison de Bannière de Chingtù fù. Il y a, en outre, une division de gouverneur-général, une de gouverneur, une de général en chef et une sous des *tsung-ping*.

DIVISIONS	Ying	Futsiang	Tsants'g	Yukih	Tusz'	Schaupi	Tsient'g	Patsung	Wai-wei	Lanciers Wai-wei	Ma-ping	Pb-ping	Shauping
Tsungtuh.........	3	1		2	1	2	6	12					
Tsäng-kiun.........	2	1			1	1	2	4					
Tituh.............	15	1	3	4	5	11	25	47					
Chuenpeh.........	16		1	6	6	10	22	39					
Chuenking fù......	12	2		2	7	7	18	31					
Kienchang.........	20	1	3	5	8	13	29	60					
Sing-pwan ting.....	11	1		5	4	7	15	24					
TOTAUX......	79	7	7	24	32	51	117	217	318	186	4036	11511	18289

Les 3 premières divisions réunies ont leurs quartiers-généraux dans Chingtù fù, capitale provinciale. Le *tituh* a 3 *ying* sous lui personnellement, dont l'un est en garnison dans la cité; le reste de sa division est distribué en différents districts et départements, au Nord, à l'Ouest et au Sud; quelques-uns d'eux à une distance considérable.

Le *tsung-ping* de la division Chuenpeh, c'est-à-dire de celle qui est au Nord des torrents, réside à Pàuning-fù, sur le bord oriental de la rivière Kàiling : les cantonnements s'étendent sur le delta existant entre elle et le Yàngtsz kiàng, une préfecture, Sun-king fù, sur le bord occidental du Kaiking, une sous-préfecture Lù-chau, sur le bord occidental du Yangtsz', et le pays compris entre le Yangtsz' et l'un de ses affluents le Chih-shwin, et les frontières de Yunnàn et de Kweichau. Le reste de Sz'chuen, à l'est du Yangtsz', est sous l'autorité du *tsung-ping* de Chungking.

Chaque 10° mois, la division Chuenpeh ou celle de Chungking, chacune leur année, est mise en mouvement le long de la frontière intérieure de Sz'chuen; leurs observations complétées, le *tituh* vient procéder en personne sur le même terrain. Dans la 2° lune de chaque année, les brigades des

Süting et Kweichau de la division Chuenpeh ont rendez-vous sur la frontière avec les troupes de la division Shen-ngan dans Shensi, dont nous reparlerons. Le devoir de ces détachements est de battre les retraites des montagnes et les forêts, dans les lignes de faîtes communes aux deux provinces. Ceci fut décidé, en 1810, après la dispersion de la faction du Lys-Blanc dans cette région.

Dans Sz'chuen il y a des *siuen-yü shi* (3β), qui prennent rang avec les officiers chinois de la 2° classe du 3° rang, des *siuen-fù shi* (4β), des *ngàn-fù shi* (5β), des *tsien-hù* (5α), ayant autorité sur un millier de familles, des *pehhù* (6α), des *chàng-kwàn-sz'chàng kwàn*, et des *chàng-kwàn-sz'fùchang kwàn*. La position du pays sur lequel ils ont autorité se révèlera bien mieux à l'examen du tableau suivant, dans lequel les places nommées ont été disposées du Nord au Sud.

DISTRICTS	Sulen-yü-shi (3β)	Siuen-fu-shi (4β)	Ngan-fu-shi (5β)	Tsien-hù (5α)	Peh-hù (6α)	Fu peh-hù	Changkwán sz' Changkwán (6α)	Changkwansz' fu changkwan (7α)
Circuit de Sung-pwan et Mau-chau	1							
Sungpwàn ting				22	36			
Lung-ngàn fu						1		
Tsah-kuh ting	1					3		
Mau-chau			1		3	5		
Maukung ting		1	1					
Tatsica-lu ting	4	2	12	5	83		15	
Tsingki hien				1	1	1		
Mapien-ting	1				9		4	
Lü chau							1	
Si-chang hien							5	
Yueh-tsiuen hien		1		2	6			
Yü-yuen hien		1		4	2			
Mien-ning hien			2	1	13			1
Hwui-li-chau				2	2			
TOTAUX	7	5	16	37	155	10	26	1

Le reste de cette immense province, en dedans des chaînes de montagnes qui entrecoupent les territoires occupés par les tribus sauvages, est observé, au Sud, par la division Kienchang, dont le quartier-général est à Ningyuen fù ; et au Nord par la division Sangpwàn, dont le *tsungping* place ses quartiers dans la ville principale de la *ting*, ou sous-préfecture indépendante qui en a pris son nom. La première a cependant le commandement le plus étendu des deux, puisqu'elle s'étend depuis les frontières de Yunnan jusqu'aux frontières de Kànsuh à Lungngan-fù. Le Sung pwan, quoique moins étendu, n'est guère plus régulier dans ses limites, comme nous le verrons quand nous parlerons des colonies.

Ainsi que nous l'avons noté plus haut, 782 Lu-hying sont établis le long des frontières de Sz' Chuen et du Tibet antérieur, ou plutôt près des magasins sur la ligne de communication entre Ta-tsien-lù (la fonderie de têtes de flèches) et la frontière Tibétaine. Il n'est pas bien établi de quelle division ils sont détachés.

Dans la juridiction du *fù-tsiang* de Mau-kiung se trouvent certaines *fàn-tun*, colonies sur le territoire sauvage. Cette brigade est en partie de la division Sungpwàn, quoique son quartier-général ne soit qu'à une courte distance de la Capitale. Il y a d'autres *fàn-tun* dans le cantonnement Sù-tsing de la même brigade, et aussi à Weì-chau, dont le brigadier est sous les ordres du *tsungping* de la division Kienchang ; il y en a encore dans Tsah-kuh Tàtsien-lù.

Le mot *tun* s'applique à différents établissements, plantations et colonies dans Ili, Kantuh-Ouest, Hunan, Sz' chuen, Yunnàn et Kweichau. Dans Sz' chuen, ils sont caractérisés par le nom de *fàn-tun*; et ils étaient peuplés en 1812 par 72,374 familles de sauvages : c'est probablement le reste du petit royaume de Kin chuen conquis par Akweì en 1760. Ils cultivaient dans Munkung ting, à plus de cent milles de la capitale à l'Ouest et au Sud dans Maukung ting, 5 *tun* comprenant au-delà de 184,000 acres Chinois. Il y avait au-dessus d'eux comme autorité, 16 *shaupi*, 24 *tsientsung*, 41 *patsung* et 94 *wai-wei* ; c'est-à-dire dans les cantonnements de :

	Maukung.	Su-tsing.	Weì-chau.
Shanpì	4	2	10
Tsìentsung	9		15
Pàtsung	9	8	25
Wàì-weì	21	25	50

Les soldats qu'ils ont sous leurs ordres cultivent, à ce qu'il paraît, une certaine portion de terre à un taux de rente fixé ; et ils assistent le pouvoir civil dans l'office de rassembler ce qui est dû à la Couronne par le *fàn-hu*, ou population sauvage. Les colonies ou plantations ci-dessus peuvent être du moins placées sur la frontière naturelle de Sz' ch'uen, quoique beaucoup intérieure par rapport à ses limites territoriales ou géographiques ; mais les tribus étrangères sont répandues au Nord et au Sud à travers les divisions centrales, et dans celles des *tsungping* Kienchang et Sungpwan ; elles sont commandées, ou par des hommes de leur propre race, à quelques-uns desquels sont données des commissions locales, avec des titres militaires chinois, par le Conseil de Guerre, ou d'autres qui ont un rang et un titre héréditaires, et reçoivent les brevets du même Conseil qui est compétent aussi pour leur promotion ou leur dégradation.

Les premiers sont appelés *tu-pien*, officiers locaux, qui étaient en 1812, 4 *tsientsung* et 4 *patsung* dans le district Ngo-mei, dans Kiating fù. Les autres se distinguent par des titres en vogue dans la dynastie Ming, mais hors d'usage présentement comme appliqués à des fonctionnaires chinois. Nous les retrouverons ainsi que d'autres, dans d'autres provinces.

§ II. — HUPEH ET HUNAN.

Dans le commandement général de Hùkwang, nous trouvons dans Hùpeh une division de gouverneur-général, une de gouverneur, une de géneral en chef, et 2 sous les ordres de *tsungping*; dans Hùnan, une de gouverneur, une de général en chef, et 3 pour des *tsungping*.

DIVISIONS	Ying	Fūshang	Tsanh'g	Yükth	Tūsr'	Shanpi	Tsient'g	Paisung	Wai-wei	Lanciers Wai-wei	Ma-ping	Pù-ping	Shauping
— Hupeh —													
Tsungtuh	3	1		2	1	2	6	12					
Fù yuen	2		1	1		2	4	8					
Tituh	5		1	2	2	5	10	20					
Yunyang fù	7			3	1	7	13	0					
I-chang fù	25	3	5	10	7	20	43	84					
Totaux	42	4	7	18	11	36	76	144	146	110	2572	5218	14262
— Hunàn —													
Fù yuen	2		1			2	4	8					
Tituh	7	1	1	2	3	5	13	25					
Yungchau fù	3			3		3	6	12					
Chinkan	35	8	6	9	11	27	56	111					
Suitsing	6			1	3	7	13	22					
									175	113	2261	7065	16477
Grands Totaux	95	13	15	33	28	80	168	322	321	223	4834	12283	30739

Dans Hùpeh les *tsungtuh* et *fù yuen* ont leurs quartiers-généraux dans la capitale Wùchang fù ; ceux du *tituh* sont à Kuhching hien ; ceux de la division Yunyàng et I-chàng sont dans les cités de département du même nom ; le *tsungping* de la dernière, dont le commandement s'étend sur tout le Sud de la province, y renferme certain *tù'sz'* aborigène dans le district de Chuhshan, dans Yunyàng fù ; cependant il paraît que tous les officiers locaux sont civils par leur désignation.

La section Hùkwàng du Yàngtsz' kiàng Est, est protégée par cette même division, qui purge la rivière depuis Hingk woh jusqu'aux confins de Kiàngsi ; et du côté de l'Ouest vers Wùchang fù, dont les forces ont une station de rendez-vous avec les siennes. Elle croise encore en descendant le courant, jusqu'à ce qu'elle rencontre les forces venues de Hùnan, et en remontant jusqu'à Wù-shàu, en dedans des limites de Sz' chuen.

Dans Hùnan, le *fù yuen* réside à la Capitale, Chàng-sha fù, le *tituh* à Shin chau fù, sur le versant Ouest de la chaîne qui sépare la province du Nord au Sud. Le *tsungping* de Yungchau a son quartier dans la cité départementale de ce nom, au Sud de la province ; le *tsung-ping* de la division

Chin-kan, à la ville de garnison de Chin-kan, dans Funghwang ting, de la contrée de Miautsz', dans laquelle est également située la ville de garnison de Suitsing, quartier-général du *tsungping* de Suitsing chin.

La contrée des aborigènes, comme on peut le voir dans le tableau qui précède, est abondamment pourvue de troupes; elle contient les 4 cinquièmes de tous les cantonnements de la province. Il faut se rappeler que les *tsungping* qui les commandent, sont sous les ordres du *tituh* de Hunàn et du gouverneur-général ou *tsungtuh* de Hùkwàng, mais non sous ceux de *fù yùen*, ou gouverneur de Hunàn, parce qu'il ne réunit pas en lui l'office et le titre de *titùh*. Mais le *fù yuen*, d'après le *Code des Lois*, donne ses ordres à nombre d'officiers chinois employés dans le *tun* Miàu, ou colonies des aborigènes annexés, dans Funghwàng ting, Yungsui ting, Kienchau ting, Mà-yang hien, et Pàu tsing hien. Ils étaient, en 1812, 6 *shàupi*, 6 *tsientsung*, 10 *patsung*, 17 *wai wei extra* ou lanciers. Ils se distinguaient tous par la dénomination accessoire *tun*, appartenant aux colonies, propre aux mêmes officiers dans les bataillons luhying. Ils sont pris tous parmi les soldats luhying, qui, dans les mêmes divisions, sont recommandés pour la connaissance qu'ils ont des aborigènes ; ils deviennent *tun-wai wei*, d'où ils parviennent successivement au grade de *tsientsung*. Un *tsientsung*, ayant servi cinq ans avec honneur, peut être recommandé par le gouverneur-général au Conseil, pour être présenté à Sa Majesté, et être élevé au rang de *tun-shaupi* ; s'il sert cinq ans sans autre mérite que celui de ne pas se compromettre, sa commission de *tun tsientsung* est renouvelée par le Conseil. Les *pà-tsung* et *wai wei* les mieux exercés sont notés comme éligibles au grade de *shaupi*. Le seul cantonnement cité par le *Livre Rouge* de 1849 comme *tun-ying*, c'est le 25° de la division Chin-kan, appelé le *tech shing* ou victorieux, inconnu à la *Recherche sur l'Administration* de 1825. C'est pourquoi je ne suis pas en état de parler avec exactitude du nombre ou de la composition de ceux auxquels les subalternes ont mission de tenir compte de leur habileté dans les exercices. Le *Code des Lois* (1812) donne un total de 7,000 *tun-kiun*, ou force des colonies, sous le gouverneur de Hùnan, en addition aux réguliers de sa propre *piàu*, ou division.

Les cantonnements Chin-kàn sont éparpillés en abondance et irrégulièrement dans la province, se mêlant avec ceux de la division du *titùh*, et les enveloppant au Nord, au Sud et à l'Ouest. La brigade Kohchau est une fraction de la division Chin-kàn ; elle protége, comme nous l'avons dit, en parlant de Hùkwang, une partie de la navigation du Yang-tsz'kiang, et celle du lac de Tung ting. Son nom, Chin-kàn, indique qu'il a pour fonctions de tenir en échec les 5 kàn de Miàutsz', de Yungpau, qui bien qu'indiquant une localité, n'est pas le nom d'une *chàu* ou *hien*.

§ 12. — KANSUH.

Nous avons déjà fait connaissance avec les Luhying de Kansuh dans les garnisons d'Ilì et du Turkestan-Est. La division du gouverneur-général de Kansuh et Shensi a son quartier-général à Lanchàu fù, la capitale, qui est la résidence ; un général en chef, résidant à Kan-chau, commande les Luhying dans Kansuh-Est, qui est de plus tenu en garnison par 4 divisions sous des *tsungping* ; le *tituh* d'Urumtsi commande dans l'Ouest, appuyé de deux *tsungping*, dont l'un est à Palikwan, l'autre à Suiting ching, près de Kuldsha, ou cité Ilì. Les forces des deux provinces sont telles que l'indique le tableau qui suit :

DIVISIONS	Ying	Sin	Pau	Fütsiang	Tsants'g	Yukih	Tusz'	Shaupi	Tsient'g	Patsung	Wai-wei	Lanciers Wai-wei	Muping	Puping	Shauping
—Kansuh (Est)—															
Tsungtuh......	5			1	1	4	1	4	10	20					
Tituh.........	5				1	3	1	6	9	20					
Ninghia fü.....	16		22	1	2	7	4	13	11	46					
Sining-fù.....	17		9	1		7	9	7	22	39					
Liang-chau fü..	22		16	2		7	9	13	18	41					
Suh-chau......	20		17	2	1	8	8	7	17	44					
TOTAUX....	85			7	5	36	32	50	87	207			15558	15676	10829
—Kansuh (Ouest)—															
Tituh (Urumtsi).	3				1	1	4	3	6	12					
Palikwan......	18			3	2	5	9	9	27	55					
Ili...........	10			1	1	3	4	7	15	25					
TOTAUX....	31			4	4	9	14	19	48	92	294	224	6935	7682	
— Shensi —															
Fùyuen.......	3			1	1	1		3	6	10					
Tituh (fù-yuen).	6	51			1	4	1	5	10	21					
Hochau.......	3	7	1			3		3	6	9					
Hanchung	3	25				2	1	2	5	11					
Singan-fù.....	25	36		2	1	5	11	12	28	50					
Shen-ngan....	14					8	6	9	18	27					
Yen-sui.......	38	3	22	3	6	8	18	15	21	66					
TOTAUX....	92			6	9	31	37	49	49	194	394	369	12390	17589	12085

Les détachements de Luhying, de Kan-suh, sont *kwàn-fàng*, c'est-à-dire, garnison protégeant les villes au-delà de la frontière, et *tun-fàng*, employés à cultiver les plantations coloniales. On les relève, les uns et les autres, tous les cinq ans. La division du *tsungtuh*, à Làn-chàu, envoie un *kwàn-fàng* à Kuché, dans le Turkestan; celle du *tituh* Kanchau, un *kwàn-fàng* à Aksu et à Ushi, et un *tun-ting* à Ushi et à Tarbagatai. La division Ninghià envoie un *kwàn-fàng* et un *tun-ting* aux mêmes endroits; le Sining, un *kwàn-fàng* à Cashgar; le Liàngchau, un *kwàn-fàng* à Yengihissar, Khoten, Yarkand, Akju et Ushi, et un *tun-ting* à la dernière; et le Suh-chau, un *kwàn-fàng* à Aksu et à Ushi, et un *tung-ting* à Ushi et à Tarbagatai. Les différents *ying* de ces divisions générales contribuent, au plus, pour quelques trente ou quarante cavaliers, fantassins ou soldats de garnison pour le *kwàn-fàng*.

Les Luhying de Kansuh-Ouest n'envoient pas de détachements, si ce n'est de Palikwan qui expédie un *kwàn-fàng* à Aksu; mais la division Ili est elle-même un gros détachement. A Suiting ching, Ouest de Kuldsha, est le *yìng* central; à Kwangyin chin, Sud de Suiting, le *ying* gauche; à Chenteh ching, près de la rivière Ghorkas, qui donne son nom au cantonnement ; une à Payentai, ou Hichun ching ; une à Tarkhi ; une à Kurkara-usu ; une près de la rivière Tsing ; une à Kalaparkosun et une à Kungning chin. Il y a aussi des colonies à Suiting, à Kwangpin, à Chenteh, à Kungshùn, à Hichun, à Tarkhì, 20 en tout sous les officiers du *tsungping*, et cultivées aussi en partie à tout événement par ses soldats. Dans la division Palikwan, il y a 3 plantations au Centre, des cantonnements de droite et de gauche sous le commandement personnel du *tsungping*; 3 sous la brigade de six cantonnements, dont Hami est le quartier-général ; 3 sous le *yùkih* de Kùching ; et 1 sous le *shàupi* de Muhlin, qui, avec 4 autres *ying*, compose la brigade Ngàn-sì, que l'on peut dire chargée de surveiller le pays sur la bordure du désert. Les 3 autres *ying* sont : un chargé de la cité d'Urumtsi, ou Tehhwa chau, un à Manas, un peu à l'Ouest d'Urumtsi, et un à Purunkir, sur les bords de la rivière Sirgalyin. A Urumtsi, il y a 4 plantations sous la main du *ying* centre, 4 sous celui de droite et 4 sous celui de gauche. En 1812, les cantonnements Tsing-ho et Kurkara-usu appartenaient au *tipiàu*; ils ont été depuis transportés au *tsungping* d'Ili, comme nous l'avons montré plus haut.

Sous la surveillance du *tituh* de Kansuh-Est sont 2 gouvernements de pâturages, contenant en tout 6 troupeaux de chevaux ; sous celle du *tsungping* de Liàng chau, un gouvernement de 5 troupeaux; dans le Sining, un de 5, et dans le Suh-chau, un de 5 troupeaux. Dans Kansuh-Ouest, sous la surveillance du *tituh* d'Urumtsi, il y a un gouvernement de 5 troupeaux ; sous celle du *tsung ping* de Palikwan, un de 5, et un troupeau de chameaux; à Kuching, dans la même division, un pâturage pour 5 troupeaux de chevaux, et dans la brigade Ngansi, tout autant. Chaque troupeau de chevaux contient 40 étalons et 200 cavales ; ce qui peut faire un total de 1640 étalons et 8200 cavales dans cette province. Il y a dans un troupeau 200 chameaux, mâles et femelles. Le soin des chevaux est dévolu à 370 *muh-ting* ou pâtres, qui sont surveillés par des *wai wei* des divisions Luhying ci-dessus, qui, durant l'exercice de ces fonctions, prennent le nom de *muh-fu*, subalternes comme les *muh-chang*, qui sont encore sous la direction d'officiers plus élevés du *ying* qu'on a détachés à cet effet. On dispose de même des troupeaux de chameaux : (1) ils sont réser-

(1) Nous avons dû mentionner déjà qu'un arrangement semblable a lieu à Tarbagatai, et sur une plus large échelle

vés pour la guerre, et non pour le service de la poste.

Il nous reste à parler des officiers militaires des tribus Ouest du confluent du fleuve Jaune, au-dessus de Lànchau fù, et en dedans des limites provinciales de Kansuh. Il y a 8 *chi-hwui-shi* (3 α), 7 *chi-hwui tung-shi* (3 β), 8 *chi-hwui tien-shi* (4 α), 8 *tsien-hu* (5 α), 2 *fu-tsienhu* (5 β), 28 *peh hu*, et 22 *peh chang*. Une partie de ces titres, comme il a été établi précédemment, est de la dynastie Ming; une autre partie est descriptive comme *tsien-hu*, *peh-chang*, c'est-à-dire sur mille ou sur cent familles; mais, sauf qu'ils reçoivent du Conseil de Guerre leurs commissions ou patentes qui sont, dans la plupart des cas sinon toujours, héréditaires, nous avons peu à nous en occuper dans le sens militaire, et l'écrivain ne peut guère se procurer des données sur leur organisation comme troupes.

à Ili. Dans Ili, 9 pâturages de chevaux sont à la charge des Chahars de la province, 14 à celle des Eluths, avec un terrain pour les chameaux. Il n'y a qu'un troupeau sur chaque pâturage; et, comme la proportion reste la même, nous avons un total de 920 étalons et 4,600 hongres avec 200 chameaux dans Ili, et dans Tarbagatai, où les Chahars gardent un pâturage pour un troupeau, et les Eluths un autre par 6 troupeaux, il y a 280 étalons et 1,400 hongres.

Dans Shensi, le *fù-yuen* réside à Si-ngan fù, la capitale de la province, qui est aussi le quartier-général de la division qui en prend le nom ; mais le *tituh* séjourne à Kù yuen dans Kansuh, et le *tsung-ping* de la division Hochau, à Hochau dans la même province. Hing-ngan-fù fù, sur la frontière de Hù-peh est le quartier-général de la division Shen-ngan, et Yulin, dans le Nord, au-delà de la Grande-Muraille, celui de la division Yen-sui.

La *fù-piàu* ou division du gouverneur, envoie des détachements *kwan-fàng* à Kuché; le *tipiàu* de Ku yùen, à Yarkand, à Aksu et à Ushi ; et aussi des détachements *tunting* à Ushi et à Turfan. La division Yen-sui, ce qui est assez singulier si l'on considère sa position, envoie un détachement *kwàn-fàng* à Cashy et à Kharashar, et un détachement *tun-ting* à Turfàn; la division Hochau, un détachement *kwàn-fàng* à Yengihissar. Le Si-ngàn envoie un certain nombre d'hommes *t'ing ch'ai*, à Turfàn pour faire ce qu'on peut leur demander de faire ; et le Shen-ngàn garnit également Turfàn.

Ce dernier, comme nous l'avons remarqué déjà, fait périodiquement le service avec les brigades Suiting et Kweichau de la division Chuenpeh sur la frontière Sz' chuen. Cela a lieu dans la 2ᵉ lune; dans la 10°, la division du *tituh* part de Ku yuen, dans Kansuh, pour nettoyer de brigands les montagnes Shensì. Kù yuen est lui-même à l'Ouest du Peh-ling; mais nous n'avons rien de certain sur la marche de ces troupes. Toutes les divisions, excepté celles du gouverneur, et le *tsungping* de Shen-ngan, comme nous le verrons dans le tableau, sont subdivisées en nombreuses petites stations, *sin* et *pau*, qui ne sont rien de plus que des gardes subalternes en permanence.

§ XIII. — YUNNAN ET KWEICHAU.

La dernière des armées provinciales du Vert-Étendart est celle de Yunnàn et de Kweìchau. Dans la première de ces provinces, les divisions principales sont sous le gouverneur-général, le gouverneur et le général en chef, et il y en a six sous des *tsungping*. Dans Kweichau, il y a une division de gouverneur, une de général en chef, et 4 commandements de *tsungping*.

DIVISIONS	Ying	Fùtsiang	Tsanh'g	Yùkih	Thsz'	Shaupi	Tsient'g	Pùtsung	Wai-wey	Lanciers Wai-wey	Ma-ping	Puping	Shaupiag
— Yunnan —													
Tsungt'h	4	1	1	2	1	3	8	16					
Fùyuen	2		2	1		2	4	8					
Tituh	10	2	3	2	3	9	19	38					
Khikwa	5	1	1	1	3	4	10	20					
Hoh-li	7	1	1	1	3	6	14	23					
Lui-yuen	6		2	1	2	6	10	22					
Tang-yuen	7	1	1	2	3	6	14	30					
Chcutung	8		2	4		8	4	26					
Pù'rh'	4			4		4	8	16					
Totaux	53	6	13	18	15	48	88	199	241	219	2538	17229	15477
— Kweichau —													
Fùyren	2		1	1		2	4	7					
Tituh	3		1	2		3	6	12					
Ngan-i	3			2	1	3	10	16					
Chin-yuen	3			2	1	3	5	12					
Weining	53	11	5	15	19	37	83	185					
Kùchau	3			2	1	3	6	12	271	190	2571	12807	29765
Grands Totaux	120	17	20	40	37	99	202	443	512	409	5109	30036	44242

Le *tuh-piàu* de Yunnàn est à sa capitale Yunnàn fù, où le *fù-yuen* réside aussi. Le *tituh* a son quartier à Tà-li fù vers la frontière N. O. de la province, et, plus loin dans la même direction, à Hoh-king chau est stationné le *tsung-ping* de la division Hoh-li, qui prend son nom du dernier département mentionné et de la préfecture de Likiàng fù. Dans le S.-O. nous trouvons le quartier-général d'une division dans le Táng-yueh ting ; dans le Sud, le quartier-général d'une division à Pù'rh, d'une autre à Lin-ngan fù qui, avec Yuen-kiang chau lui donne son nom ; et d'une autre à Kàichwà fù. Chantung, la seule qui reste, est dans l'extrême Nord. Les officiers supérieurs de Tang yueh reçoivent une paye extraordinaire, comme les officiers inférieurs de la brigade Lungling dans cette division. Du reste la position géographique indique suffisamment le lieu où ils exercent, excepté Kàihwà ; la cité de ce nom est voisine de la frontière cochinchinoise, mais le *fu-tsiang* seul, ou brigadier qui commande, a son quartier-général à Tsùhning, à environ 50 milles Ouest de la capitale.

Nous rencontrons encore ici une petite quantité de tribus barbares ou indépendantes, avec des officiers de leur nation distingués par les titres Luhying ou chinois (*tu-pien*), ou par ceux qui ne sont plus maintenant en usage dans l'Empire (*tu-sz'*); nous en avons déjà parlé. Des premiers, il y a dans Likiang fu 1 *shaupi* et 2 *tsientsung*; dans Changtien ting, 2 *shaupi*, 5 *tsientsung*, et 16 *pa-tsung*; dans Wei-siting, 2 *tsientsung* et 1 *patsung*; dans Yun-lung, 4 *tsientsung* et 1 *patsung*; 2 *tsientsung* dans Pàu-shau en Yungchau fù, et 5 *patsung* dans Tang-yueh chau. Il y a aussi, sans qu'il soit bien établi dans quel endroit, 3 officiers nationaux de rang militaire du 6° grade, et 2 du 7° à Yunnàn.

Des *tu-sz'*, dans Tang yueh chau, Shun-ning fù, Yungchang fù, Lungling ting, Tungchuen fù (tout à fait enclos dans la ligne frontière au Nord de la province), et dans Pù-rh fù, il y a 3 *siuen yù-shi* (3^β), 4 *siuen fu-shi* (4^β), 1 *tsien-hu* (5^a). Un simple coup-d'œil jeté sur la carte suffit à montrer à peu près la situation des tribus en question. Je n'ai pas le moyen de définir leur territoire avec exactitude.

Dans Kweichau, le *fu-yuen* séjourne à Kweiyang, la capitale; le *tituh* au Sud, à Ngan-shuen fù. La division Ngàn-ì prend son nom de la dernière cité mentionnée et de celle de Hing-ì, quartier-général de son *tsungping*, près de Miautsz' sur la limite Kwangsì. A l'extrémité orientale de la même ligne, à Lì-ping, est le *tsungping* de la division Kuchau, nommée après la sous-préfecture de Kùchau, qui n'a pas de cité de ce nom. Chin yuen est à l'extrême Est, Weining à l'extrême Ouest de la province; la dernière est une division immense, dont l'étendue peut être à peu près imaginée d'après ce fait que la brigade Sungt'àu, vers la frontière Hùnan de Kweichau, tout à fait dans le Nord de la dernière province et celle du Tùyun, sont toutes deux sous sa juridiction, ce qui fait entendre réellement les trois-quarts de Kweichau.

Pour les officiers locaux (*tupien*), il y a 41 *tsien-tsung* dans Kweiyang fù, la capitale, Ting-fan chau, Lofah chau, Taì-kung ting, Tsing-kiang ting, Hwang-ping chau, Kù-chau, Hiàkiang ting, Màhà chau, et Tsingpinghien ; avec 21 *pa-tsung* dans les mêmes districts, qui sont tout le long du front S. E. de la province, dans l'intérieur ou sur la limite du pays de Miautsz'. Il y a en outre, comme dans Yunnan, 2 officiers militaires du 6° rang, et 5 du 7°.

Il n'y a qu'un petit nombre de désignations de *tu-sz*' ; il y a 61 *Chang-kwan-sz'changwan* (6^a) et 17 *Chang-kwan-sz'fu-chang-kwan* (7_a) disséminés parmi les districts précédents et quelques autres au Nord des premiers, renfermant aussi Sungtàu ting.

Dans la contrée de Miautsz' dont on tire un revenu, il y a des officiers Luhying détachés pour les plantations comme dans Hùnan. Il y a 9 *shaupi*, 30 *tsientsung*, 60 *pà-tsung*, 112 *wai-wei*, tous avec la dénomination accessoire *miàu* : il y a encore 10 *miàu wei-tsientsung*, de magasins fortifiés. Les troupes qu'ils commandent montent (1812) à 9339 *hunkiun*, soldats des plantations. Le *fùyuen*, comme militaire, est reconnu pour principale autorité par ceux qui occupent des terres le long de la frontière commune de Hùnan et de Kweichau, comme on peut l'inférer de ce fait qu'il y a un *shaupi* stationné à Tung-jin fù, et tout le reste à Sung tàu.

§ 14, — OFFICIERS DU VERT-ÉTENDARD.

Maintenant que nous avons sommairement établi le nombre et la disposition des troupes Luhying, nous allons procéder en peu de mots à expliquer la nomination de leurs officiers ; et, dans ce travail, nous aurons à revenir occasionnellement à l'armée des Bannières.

En avançant dans l'ordre des faits contenus dans le *Code des Lois*, il faut observer d'abord que les fonctions dans les deux armées sont de quatre catégories différentes : 1° *Kien-jin*, où deux services sont réunis dans une seule personne spécialement choisie, qui reçoit la solde des deux. Un officier civil, le *shilang* ou vice-président d'un des six Conseils, par exemple, peut, s'il appartient aux Bannières, être *fù-tutung* d'une des huit Bannières : — les *fù-yuen* de Shantung, Shànsi, Honàn, Nganhwui et Kiàng-si, sont aussi *tituh* des mêmes provinces. 2° *Hieh-jin;* c'est un terme dont le sens implique la possession de plus d'un office à la fois, mais par un bénéficiaire qui touche la solde pour un seul. Le titre d'officiers distingués par l'appellation *wei-shu,* délégués actifs, dans les corps de Bannières, est pour presque tous, sinon pour tous, *hieh-jin.* 3° *Pai-jin,* délégué pour service particulier, soit par un mandat impérial, comme les hauts officiers envoyés périodiquement pour des tours d'inspection militaire, les inspecteurs de casernes (1), soit par le Conseil de Guerre, où les Ban-

(1) En traitant de l'armée métropolitaine, je devais parler de l'inspection des vieilles et nouvelles casernes, qui est confiée à un *tù-tung* ou *fù-tutung* de chacune des Bannières Mantchoues et Mongoles, choisis annuellement pour ce service. 8 Mantchoux et 8 Mongols de ces dernières sont tenus responsables de l'ordre des troupes dans la cité ; si l'un d'eux est compromis, il est réprimandé ; s'il témoigne du repentir, on l'envoie cultiver la terre à Larin, dans Kìrin. Au-dessous

nières, ou les commandants en chef dont les délégués peuvent être les subordonnés ; par exemple, les courriers, *ti-tàng*, mentionnés précédemment, les *muh-kwàn*, surveillants des pâturages dans Kansùh et hors de la frontière, les officiers qui stationnent aux barrières, colonies, etc. 4° *Shih-jin*, où les fonctions sont conférées par suite de grades obtenus à l'examen ; il y en a un nombre fixé.

Dans les provinces, un concours est fait par le *hioh-t'ai*, ou principal officier littéraire, dans la première des trois années de son exercice, pour le classement des candidats militaires ; ils sont d'abord examinés sur les exercices de guerre, l'arc, etc. ; c'est le champ extérieur de la lutte entre les con-

---

de ceux-ci sont 8 *yingtsing* Mantchoux, maréchaux du camp, et 8 *chàngking*, avec pareil nombre de Mongols ; 40 subalternes Mantchoux et 16 Mongols. Ces derniers ont à veiller sur les vieilles casernes ou les vieux cantonnements qui renferment 16,000 habitations, divisées inégalement entre les bannières ; un quart à la disposition des hommes de Bannière Mongols, le reste à celle des hommes de Bannière Mantchoux. Les nouvelles casernes sont de 3,200 habitations dont chaque bannière Mantchoue occupe, dit-on, 240, et chaque bannière Hànkiun 80. Elles sont sous l'autorité de 8 *ying-tsung* Mantchoux, 8 Mongols, 8 Hankiun, 16 *chàng-king* Mantchoux, 8 Mongols et 8 Hankiun, et semblable nombre de subalternes.

currents; puis ils entrent en quelque sorte sur le vrai champ de bataille, c'est-à-dire au concours littéraire, qu'ils traversent sans être d'une habileté bien remarquable. Celui-ci a sa place après l'examen civil de la première année; après celui des classes dans la seconde année, il n'y a pas de concours proprement militaire; mais, au troisième examen, les *siutsai*, ou gradués des deux degrés, peuvent passer au *kujin*, ou degré de maître, au collége provincial; et, ce degré obtenu, au degré *tsinsz'* à Péking. Le nombre d'officiers alloués aux différentes provinces est celui-ci :

	Suitsai	Kujin'		Suitsài	Kujin
Han-kiun (Chihli)	80	40	Fuhkien	1038	50
Fung-tien fù (mantchourie).	50	3	Kwangtung	1166	44
			Kwàngsi	890	30
Chìhli	2321	111	Sz'chùen	1457	40
Shansi	1533	40	Hùpeh	993	25
Shàntung	1624	46	Hùnan	1038	24
Hònan	1640	47	Shensi	1071	50
Kiàngsi	909	63	Kànsuh	849	50
Nganhwui	849		Yunnàn	1171	42
Kiàngsi	1198	44	Kweichàu	729	23
Chehkiàng	1204	50			

Des prétentions à un emploi peuvent être émises par des hommes de rang héréditaire, depuis le *ngan-ki-yü* (5 ᵃ) jusqu'au *kung*, ou duc de noblesse nationale; par un *tsin-sz'*, ou homme ayant pris son degré de docteur militaire, ou par un *kùjin*, et par un *yin-sang*, ou fils d'un officier, breveté à quelques degrés au-dessous du rang de son père, en quelque grande occasion durant la vie de son père, ou lorsque ce dernier est mort de mort violente au service de l'Etat, auquel cas, il prend le nom de *nan-yin-sang*, ou fils breveté ainsi à cause du malheur de son père. Les fils des deux plus hauts grades peuvent être *yin-sang* au 4°; les fils du 3° au 5°, et les fils du 4° au 7°.

Le grade d'officier, auquel chacun de ceux qui précèdent est appelé à succéder, est plus élevé ou inférieur, suivant la qualification de rang de l'individu, comme nous l'avons expliqué. Dans la Bannière, un noble, d'un des trois ordres les plus élevés de noblesse nationale, peut être fait ministre extraordinaire de Gardes ou gardes-du-corps ; ceux de rang héréditaire au-dessous, en descendant jusqu'au *yun-ki-yü* (5 ^{a}), après une année de service comme surnuméraire, peuvent passer gardes-du-corps de troisième classe. En tout cas, ils doivent avoir été présentés. Parmi les Luhying, un *tsz'* et un *nan*, les deux derniers ordres de la noblesse nationale, peuvent être portés sur la liste des candidats prétendant à remplir une vacance du *fùtsiang* ; un *king-chi-tu yu* (3 α), une vacance de *tsantsiang* ou *yu-kih*; un *kitu-yu* (4 α) celle de *tu-sz* ; un *yun-ki-yü* (5 α), celle de *shaupi*. Un *yin-sang* du 4° grade, ayant également fait un service actif de trois ans avec les Luh-yiug, peut être promu au grade de *tu-sz'* ; s'il est du 5° (α), à celui de *shaupi* ; s'il est du 5° (β) à celui de *shauyu* ; du 6°, à celui de *tsien-tsung*, de *ying* ou *wei* ; du 7° ou 8°, à ceux de *patsung* ou *wai-wei*.

Les *yin-sang*, s'ils sont hommes de Bannière, obtiennent commission dans la bannière pour un grade équivalent au leur par brevet. Les Chinois des 5 ordres de noblesse nationale, qui ont servi 3 ans comme gardes, peuvent voir leurs noms mis sous les yeux de Sa Majesté, comme étant éligibles au poste du *fùtsiàng* ; les *king-che-tù-yü* et *yun-ki-yù* qui ont servi 3 ans avec la division Luhying comme surnuméraires, ont aussi qualité pour présenter leur candidature au poste auquel il vient d'être établi qu'ils peuvent prétendre, en vertu de leur rang héréditaire. Un *ngan-ki-yù* peut être fait *tsientsung*.

Les *tsin-sz'* militaires de l'ordre le plus élevé, qui sont 3 en tout, peuvent devenir gardes de première classe ; les autres peuvent être faits *shaupi*.

Les *Küjin* des Hankiun peuvent devenir *tsien-tsung* des stations *wei* dans le service du transport par canaux. Les *tsin-sz'*, après avoir servi comme *ti-tàng* pendant 5 années, peuvent être *shaupi* de Luhying ; les *küjin*, servant comme *ti-tàng* sont aussi classés : la première classe s'élève au grade de *shaupi*, de *ying* ou *wei* ; la seconde, à celui de *shau-yù* ou *tsientsung* de *so*, dans le service du canal.

Les vacances sont distinctes entre celles des Bannières, des Luhying, du *wei* et de la Porte. Les vacances des Bannières, *ki-kiueh*, peuvent demander à être remplies par un de ceux du même *tsàn-ling* inclusivement, ou par un officier du même commandement, ou de la même compagnie *tsoling* de 150 hommes, dans laquelle s'est présentée la vacance, ou en dehors de la même aîle de Bannière ; ou en dehors des 3 bannières supérieures ou des 5 inférieures, ou en dehors des 2 bannières de la même couleur, unie ou bordée, ou en dehors de toutes les 8 bannières. Les Chinois sont naturellement inéligibles pour aucune ; mais des Mongols peuvent remplir les vacances Mantchoues, et les Mantchoux, qui sont tous appelés à remplir le peu de charges assignées particulièrement aux Mongols, empiètent largement sur les offices des Luhying.

Dans les garnisons frontières Luhying de Chihlî et Shansi, 4 *fùt-siang*, 3 *tsàntsiàng*, 6 *yùkih*, 21 *tusz'* et 33 *shaupi* sont toujours Mantchoux. Dans l'intérieur de Chihlî, chaque 5° vacance parmi les *fùtsiàng* et les *tsantsiang* est remplie par un Mantchou ; et il y a trois Mantchoux sur 10 *yù-kih, tu'sz'* et *shaupi*. Dans Shensi et Kansuh, et la division Sung-pwàn de Sz'chuen, il y a un Mantchou sur sept *fùtsiang* et *tsantsiang;* un sur 6 *yùkih* et *tù-sz'*, et un sur 5 *shaupi*. Le terme qui indique une vacance dans le Vert-Étendard, *yiug-kiueh*, s'applique à celles des *Siun-pù* de la Gendarmerie, des forces provinciales de terre et de mer, et des *ho-ying* ou cantonnements de rivière.

Les *wei-kiueh*, vacances des lieutenances de *wei* et de *so*, dans le département du transport par canaux, sont remplies par des Chinois exclusivement.

Les *num-kiueh*, vacances de la Porte, sont celles qui se rencontrent aux portes de la Cité, fonctions remplies par les subalternes qui sont seulement han-kiun ; les autres *num-ling* et *num-li* sont comptées parmi les *ki-kiueh*.

En faits d'avancement, à moins que l'Empereur ne signifie spécialement son bon plaisir au sujet de l'officier qui doit succéder au commandement d'une division *tituh* ou *tsungping*, les listes doivent être mises sous ses yeux par le Conseil. Deux *tsungping* dans Kwàngsì et Yunnan, comme nous l'avons déjà fait remarquer, sont les seules exceptions à cette règle.

Pour les *fùt-siang* et les autres, en descendant jusqu'aux *shaupi* inclusivement, il y a, dans les commandements fixes ou cantonnements, en différentes provinces, certain nombre de nominations qui sont *ti-tueh*, c'est-à-dire, faites sur la motion des autorités provinciales, qui recommandent, pour leur distinction comme officiers, ceux dont le terme de service dans leur grade présent n'est pas entièrement complété, et ceux qui ont été spécialement envoyés, à titre de réserve, par l'Empereur; ou bien ceux qui, par leur longs services, ont des droits à une promotion, ou, par leurs talents, à un emploi. Les candidats propres à leur succéder, depuis le *tsàn-tsiang* jusqu'au *tsientsung* inclusivement, peuvent être recommandés (*yüpàu*) avant d'avoir servi le temps fixé, dans Hùnàn, Shensi, Kansuh, Sz'-chuen, Kwàngtung, Kwàng sì, Yunnàn, Kweichau, et Fuhkien, par les gouverneurs-généraux, les gouverneurs, les généraux en chefs, et les généraux de division. Sur leur recommandation, le Conseil a à présenter un premier nom et un nom exspectant à l'Empereur ; mais ces deux candidats n'ont de chance d'arriver qu'alternativement avec des officiers du même rang, qui ont été déjà, sur présentation du Conseil de Guerre, choisis et envoyés (*kien-fàh*) par Sa Majesté dans les provinces, comme une réserve de prétendants ; il y a en a un nombre limité qui ne dépasse pas 2 *fùtsiàng* et *tsàntsiang*, et 4 *yukih* et *tù-sz'*. Les nominations, dans les deux formes ci-dessus, admettent un tiers dans leurs séries pour les promotions d'officiers, *ying-shing*, dignes d'avancements, ou *ying-pù*, bons pour l'emploi ; ainsi la première vacance qui se rencontre dans une province où les trois règles peuvent se suivre (car aucune de ces règles n'est universellement suivie), est remplie par le (*yù-pau*) privilégié à être nommé le premier, la seconde par le *kien-fàh*, aspirant de choix, et la troisième par le *ying-s'hing*, ou *ying pu*, qui mérite promotion ou emploi.

Quand il n'y a pas de *ti-kiueh* dans une province, le Conseil met en avant des (*tui*) candidats pour être nommés depuis le grade de *fù-tsiang* jusqu'à celui de *tu-sz'*, alternativement avec les *kien-fàh* ; quand le nombre de *ti-kiueh* est petit, le Conseil propose 2 sur 3 pour la nomination sans qu'ils soient *ti-kiueh ;* c'est un officier *kien-fah* qui prend la 3ᵉ place. Les *tsant-siang* effectifs, attendant à Péking, soit après deuil, soit après une convalescence, etc., s'ils ont éprouvé 5 passe-droits du Conseil sans être mis sur la liste d'avancement, peuvent être envoyés pour servir dans les provinces limitrophes de celle dans laquelle ils servaient récemment, avec l'espérance de succéder au *ti-kiueh,* si une vacance vient à se présenter ; là où les *tsien-tsung* peuvent être appelés au terme de leur service à succéder au *ti-kiueh* de *shaupi,* s'il ne s'en trouve pas dans la province, ils peuvent succéder, 4 fois sur les 5 fois que le cas se présente, à un *tui-kiueh* sous les auspices du Conseil ; dans le 5ᵉ cas, le candidat doit attendre qu'il arrive l'occasion d'une vacance de *ti-kiueh* quelque autre part.

Les hommes de rang héréditaire sont compétents pour remplir les vacances de *ti-kiueh,* mais à intervalles : par exemple un *king-ché-tu-yü,* s'étant distingué durant le terme fixé de son stage, peut remplir une 4ᵉ vacance dans le rang auquel, comme nous l'avons montré, ses services lui permettent de prétendre ; les trois premiers sont remplis par des officiers faisant leurs services réguliers dans le rang immédiatement au-dessous.

Dans les localités fixes, les officiers du rang spécifié plus haut peuvent être transportées d'un poste à un autre (*tiàu*), sans accroissement de rang ou d'émolument, quoiqu'il puisse y avoir surcroît de responsabilité.

Les grades peuvent avoir (*lun*) une espèce de succession à tour de rôle, comme il arrive pour les Mantchoux tenant des commissions Luhying, dont nous parlions plus haut. Pour certains postes remplis dans les règles, le conseil choisit (*kien-sien*) un premier en titre et un aspirant des Mantchoux, Mongols, Hankiun ou Luhying. Cet arrangement diffère de celui qu'on distingue par le mot *tui* « mettre en avant » ; il n'y a pas de liste donnée des postes auxquels le dernier est appliqué, comme il y en a pour le reste ; mais il est établi que toutes les nominations, non prévues par les règles précédentes, viennent dans l'étendue de son ressort.

Lorsque les *fù-tsiang* succèdent aux *tui-kiueh*, s'il y a un aspirant qui soit présent, il est proposé par le Conseil ; autrement ils soumettent une liste. Dans un petit nombre de circonstances, le dernier ordre d'avancement est impératif ; le reste avance pour remplir les *tui-kiueh* suivant le mois qui est fixé par le sort pour qu'ils puissent succéder. Le mois peut être pair ou impair dans le grade inférieur ; 10° ou 7°, 4° ou 8°, avec quelques autres variantes, pour le grade supérieur ; et il y a encore des distinctions qui rendent une classe de candidats propres à succéder dans un mois, une autre dans un autre. A partir des *tu'sz'* en remontant plus haut, cet arrangement affecte les individus ; en descendant, les candidats sont disposés en classes par rapport au mois désigné par le sort ; les vacances des rangs inférieurs étant naturellement plus nombreuses que celles des rangs supérieurs. Dans les grades supérieurs aussi, et dans quelques grades inférieurs, s'il ne se présente pas de vacance dans le mois que le sort a désigné au candidat, il peut être pris pour en remplir une autre à une époque subséquente.

Les *tsien-tsung*, et ceux qui viennent au-dessous d'eux, peuvent être choisis par le chef du gouvernement provincial sous lequel ils servent ; les *tsien-tsung* des Portes (voyez Gendarmerie), qui tous sont hankiun, sont limités aux mois pairs ; c'est-à-dire que leur appel par le sort est marqué dans les mois pairs, et une vacance, venant à se rencontrer dans un mois impair, devra être remplie par un de ceux que le sort a désignés pour être promus dans le mois pair qui suit.

Quelques officiers sont appelés à avancer aussitôt que le terme de leur service sera expiré ; cette règle est très-suivie aux postes de frontière et aux stations qui supposent des difficultés ; quelques-uns, imposés par Sa Majesté au choix, pour leur mérite, aussitôt qu'une occasion se présentera, s'il ne se trouve pas de place pour eux dans les classes par partage, succèdent à intervalles fixés par règlement. Le service en campagne procure à un officier sa promotion aux vacances qui se présentent dans son corps durant la campagne, ou à toutes celles qui se font parmi les officiers de son bataillon qui ne sont pas au service de campagne ; mais ces derniers ont aussi leur droit pour succéder, alternativement avec les candidats qui combattent.

Dans toutes les présentations qui regardent les promotions ou nominations, l'ancienneté de service ou l'âge du candidat doit être fixé ; certain service actif peut lui donner la faculté de compter sa journée pour une et demie ; on doit y joindre le compte de ses bons services et des distinctions qui en ont été la conséquence ; et, s'il y a lieu, une note sur sa capacité générale et son aptitude, sur ses fautes passées, son âge, son extérieur, sa vie intime, sa race. Toutes ces règles ont un grand nombre de nuances et d'exceptions que nous n'avons pas le loisir de détailler maintenant.

Les officiers civils des Bannières peuvent permuter avec les officiers de service militaire, comme il suit : les censeurs de circuits, vice-présidents de conseils, intendants et préfets, peuvent devenir *fu-tsanling*, *tsoling*, ou gardien des portes (*chin-mun-hing*) ; les *yuen wài-lang* (5 β), sous-secrétaires des Conseils, sous-préfets et magistrats de districts supérieurs, peuvent devenir subalternes de Gendarmerie, ou sous-officiers de la station d'alarme. Les sous-secrétaires connus sous le nom de *chu-sz'* (6 α), sous-préfets délégués, et magistrats, peuvent devenir subalternes de la *force soldée* des Bannières (*kiau-ki kiau*). Les officiers métropolitains inférieurs (7), secrétaires du trésorier, juge ou préfet provincial, aides-magistrats de districts supérieurs ou inférieurs, et les *pih tih shi* peuvent permuter avec les *chin mun-ling*, secrétaires de la Porte. Dans les garnisons de Bannières extérieures, les *pih tih shi* avec le rang honorifique local de *chu-sz'* peuvent devenir *fàng-yu* ; et les *pih tih shi* surnuméraires subalternes (*hiau-ki kiau*).

De même, en Mantchourie, les officiers des plantations, greniers, postes, peuvent devenir *pih tih shi* des Conseils Moukden, des officiers et garnisons de *tsiangkiun*, ainsi que *tsukiau* (7 β), officiers d'instruction littéraire de Kirin ; *'hiau sih*, employés au même titre dans Sagalien et Sui-yuen. L'aspirant *pih tih shi*, en Mantchourie, peut permuter son service militaire du pays pour un emploi dans le service d'état-major.

Nous avons noté déjà les promotions faites dans les rangs de la Bannière ; le simple soldat de Luh-ying peut être pris pour *wai wei* lancier, *wai wei* ou *patsung*.

En ce qui regarde le simple soldat lui-même, le *maping* ou soldat cavalier, est pris parmi les *chen-ping* ou soldats combattants ; les *chen-ping*, parmi les *shauping*, ou soldats de la garnison, qui eux-mêmes sont recrutés parmi les *yu-ting,* réserve de surnuméraires, pris de leur propre consentement parmi le commun. Dans tous les commandements, en remontant à partir du grade de *fù-tsiang* ou brigadier, il doit y avoir deux *ma-ping* par dix hommes, exercés au mousquet à pied et à cheval, ainsi qu'à l'arc. Les hommes de cavalerie, que leur âge empêche d'aller à cheval et de tirer comme il faut, sont réduits au rang et à la solde de l'infanterie. Les surnuméraires de la Bannière, prenant service dans les Luhying,' sont promus à tour de rôle avec ces derniers, suivant que l'occasion s'en présente.

Pour la régularisation des officiers, le Conseil fait un rapport une fois en cinq ans pour tous, excepté pour un petit nombre d'entre les plus élevés des Bannières, ou ministres qui unissent en leur personne l'office militaire et civil. Un paquet de papiers renferme tous les *tù-tung* et *fù-tutung* métropolitains; un autre paquet, les mêmes officiers des garnisons extérieures, et quelques-uns des ministres *lingtui*; un troisième contient les *tituh* et *tsungping* des Luhying. Les officiers jeunes de ce rang, dans les divisions métropolitaine, sont l'objet d'un rapport fait par leurs propres capitaines-généraux, avec ou sans l'assistance de ceux des divisions qui ne sont pas les leurs; ceux qui servent à la suite de la noblesse impériale, sont soumis au rapport de la Cour du Clan, et ceux des garnisons de la Bannière exclusivement, à celui de leurs généraux, lorsqu'ils ne sont pas moins que *fù tutung*; dans Honan et à Tai-yuen dans Shànsi, à celui du gouverneur; et, dans les neuf petites garnisons du Cordon, à celui des ministres-visiteurs.

Les divisions Luhying ne sont jamais l'objet du

rapport des *tsungping*, mais de celui des autres officiers ayant des commandements généraux, en y comprenant les gouverneurs, etc.

Les certificats des hommes de Bannière doivent faire mention de la conduite, de l'aptitude, de l'habileté à l'arc et à l'escrime, et de l'âge ; ils doivent déclarer si l'individu est ou n'est pas rangé, zélé dans les exercices manuels et militaires, et payeur exact. Dans les Luhying, la forme est différente, mais la substance est la même.

Le nombre de bons certificats est limité. Ils constituent un titre à promotion en trois ans, et ce titre n'est pas annulé par des contraventions punies d'une amende, si cette amende a été payée, et si la faute n'a pas été commise dans un intérêt personnel. Tous les trois ans, un rapport est dressé sur les progrès en exercices guerriers qu'ont pu faire les militaires de rang héréditaire, et des commissaires ont mission de faire des tours d'inspection et d'exercice dans la cité et dans les provinces : leur rapport est renvoyé au Conseil de Guerre.

Un *tsungping* inspecte sa division une fois l'an; un *tituh* inspecte la sienne et les divisions *tsungping*, soit annuellement, soit, dans le cas où la distance est grande, une fois en deux ou trois ans. Formose est visitée tous les ans, mais à tour de rôle, par le général des hommes de Bannière et le chef principal, ou autorité Luhying, civile, militaire et navale. Du reste, Chili et Shansi sont visités par un haut commissaire, délégué pour cela d'entre les plus hauts officiers des Bannières, présidents de Conseils, ministres du cabinet, etc. Shensi et Sz'chuen sont visités par un autre, et Kansuh par un autre : ce sont les inspections de la première année. La seconde année, Hùpeh et Hunan sont visités par un commissaire, Yunnàn et Kweichàu par un autre. La troisième année, Fuh-kien et Chehkiàng par l'un, les deux Kwang par l'autre. La quatrième année, Shàntung et Honàn par l'un, et les deux Kiang par l'autre : néanmoins ce service est souvent délégué à des gouverneurs-généraux et à des gouverneurs. Les rapports des inspecteurs entrent dans de minutieux détails sur la manœuvre, la cible, le nombre et l'état des armes, etc. Les Luhying, comme les hommes de Bannière, se servent de l'arc et du fusil à mèches, et portent la longue lance et le bouclier ; ils s'exercent aussi à l'escalade.

LIVRE QUATRIÈME.

§ 1. — PRIVILÉGES, RÉCOMPENSES ET DISTINCTIONS.

Le *tituh* de Chihli visite la Capitale en alternant d'année en année avec le gouverneur-général. Les *tsung-ping* de la province, excepté ceux des divisions Malàn et Tà-nùng et les deux *fu-tutung* à Mih-yun, en tout cinq officiers, y viennent une fois tous les deux ans. Les *tituh* et *tsung-ping* du reste des provinces demandent la permission de s'y présenter une fois tous les trois ans ; si la permission leur est refusée, ils renouvellent leur demande pour l'année suivante. Les *tsung-ping* détachés à Ilì, complètent cinq années de service dans cette province, et ne sollicitent une audience que lorsqu'on les a relevés. A Formose, le *tsung-ping* ne demande pas de permission pour quitter son poste dans ce but ; mais il est présenté quand on le relève ou quand il est promu.

Il y a dix-huit dénominations très-retentissantes attribuées aux classes supérieures et inférieures des neuf grades. Les *kung, hau* et *peh*, ducs, marquis et comtes de la noblesse nationale, sont appelés *kien-wei tsiangkiun*, généralissimes soutiens de la Majesté ; les classes inférieures du neuvième grade sont nommés *ngeh-wai wài-wei*, ou sergents à lance, *siu-wù tso-kiàu-yü*, titre presque intraduisible, équivalent approximativement à *kiau-yu*, secondaire ou assistant, pour le soin des affaires militaires. Le *kiau-yü* était un titre militaire de la dynastie Hàn.

Les dames ne sont pas oubliées dans la distribution de ces distinctions. Les officiers qui portent des plumes comme partie de leur uniforme, et non pour leur mérite, sont requis de les quitter lorsqu'ils abandonnent leurs postes. Aucun officier militaire, sans une permission de l'Empereur, motivée par l'âge et sur les infirmités, ne peut voyager en chaise ou en voiture ; il ne peut pas non plus employer des soldats pour des commissions ou pour son service domestique.

Les récompenses de service militaire, gagnées par des officiers civils ou militaires, partent du Conseil de Guerre, qui, s'il s'agit du premier, après avoir pris l'avis de la Couronne, en réfère au Conseil du service civil. Des insignes de grosseur différente sont donnés aux *ying-tsung* des hommes de Bannière et à tous ceux qui viennent au-dessous d'eux; les Luhying, à partir des *fu-tsiang*, reçoivent des mentions honorables; quatre inscriptions égalent un degré, et le nombre le plus haut qu'ils puissent obtenir est cinq. Les *fù-tutung, tsung-ping* et officiers au-dessus reçoivent des degrés d'honneur, qui cependant ne modifient pas leur grade. Ils peuvent aussi obtenir des insignes, et il est à observer que plusieurs à la fois peuvent être possédés par une même personne, au compte de laquelle, si elle est propre à être anoblie pour le service, le nombre qu'elle en possède est porté en profit.

Les officiers nationaux des tribus sauvages sont récompensés par l'initiative des Luhying. Il y a encore de petites distinctions en faveur des officiers et des soldats qui jouent un rôle principal ou secondaire en rompant une ligne de bataille, en prenant les villes d'assaut, en abordant ou prenant des vaisseaux ou des corps de troupes. Un prix du sang ou gratification est accordé pour les blessures ou les coups reçus en combattant. Ces blessures sont classées en trois degrés de gravité dans le nombre ordinaire des distinctions subordonnées. Un officier ou un soldat de Bannière peut recevoir 50 taels pour une blessure de premier degré, ou 40 seulement si la blessure de ce degré ne provient que d'un coup de canon tiré de loin : les Luhying n'en reçoivent que 30, lorsque les autres en reçoivent 50. Les marins échappés, quand leurs navires sont naufragés dans une croisière, reçoivent de l'honneur, mais pas de compensation en argent. Les enfants de ceux qui ont été tués dans une action sont honorablement pourvus pour cette considération. Le fils d'un *kung, hau* ou *peh*, capitaine-général de Gardes ou de Bannière, général de garnisons Mantchoues, ou *tsz'* (baron) de la première classe, reçoit une allocation de 1100 taels, près de deux années de la solde de son père, si ce dernier a été tué sur le champ de bataille. La famille d'un cavalier a droit à 150 taels dans les Bannières, à 70 dans les Luhying; un soldat d'infanterie, dans ces derniers, donne à sa famille droit à 50 taels. En outre des honneurs posthumes rendus au mort lui-même, sa mémoire est honorée encore par l'élévation ou l'emploi de son fils ; les parents d'un soldat privé, qui a été tué dans l'action, sont pourvus par le gouvernement.

Quand les officiers ou soldats sont affaiblis par l'âge, sur la demande de leurs supérieurs ou sur leur propre désir exprimé, et appuyé par des blessures ou des infirmités, si du reste ils sont recommandés par leurs bons services, on leur alloue certaines pensions (1). A ce sujet voici en quels termes s'explique un écrivain distingué :

« On tient une note exacte de toutes les actions de valeur, de courage, ou de celles qui font preuve d'une intelligence supérieure. Elles servent à l'avancement de ceux qui les ont faites, s'ils y survivent ; s'ils ont péri en combattant, les récompenses qu'ils méritaient refluent sur leurs veuves, leurs fils et leurs frères. Ni le père d'une nombreuse famille, ni les fils uniques, ni le fils d'une veuve âgée, ne sont forcés d'aller à la guerre ; à moins que l'Etat ne soit en grand danger, ou que le cas ne soit des plus urgents. Le gouvernement fait des avances d'argent

---

(1) A 60 ans, les soldats peuvent prendre leur retraite avec demi-solde. — S'ils succombent sur le champ de bataille, on inscrit leurs noms au grand-livre, en vue de leur faire obtenir dans l'autre monde un grand avancement.

à quiconque entre en campagne ; il lui donne aussi double paye, une pour lui, l'autre pour sa famille, et elle en jouit jusqu'à son retour.

« Nul genre de service rendu à l'Etat n'est ni méconnu, ni oublié ; les services militaires moins que tous les autres. Mais, comme la guerre ne peut pas durer toujours, l'estime qu'on fait des gens de guerre semble cesser à l'instant qu'ils cessent d'être en face de l'ennemi. C'est aussi dans ces moments de crise que le gouvernement prodigue les distinctions, les récompenses, les honneurs de toute espèce. Il étend ses regards jusque sur la dernière classe militaire, jusque sur le dernier individu de cette classe. Qu'un simple cavalier, un simple soldat périsse dans une bataille, on envoie à sa famille ou sa chevelure, ou son arc, ou son sabre, etc., pour être enterré à la place du cadavre dans la sépulture de sa famille. On y joint un éloge proportionné à ce qu'il a fait, pour être gravé sur la tombe qui renferme ses dépouilles. Les officiers morts sont encore traités avec plus de distinction. On fait transporter chez eux ou leur armure complète, ou leurs cendres, ou leurs ossements, ou leur cadavre entier. C'est leur grade, ou la manière dont ils se sont distingués, qui sert de règle dans cette occurrence.

On accorde aux uns des honneurs pour leur tombeau; on en fait ériger à d'autres. C'est souvent à mille, à quinze cents lieues qu'on fait transporter ainsi le corps d'un officier, ou la chevelure d'un simple soldat. Celui-ci, comme l'autre, est nommé dans les gazettes; son nom passe ainsi sous les yeux du public, et de là dans l'histoire générale de l'Empire. »

Quelquefois, si le père est destitué, on permet au fils d'entrer dans les rangs pour le soutenir.

« La récompense est prompte pour ceux qui ont fait leur devoir; la punition ne l'est pas moins pour ceux qui négligent de le remplir. Mais, encore une fois, la dégradation, la destitution absolue d'un officier supérieur ne peut nuire à l'avancement de son fils. Ce dernier, interrogé par l'Empereur même sur sa famille, répondra froidement : Mon père fut dégradé pour s'être mal conduit dans telle affaire; mon aïeul fut décollé pour avoir commis telle ou telle faute; et cet aveu ne porte aucun préjudice à celui qui le fait. Il peut même, à force de services, réhabiliter un jour leur mémoire. »

Les commandants des divisions supérieures dans une province sont tenus d'établir quels sont ceux de leurs subordonnés, depuis le *fu-tsiang* jusqu'au *shaupi* inclusivement, ayant atteint leur sixième année, une année avant que le rapport soit fait, qui sont propres à continuer le service, et ils doivent faire présenter ce rapport par le Conseil. Une fois en trois ans, ils font un rapport semblable sur l'aptitude au service des officiers, depuis le *tsant-tsiang* jusqu'au *shaupi*, qui ont déjà été recommandés pour une promotion; il en est de même pour les *tsient-sung*, mais avec une différence dans les limitations.

§ 2. — PUNITIONS.

Les hommes de Bannière et les Luhying sont punis d'après des lois distinctes de celles qui atteignent les Hankiun, ou Chinois servant dans les Gardes, ou les Lwan-i-wei, Chinois aussi de rang et de grades militaires héréditaires.

S'il n'y a pas de clause exactement applicable au cas qui est en question, l'on donne le texte de la loi qui concerne le délit le plus approximatif possible; et de ce texte la Couronne déduit, par l'étude sérieuse du méfait, que la peine sera mitigée ou aggravée; ou bien encore on prend pour guide une loi du Code criminel, et la peine corporelle est changée, d'après une appréciation fixe, en une amende. Une distinction se fait toujours entre les fautes commises pour satisfaire un intérêt personnel, et entre les simples manquements au service.

Les *fù-tutung* et les officiers qui sont au-dessus, dans les Bannières, et les *tsung-ping* et les officiers au-dessus dans les Luhying, peuvent se dénoncer eux-mêmes à la Couronne, leurs subordonnés peuvent se dénoncer à eux; et la connaissance reçue de leurs transgressions devra adoucir le châtiment, si même il ne leur est pas entièrement remis, à moins que leur délit n'ait été commis dans leur intérêt personnel ou qu'il n'ait été découvert avant leur aveu. Si les délinquants ont des degrés de mentions honorables, ils peuvent encourir pour une seule faute, leur dégradation; mais elle n'est pas regardée comme suffisante pour une faute intéressée, ou si l'Empereur a spécialement déclaré que tout le parti serait dégradé, ou si le coupable a été mal noté à l'examen triennal (1). Les amendes encou-

(1) *Mal noté à l'examen triennal* : c'est-à-dire « dénoncé sur un des six chefs, » à savoir : avarice, sévérité exagérée, âge avancé, infirmités, indolence et stupidité, qui, dit un décret de 1759, sont, comme on le voit, des choses à constater, et peuvent à cause de cela former des titres généraux; mais, ajoute le décret, l'inattention à remplir son devoir, ou l'irrégularité dans la conduite doivent être définies clairement lorsqu'on accuse un officier.

rues dans le service actif ne sont infligées qu'après que la campagne est terminée. On rend compte à la fois des délits qui méritent la perte de la commission ou la dégradation ; mais un officier peut regagner sa position en considération de ses exploits dans la campagne. Les mêmes règles s'appliquent au service des colonies.

Le crime commis dans les rangs est le plus souvent puni, comme parmi le peuple, par suspension de solde ; mais, pour la punition des offenses commises dans le service actif, il y a un code de 40 articles dans le *Code des Lois*; il fut publié en 1731, la 9ᵉ année de Yung-ching. Dans le préambule, l'Empereur dit qu'il a lui-même examiné les règlements que lui soumettaient ses ministres, qu'il y a donné sa sanction, et que l'on pourra se convaincre qu'il renferme tous les grands principes et les petits détails. La *Recherche sur l'Administration* contient le tout en substance, quoiqu'il y ait de nombreuses différences de texte entre les deux éditions du décret. J'ai fait mon possible pour le condenser dans l'aperçu qui suit.

La pénalité prévue par l'ordonnance de 1731, pour la punition des fautes commises par les hommes et les officiers des corps de Bannière, ou des troupes du Vert Etendard, dans le camp ou pendant l'action, est telle que nous allons l'expliquer : — Les hommes de Bannière seront frappés du fouet, les Luhying du lourd bâton; les premiers recevront de 40 à 100 coups ; les derniers, dans toutes les circonstances excepté une (§ 88), de 10 à 20 coups de moins que les hommes de Bannière. En quelques cas peu nombreux, les officiers non commissionnés des deux corps recevront le même nombre de coups.

Les soldats, officiers non commissionnés et subalternes des deux corps peuvent être punis d'une flèche qui leur traverse une oreille ; dans une circonstance (§ 37), les officiers non commissionnés ont les deux oreilles percées ; dans une autre (§ 36), le soldat a le nez et l'oreille percés ; en certains cas, le patient est promené à travers le camp. Dans un cas unique (§ 38), le crime remonte jusqu'à l'officier en campagne, et le nom en est regardé comme fort gravement inculpé. Vingt-six articles du Code fixent la peine de mort par décapitation ; onze de ces articles n'admettent pas d'autre châtiment. Le dernier article (§ 1) condamne tous ceux qui, à l'heure du combat, n'avancent pas quand on bat le tambour, et ne s'arrêtent pas quand on bat le gong;

— (§ 2) ceux qui, dans un mouvement en avant, restent lâchement en arrière, ou laissent entendre des murmures à leurs camarades dans les rangs; — (§ 4) ceux qui, chargés secrètement par leur général de la transmission d'un ordre, y ajoutent ou en retranchent la portion la plus importante; ou ceux qui porteront des ordres de leur propre invention, en leur donnant une apparence d'authenticité; —(§ 5) ceux qui divulguent à d'autres un ordre secret qui leur est donné par le général, en sorte que la publicité éventuelle de cet ordre peut faire manquer l'entreprise à laquelle il avait trait; — (§ 6) ceux qui, officiers ou soldats, mettent à mort un des bons sujets de l'Empereur, et se font passer pour avoir tué un ennemi; — (§ 7) ceux qui s'approprient le mérite des autres, inventent des histoires de services rendus ou exagèrent leurs services à la guerre; — (§ 8) ceux qui oppriment le peuple, national ou étranger, sur le passage de l'armée, en le forçant à vendre ou à acheter, en pillant, détruisant les habitations ou violant les femmes; — (§ 9) ceux qui mettent leurs camarades dans l'inquiétude en leur racontant des songes d'apparitions et de démons, à tout bout de champ; —(§ 10) ceux qui vont rôder la nuit autour des tentes du général pour entendre les entretiens particuliers qu'il a sur son plan de campagne avec les autres officiers ; — (§ 12) ceux qui, n'osant pas avancer quand on les a envoyés en avant pour une reconnaissance, assurent faussement avoir rempli leur mission, et font manquer une entreprise par leurs renseignements faux.

Seront aussi décapités ceux qui, (§ 3) dans l'action, désobéissent à un ordre, donné par le tambour ou le gong, de se battre ou de cesser de se battre; dans le camp, la même faute est punie par 40 coups donnés aux hommes de Bannière et 30 aux Luhying, comme nous l'avons vu plus haut ; —(§ 10) les soldats malingres sur le champ de bataille sont décapités; mais, s'ils sont réellement invalides, si l'on n'a pas examiné leur état, si l'on n'en a pas fait rapport à l'officier commandant, qui les aurait fait soigner, leurs officiers non-commissionnés recevront 40 ou 50 coups, suivant la nation à laquelle ils appartiennent, et leurs subalternes des deux nations auront une flèche passée à travers la partie supérieure et le pendant d'une oreille. Ceux qui tuent des chevaux égarés (§ 13), pour s'en nourrir ou les vendre, sont décapités; ceux qui les gardent pour leur propre usage reçoivent 40 ou 50 coups, et sont promenés dans le camp, une flèche passée à travers l'oreille. Ceux qui dérobent des chevaux et désertent avec eux (§ 14) durant l'action, sont décapités; s'ils font cela au camp, ils reçoivent 80 coups, et 100 s'ils sont hommes de Bannière. Les soldats qui murmurent (§ 16) dans le service du camp reçoivent 60 et 70 coups; sur le champ de bataille, ou à la récidive dans le camp, ils sont décapités; c'est la même pénalité pour avoir donné l'alarme la nuit (§ 17), par des mouvements ou des cris inutiles; si c'est le jour, ils reçoivent 40 et 50 coups respectivement. Un langage ou une conduite insolente vis-à-vis des officiers en recevant leurs ordres, 40 et 50 coups; une désobéissance obstinée en campagne, entraînant la forfaiture, est punie de la décapitation. Une conduite insolente ou irrespectueuse, en présence de son officier (§ 36), conduit le soldat à être mené dans le camp le nez et l'oreille percés d'une flèche. Mettre le feu aux fourrages par négligence, ce qui est important en face de l'ennemi (§ 19), entraîne encore la peine capitale; si ce n'est pas devant l'ennemi, le crime n'est punissable que par 80 et 100 coups. Pour la destruction par le feu d'armes et d'accoutrements militaires (§ 20) en campagne, les subalternes, officiers non-commissionnés et les soldats sont décapités ; si c'est dans le camp, les soldats, d'ordinaire, reçoivent 40 et 50 coups ; mais si ce feu est allumé près d'un magasin à poudre, c'est 80 et 100 coups ; les officiers non-commissionnés et les subalternes sont promenés avec la flèche à travers l'oreille. Quiconque, entendant un camarade parler en dormant (§ 21) lui aura répondu au lieu de l'éveiller, en sorte que le bruit aura troublé le camp, recevra 70 coups, et s'il est homme de Bannière 80 coups ; les officiers non-commissionnés seront promenés avec la flèche dans l'oreille ; mais si le camp était en ce moment en présence de l'ennemi, ils seront décapités.

L'admission dans l'intérieur du camp faite par les gardes de personnes non autorisées (§ 22), si l'on est devant l'ennemi, demande la peine de mort ; dans les temps ordinaires, elle est punissable par 60 et 70 coups. C'est la mort encore (§ 23) pour qui laisse quelques ennemis, qui seraient dans l'intention de se rendre, se disperser, sans les amener devant l'officier-commandant, si ces hommes dispersés auraient été en position d'informer l'officier de la position, etc., de l'armée ; et même, si l'acte n'a pas cette gravité, la négligence est punissable de

80 et 100 coups ; la simple négligence à rapporter l'offre faite de se rendre, encourt 60 et 70 coups. Ceux qui tombent sur les bagages de l'ennemi (§ 25), après une victoire, sans en avoir reçu la permission du général, sont promenés avec la flèche à travers l'oreille ; si le désordre s'est mis par suite de cela dans le camp ou dans les rangs, ils sont décapités. Les soldats tapageurs ou pris de boisson (§ 15), si la faute est légère, sont frappés ; si elle est grave, ils ont l'oreille percée d'une flèche. Les soldats au camp, chargés de mener les chevaux à l'abreuvoir, s'ils laissent salir l'eau, reçoivent 80 et 100 coups de fouet ; c'est la même punition, si (§ 40), pendant la marche, les chevaux s'entassent aux fontaines et les encombrent. Les soldats qui galopent sur les chevaux de la cavalerie (§ 32) sans nécessité, reçoivent 40 et 50 coups de fouet ; ceux qui (§ 39) sont chargés des chevaux et des chameaux, s'ils leur donnent leur nourriture à d'autres heures que celles qui sont prescrites, s'ils les laissent brouter lorsqu'on a besoin de leur service, reçoivent 80 et 100 coups ; les officiers non-commissionnés et les subalternes ont la flèche dans l'oreille. Le gaspillage du grain (§ 27), lorsqu'on fait les rations, coûte 80 et 100 coups. La destruction de l'herbe à

fourrage (§ 28), en rôdant sur la ligne de marche, 80 et 100 coups; pour avoir poursuivi des chevaux, des chameaux, des bœufs ou des moutons, 80 et 100 coups ; les conducteurs de ces animaux sont promenés avec la flèche, ainsi que leurs subalternes. Le vol des grains (§ 29) par des soldats qui les escortent, ou le vol de la ration de grains d'un camarade d'escorte, l'endommagement des sacs, vaut 80 et 100 coups. La perte du carquois ou du sabre, la présence du soldat non-couvert de ses propres armes sont punis, dans la personne même du soldat (§ 30), par 80 et 100 coups; dans la personne de son officier non-commissionné par 30 et 40 ; les subalternes ont l'oreille percée comme nous l'avons expliqué plus haut. Des soldats qui omettraient de dénoncer la découverte faite d'armes inconnues (§ 31), ou qui se les approprieraient, encourraient la peine de 30 et 40 coups, et seraient promenés avec la flèche dans l'oreille. Les soldats de l'arrière-rang, ou de l'arrière-colonne (§ 33), se mêlant à ceux du front, et par là causant de la confusion, reçoivent 40 et 50 coups, et sont également promenés. Les sentinelles placées aux portes (§ 34), laissant quelqu'un quitter le camp, si ce n'est pour accomplir un devoir de service, après l'heure de veille, subissent 30 et 40 coups ; leurs officiers non-commissionnés ont la flèche. Les réguliers ne portant pas leurs messages (§ 35) avec une rapidité suffisante durant la nuit ; les gardes ou les patrouilles qui se laissent gagner par le sommeil, ou qui commettent quelqu'irrégularité dans leurs veilles ou leurs relevées, reçoivent 80 et 100 coups ; les officiers non-commissionnés 40 et 50 ; si le fait se passe devant l'ennemi, ils sont tous décapités. Les soldats qui n'ont pas soin de leur poudre (§ 37), jusqu'à la laisser devenir trop humide pour prendre feu, ou qui la gaspillent le long de la route, ou pendant le feu, reçoivent 40 et 50 coups ; les officiers non-commissionnés sont promenés avec la flèche à l'oreille. La perte totale de la poudre est punie, dans le soldat, de 80 et 100 coups ; et son officier non-commissionné est promené les deux oreilles percées de flèches. Les soldats dont les balles (§ 38) ne sont pas du calibre voulu pour le canon de leur fusil à mèche, si l'on découvre leur délit à un exercice ordinaire, sont condamnés à 40 et 50 coups, et sont promenés la flèche dans l'oreille ; il en est de même de leurs officiers non-commissionnés ; leurs subalternes ont l'oreille traversée de la flèche, mais ne sont pas promenés ; si le délit se découvre pendant l'action, le soldat a la tête tranchée, son officier non-commissionné, des Bannières ou des Luhying, reçoit 100 coups, son subalterne est promené avec une flèche dans l'oreille, et une mauvaise note est imposée à ses commandants, *yingtsung*, *ts'ànling, tsantsiàng* ou *shaupi*.

La 13ᵉ année de Kienhing (1748), il y eut 3 sections ajoutées, et la 49ᵉ (1784), il y en eut 10 autres. Les premières condamnent à une mort instantanée tout général qui, étant en campagne, sera convaincu : 1° d'avoir commis des dilapidations, d'avoir à dessein prolongé la guerre par son manque d'énergie, ou un faux exposé des faits ; 2° de vouloir rejeter ce qu'il a fait sur un autre dans le but de l'accuser de jalousie, et par là de retarder la terminaison de la guerre et causer une dépense inutile ; 3° d'exciter les troupes à se disperser par un langage alarmant, lorsqu'il est incapable de réussir contre l'ennemi, et là-dessus bâtissant une accusation pour la rejeter sur un autre.

Des 10 qui restent, la première imprime au soldat la conviction du grand avantage qu'il a à combattre au lieu de prendre la fuite ; honneurs et récompenses l'attendent dans un cas, la mort l'attend dans l'autre, et, s'il est tué dans l'action, l'État prendra soin de ceux qu'il laisse après lui ; la 2° a pour but de lui inculquer de prendre un soin minutieux de ses armes, et de faire feu avec régularité, quand il est en face de l'ennemi ; la 3° lui recommande le soin de ses armes et de ses munitions, dans les tentes et dans les marches ; la 4° ordonne aux soldats de lutter contre les plus terribles ennemis, si leurs officiers tombent, pour les sauver de la mort ; la 5° traite de la manière de se jeter sur les bagages de l'ennemi, après une victoire ; la 6° recommande de garder le silence aux gardes, patrouilles, sentinelles ; la 7° ordonne de rechercher, contre les soldats et les officiers, toute rigueur, tous mauvais traitements, exercés par eux dans la marche, contre les sujets de Sa Majesté ; la 8° prescrit les précautions à prendre contre les prétentions fausses au mérite militaire ; la 9° s'occupe des soins et surveillance des chevaux et des chameaux ; la 10° indique les précautions à prendre pour éviter l'incendie du camp.

Dans la 52° année (1787), parut encore un ordre général promettant récompense aux braves et mort aux lâches, etc. Dans ces onze lois respire la pensée générale d'une espérance de récompense pour ceux qui se conduiraient bien, et d'une menace de mort, toujours la mort, pour le lâche, le négligent, le séditieux. Elles sont plutôt dans le style des proclamations ordinaires, et ne sont pas avares d'appels au patriotisme et d'exhortations à l'accomplissement du devoir. Le Code précédent de Yungching ne fait pas grande dépense de moralités, et il ne s'étend sur rien que sur la désobéissance aux ordres et sur la pénalité.

§ 3. SOLDE DES OFFICIERS.

Nous en venons enfin à la solde de cette énorme armée. Les tableaux suivants indiqueront le rang de tous les officiers militaires nommés dans les pages qui précèdent, avec leurs titres chinois, et, autant qu'il sera possible de l'affirmer, la solde de chacun. Arrivé à ce point de sa tâche, l'écrivain éprouve quelque découragement à avouer qu'il est plein d'hésitations et de doutes, sur ce dernier détail, en bien des cas. Bien des officiers, portés sur l'effectif des corps et garnisons, dans tout ce qui précède, ne sont certainement pas payés comme tels, et « l'allocation anti-extortive » des officiers de Bannière à Péking, comme a essayé de traduire proprement M. Maedons, est massée en chiffres dans le code du Conseil des Revenus d'une façon telle, qu'elle défie toute recherche; les données sur les allocations faites à chacun spécialement des établissements officiels ne sont guère plus satisfaisantes.

La solde d'un officier dans les 4 hauts degrés et dans la division supérieure du 5ᵉ degré, est divisée en 4 articles, qui rendus littéralement sont : paye; combustible et eau; légumes, charbon et chandelles; et enfin frais de bureau. Dans la division inférieure du 5ᵉ degré, et dans le 6ᵉ et le 7ᵉ, l'officier reçoit une solde en rapport seulement avec les deux premiers articles spécifiés plus haut; dans le 8ᵉ et le 9ᵉ, la solde n'est pas plus forte que pour le simple cavalier, et il n'y a qu'une fort petite allocation anti-extortive.

Le montant de cette allocation, comme on le verra, est très-variable suivant les localités. La totalité de la somme appliquée au payement de cette allocation, pour les hommes de Bannière, est de 86,000 taëls (1831); mais elle comprend quelques officiers civils qui remplissent les postes supérieurs du gouvernement central, partage des hommes de Bannière; et aussi plusieurs de ces derniers qui ont appointements comme membre de la noblesse impériale : leur nombre ne nous est pas plus sûrement connu que celui des titulaires militaires supérieurs de la plus haute noblesse impériale. D'un autre côté, la liste mentionne quelques officiers du 3° et 4° degré prenant part à cette allocation, mais ne spécifie pas quelle partie ils en émargent. Rien ne prouve que les officiers nationaux, *tù-pien*, reçoivent quelque solde en argent ou en nature, bien que certain passage du *Code des Lois* induise à faire croire qu'ils sont payés. L'allocation désignée comme extraordinaire dans le tableau qui suit, est, en général, autant qu'on peut le préjuger, pour frais de bureau et autres dépenses propres aux *yà-mun*.

La commutation *Sui-kiàh* a été déjà expliquée dans la première partie. Le grain est calculé en *shih*, que nous pourrons traduire par *pécul* (bien que la mesure varie suivant les localités) et en acres. La Gendarmerie, du grade de *fù-tsiàng* à celui de *pàtsung*, reçoit un *shih* par mois, en outre de la paye et de l'allocation ; le reste de ceux qui reçoivent une ration de grain, touchent autant de *k'au*, bouchées, ou autant de *hiàng*, mesure de terre égale à 6 acres. Les « bouchées » sont équivalentes au quart d'un *shih* par mois, ou 3 *shih* par an ; le *tù-*

tung de Jeh-ho ainsi que les autres, comme nous le verrons, touche 40 bouchées ou 120 *shih* par an. Dans quelques districts, on paye en espèces, au taux d'environ un taël par *shih*. Le *hiàng*, qui semble être une assez libérale concession de terre, paye à la Couronne une rente, dont est responsable l'officier que l'on suppose prendre sa part du revenu.

Pour prévenir une répétition inutile de termes chinois, je place ici avant le tableau de la solde une liste des différents corps, dont les désignations sont presque généralement incluses dans les titres de leurs officiers.

1 Tsin-kiun ying............ Les Gardes, dont l'officier est le shì-wei ch'ù.
2 Tsien-fung ying........... Division principale.
3 Hù-kiun ying............. Division du Flanc.
4 Hiàu-ki ying............. Division soldée des Bannières.
5 Kien-yui ying............ Division légère.
6 Ho-ki ying.............. Artillerie et division des mousquetaires.
7 Pù-kien ying............ Gendarmerie.
8 Yuen-ming Yuen.
9 King-ki................ Cordon métropolitain.
10 Ling-tsin.............. Mausolées.
11 Luhying............... Armée du Vert-Étendard.
12 Pàu-l................. Suite.

En renvoyant le lecteur continuellement à ce qui précède, il sera bon d'avertir d'ajouter, en chinois, autant seulement de titres de chaque officier qu'il peut en porter en addition à la distinction de son corps ou de sa division ; et un titre une fois donné en chinois ne sera pas répété.

TABLEAU DE LA SOLDE DES OFFICIERS DE L'ARMÉE CHINOISE DANS LES DIVISIONS SUPÉRIEURES ET INFÉRIEURES DES NEUF GRADES.

1ᵉʳ Grade.

1ᵉʳ GRADE, division supérieure (1α) : le *ling-shi-wei nui tà-chin* (Gardes) reçoit 605 taëls de solde, 900 d'allocation et 384 de *sui-kiah*.

1ᵉʳ GRADE, division inférieure (1β) : le *nui tà-chin* (Gardes) reçoit 605 de solde, 400 d'allocation, 48 de *sui-kiàh*.

Les *tùtung*, ou capitaines-généraux de bannières, de garnisons ou de tribus, reçoivent 605 de solde, 700 t. en moyenne d'allocation ; ceux de Jeh-ho, de Chahar et d'Urumtsi, une solde extraordinaire de 1,500 t.; les autres un *sui-kiàh* d'environ 300 t.; enfin ceux des garnisons et des tribus Koko-Nor un *shih* en grains de 120 t.

Le *pù-kiun tungling* ou *titùh kiumun* (Gendarmerie), 605 de solde, 880 d'allocation, 240 de *sui-kiah*.

Les *tsiàng-kiun* ou généraux commandant bannière dans les provinces : 605 de solde, 1,500 d'allocation (sauf ceux d'Ili 4,000 et de Shingking, 2,000), de 40 à 200 de solde extraordinaire, et 120 *shth* en grains.

Les *tìtuh* ou généraux en chefs : celui des Luhying, 2,000 d'allocation ; celui à Urumtsi, 2,800 *id.*; celui dans Yunnàn, 5,000 *id.*; et tous les trois 605 de solde.

2° Grade.

2° GRADE, division supérieure (2α) : le *tsien-fung tungling* reçoit 511 taëls de solde, 600 d'allocation, 288 de *sui-kiah*.

Le *hù-kiun tungling* reçoit autant.

Les *fù-tutung* des Bannières et des Garnisons reçoivent tous 511 de solde, de 400 à 1,000 d'allocation ; 3 seulement reçoivent une centaine de taëls de paye extraordinaire ; tous 105 *shih* en grains, sauf celui de *shanhai kwan* qui reçoit 600.

Les *tsungping*, ou généraux de division, reçoivent 511 de solde, 1,500 en moyenne d'allocation ; celui de Liàng chàu, seul, une paye extraordinaire de 559 1/2.

2° GRADE, division inférieure (2β) : le *sàn-tieh tà-chin* (Gardes) reçoit 243 de solde, 400 d'allocation, 24 de *sui-kiàh*.

Les *fù-tsiang* reçoivent 377 de solde, environ 900 d'allocation ; le *fù-tsiang* de Gendarmerie reçoit en plus 12 *shih* en grains.

3° Grade.

3° GRADE, division supérieure (3α) : tous les officiers reçoivent 243 taëls de solde ; la moitié seulement de 200 à 800 d'allocation ; 3 seulement 60 en moyenne de *sui-kiàh*.

3° GRADE, division inférieure (3β) : tous les officiers reçoivent 331 taëls de solde ; les *yùkih* seuls de 400 à 600 d'allocation ; 3 seulement reçoivent des *shih* en grains.

4° Grade.

4° GRADE, division supérieure (4α) : tous les officiers reçoivent 137 taëls de solde ; les *tù-sz'* seuls, environ 300 d'allocation; le *hieh yù* de Gendarmerie, une paye extraordinaire de 108 taëls, et les *fàng-shau yù*, moins celui de garnison des Bannières, de 1 à 4 taëls ; 3 seulement ont un *sui-kiàh* d'environ 72 t. ; 2 le *shih* en grains.

4° GRADE, division inférieure (4β) : tous les officiers reçoivent 137 taëls de solde ; le *ching mun-ling* de Gendarmerie, 96 de *sui-kiàh*, le *pàu-ì tsòling*, 24.

5° Grade.

5° GRADE, division supérieure (5α) : tous les officiers reçoivent 90 taëls de solde ; les *shàupi* (1) seuls, de 200 à 300 d'allocation ; le *sàn-tang shi-wei* des Gardes et le *fù-yù* de Gendarmerie, une paye extraordinaire de 4 à 7 taëls ; 2 *fàng-yù*, 42 de grains.

5° GRADE, division inférieure (5β) : tous les officiers reçoivent environ 70 taëls ; le *hieh-pàu shàupi*, chargé des tra-

(1) Les *wei shaupi* sont payés 500, 400, 340, 300 et 240 taëls, suivant les différentes localités dans lesquelles ils servent. Les *tsientsung* à Tungchau et à Tientsin-fù, ont 340 taëls chaque ; dans Shantung, 5 *li* ou 0,005 d'un taël, pour chaque *shih* de grains qu'ils apportent ; dans Hònan, ceux qui montent à bord de la flotte, 200 ; ceux qui reviennent avec chaque flotte alternativement, 100 taëls ; dans Kiangsu et Nganhwui, le premier 200, le reste 60 ; à Kiangsi, 240 ; à Chehkiang, 100 ; dans Hupeh, les *tsientsung* d'escorte reçoivent 190 *shih* ; ceux qui sont alternatifs, 40 ; dans Hùnan, les choses ont lieu comme dans Shantung ; dans Kansuh, ceux qui amènent les grains de Manas et des deux colonies, touchent 400 taëls. Ces derniers n'ont pas été mentionnés jusqu'à présent. Les subordonnés, autant que leur service y est consacré, qui sont employés à expédier le transport des grains, touchent, dans Hònan, 50, et dans les provinces Kiàng 24 taëls. Le nombre de tous ces employés rapportés dans le *Code des Lois* doit être bien inférieur à ce qu'il est dans l'établissement actuel.

vaux de rivières, une allocation de 100; le *sz' tang shi-wei* des Gardes, 35 de grains.

6ᵉ Grade.

6ᵉ GRADE, division supérieure (6α) : les officiers reçoivent de 48 à 70 taëls de solde; 6 d'entre eux une allocation d'environ 150; 7 autres, environ 30 de grains.

6ᵉ GRADE, division inférieure (6β) : le *tien-i* de la suite des nobles, et le *wei-tsien-tsung* du transport des grains, 48 taëls de solde.

7ᵉ Grade.

7ᵉ GRADE, division supérieure (1) (7α) : à l'exception des *nganki yù* héréditaires qui reçoivent 3 taëls de solde, et les *yu-mùh chīng yù* des pâturages qui en reçoivent 45, les autres officiers ont 36 taëls de solde ; les *pàtsung*, seuls, ont une allocation d'environ 100 taëls.

7ᵉ GRADE, division inférieure (7β) : 36 taëls de solde aux deux sortes d'officiers.

(1) Les *pih-tih-shi* appartiennent aux 7ᵉ, 8ᵉ et 9ᵉ grades. Rien n'indique qu'ils soient employés ailleurs que dans le *yamun* métropolitain, quoiqu'il soit établi que ceux qui servent dans la province et dans les colonies, reçoivent une solde comme officiers civils des trois grades ci-dessus, l'allocation anti-extortive et celle de grains :

Pih-tih-shi de :	Taëls.	Shih.
Tsiàngkiun de garnisons............	50	30
Tsiàngkiun de garnison Fùh-chau.....	134	30
Tùtung de Chahar,................	50	30
Tùtung de Jeh-ho.................	50	30
Fù-tùtung de garnisons............	50	30
Chīng shàu-yù de garnisons........	30	30
Fàng shàu-yù de garnisons.........	30	30

8ᵉ Grade.

8ᵉ GRADE, division supérieure (8α) : tous les officiers reçoivent une vingtaine de taëls.

Le 8ᵉ grade, division inférieure (8β), et les deux 9ᵉˢ grades ne donnent pas de chiffres suffisamment certains.

Ne sont pas renfermés dans ces tableaux, le ministre résident de Tibet, qui reçoit 2,060 taëls, comme allocation anti-extortive, et 500 supplémentaires, s'il y a dans l'année une lune intercalaire, et aussi le ministre de Koko-nor, qui réside à Sìning, et reçoit 2,000 taëls pour son allocation et pour couvrir ses dépenses publiques. Les appointements du *ya-mun*, du *tù-tung* de Koko-nor sont estimés à 1,500 taëls.

Outre cela, les nobles Mongoliens, dont nous parlons dans la note qui termine le 1ᵉʳ livre, sont payés et entretenus comme il suit ; cette liste comprend quelques dignitaires par hérédité dont les titres nous sont déjà familiers dans l'armée chinoise.

	Taëls	Pièces de soie
Kan de Kalkas...................	2500	40
Tsin-wàng de Khorchin.............	2500	40
Id. de toutes les autres tribus..	2000	25
Shi-tsz' (héritier présomptif)........	1500	20
Kiùnwàng de Khorchin.............	1500	20
Id. de toutes les autres tribus...	1200	15

DES FORCES DE LA CHINE. 381

	Taels.	Pièces de soie.
Changtsz' (héritier présomptif).......	800	13
Beileh........................	800	13
Beitseh.......................	500	10
Chin-kwoh kung................	300	9
Fù-kwo kung...................	200	7
Taikih........................	100	4
1re classe tsz' ou vicomte...........	205	
2e Id. Id. Id...............	192 1/2	
3e Id. Id. Id...............	180	
1re ⎫	155	
2e ⎬ Classe nàn ou baron.........	142 1/2	
3e ⎭	130	
King chè-tù-yŭ, 1re classe.........	105	
Id. 2e classe..........	92 1/2	
Id. 3e classe..........	80	
Ki-tù-yŭ......................	55	
Yun ki-yŭ.....................	42 1/2	

Le chapitre du *Code des Lois* qui traite du revenu et des dépenses de la Maison Impériale, nous informe que, au lieu de soie, 12 taëls sont octroyés aux nobles en question. Les hauts officiers et ministres résidents dans le *Sin-kiàng*, ou nouvelles acquisitions de la Chine, n'ont pas de grade fixé comme ci-dessus ; mais ils sont presque tous cumulants, et gardent la solde de toutes les fonctions qu'ils remplissent effectivement au temps de leur mission au-delà de la frontière, en plus de tous les émoluments qui peuvent leur revenir par suite de cette dernière désignation. Le code du Conseil donne les allocations de la majeure partie, mais la différence est grande entre sa liste de titres, et celle que donne le *Livre Rouge* de 1849 ; ce dernier qui est clairement l'autorité la plus certaine, les nomme et les place de la manière suivante :

Tableau indiquant les titres et la disposition des hauts officiers dans Ili, etc. (1)

LE TITRE DOIT ÊTRE POUR TOUS PRÉCÉDÉ DE CHIN-SHAU.

Ili : 1 *Tsiang kiun.* — 1 *Tsan-tsan ta-chin.* — 5 *Lingtsui ta-chin.*
Tarbagàtai : 1 *Tsan-tsan ta-chin.* — 2 *Lingtsui ta-chin.*
Ushì : 1 *Lingtsui ta-chin.* — 1 *Pang-pau ta-chin.*
Aksù : 1 *Pan-sz' ta-chin.*
Yarkand : 1 *Tsan-tsan ta-chin.* — 1 *Hieh-pan ta-chin.*
Khoten : 1 *Pan-sz' ta-chin.*
Kashgar : 2 *Lingtsui ta-chin.*
Yengi-hissar : 1 *Lingtsui ta-chin.*
Ku-chè : 1 *Pan-sz' ta-chin.*
Karashar : 1 *Pan-sz' ta-chin.*
Turfan : 1 *Lingtsui ta-chin.*
Urumtsi : 1 *Tù-tung.* — 1 *Lingtsui ta-chin.*
Palikwan : 1 *Lingtsui ta-chin.*
Kuching : 1 *Lingtsui ta-chin.*
Hami : 1 *Hieh-pan ta-ching.* — 1 *Pan-sz' ta-chin.*
Kurkàrà-ùsù : 1 *Lingtsui ta-chin.*
Frontière russe : 1 *Ting-kien tao-fu tsang-piun.* — 1 *Ting-pien tsan-tsan ta-chin.*

(1) La Notice de ces derniers est aux pages 322-23 du *Code des Lois.*

DES FORCES DE LA CHINE. 383

Kurlm : 2 *ta-chin*.
Uliàsùtài : 1 *ta-chin*.
Kobdo : 1 *tsan-tsan ta-chin*. — 1 *Pang-pan tu-chin*.

L'énumération de ces officiers dans le *Code des Lois* (1831) est différente ; leur grade et leur allocation anti-extortive sont tels qu'il suit : le *tsungli tachin* à Ushi a 500 taëls ; le *tsungpàn tà-chin* à Yarkand et celui de Kashgar ont respectivement 1100 et 800 taëls ; le *tsantsan tachin* à Ili et celui de Tarbagatài ont respectivement 1000 et 1500 taëls; les *hiehpàn tàchin* à Ushi, Yarkand et Kashgar ont chacun 700 taëls ; à Kuchè et à Kharashar, chacun 600 ; et à Hami et Kuskàrsùàw chacun 400 ; un *pansz' tà-chin* à Ili et à Tarbagatai ont chacun 700 taëls, et à Yarkand, Khoten, Kashgar et Yengihissar chacun 600 taëls.

§ 4. DÉPENSES TOTALES DES DEUX ARMÉES.

Les dépenses individuelles ainsi énumérées, les tableaux suivants donneront une estimation approximative des dépenses générales et principales des deux armées, celles des 8 bannières et celles du Vert-Étendard. Le nombre de chevaux assignés (1825) à chaque corps, divisions, garnisons et provinces, suivant l'occurrence, n'ayant pas été indiqué auparavant, est exprimé ici. La disproportion apparente, dans le montant des dépenses des chevaux, se comprendra, si l'on se met dans l'esprit qu'il y a une différence remarquable entre les quantités de fourrage allouées dans une localité ou dans une autre, dans un temps de l'année ou dans un autre. Conformément à la règle fixée au commencement de ce livre, toutes les fois que le tableau de la solde des Bannières indique une variation dans les quantités, et lorsqu'il n'y a pas moyen de décider le nombre exact d'hommes et d'animaux payés et observés dans chaque, le taux le plus bas a été choisi pour tous ceux sur lesquels un doute s'est produit. L'estimation, par suite de cela, devra être considérablement au-dessous de la consommation réelle dans quelques articles appréciés grossièrement ; par exemple, dans Shensi, où la distribution des chevaux est assez mal définie pour déconcerter le calculateur, sur des quantités qui s'élèvent d'une fraction supérieure à 13 taëls et demi, à une autre au-dessous de 20 8/10 (et c'est à ce dernier chiffre que la plus forte portion pourrait être fixée), c'est le premier que nous avons pris comme terme moyen pour la province ; il en est de même pour les autres localités, et de même aussi pour les artisans et autres, cités par la *Recherche sur l'Administration*, et ignorés par le tableau de solde du Conseil des Revenus.

Nous n'avons aucune donnée sur laquelle nous puissions baser un compte-rendu des navires, des pièces d'artillerie, fortifications, etc. de l'armée des Bannières ; le Code du Conseil, qui est un peu plus communicatif au sujet des Luhying, se tait sur les concessions annuelles faites pour les dépenses générales de tous les vieux officiers (à quelques exceptions près) des garnisons de Bannières en dehors de Péking. Dans la Métropole, on affecte annuellement 86,000 taëls au payement de l'allocation anti-extortive des Bannières ; mais elle comprend des nobles et des officiers civils. Nous ne serons donc pas très-loin de la vérité en avançant que Sa Majesté Impériale dépense annuellement de 16 à 18 millions de taëls pour les forces des Bannières métropolitaines, provinciales, mantchouriennes et coloniales. Les frais progressivement accrus de l'armée, comparés avec ceux des dynasties antérieures, sont un texte perpétuel pour les pamphlétaires de ce siècle, dont les plaintes ne sont pas moindres au sujet de l'inefficacité de ses forces; il est vrai que leurs remarques ont plutôt en vue les Luhying, sur lesquels nous avons quelques observations à faire, avant de terminer ceci par une notice aussi brève que possible sur les feudataires Mongols et autres, dont les relations militaires avec l'Empire se conservent à prix d'argent.

TABLEAU indiquant la solde totale et les allocations en argent et en nature des soldats et des officiers dans l'armée de terre et de mer des Bannières, avec le nombre et les frais des chevaux destinés à son usage.

DIVISIONS ET PROVINCES		SOLDE et allocations en taëls	RATIONS de grains à 4 taël par shih ou pécul	NOMBRE de chevaux	FRAIS des chevaux aux différents degrés	DÉPENSES totales de chaque bannière division ou garnison
CHIHLI......		......	......	......	......	......
	Gardes du corps...	265.850	49.800	1.620	58.380	373.950
	Division principale.	99.680	39.700	80	2.880	142.260
	Pau-ì de ld.......	6.860	2.950			9.810
	Division du Flanc..	796.500	360.900	2.608	93.880	1.251.280
	Pau-ì Id.......	76.050	32.290			108.340
PÉKING	Division soldée des Bannières.......	1.810.250	909.450	2.064	75.740	2.795.440
	Pau-ì Id. Id....	731.300	345.390			1.076.690
	Division légère	177.900	81.330	1.600	57.600	316.850
	Division d'artillerie et mousqueterie...	290.250	130.390	2.372	82.800	503.440
	Gendarmerie	479.800	243.920	40	1.440	725.160
	Yuen-ming Yuen...	237.900	102.860	1.000	36.000	376.760
	Paù-ì Id. Id....	11.600	4.020			15.620
Cordon de vingt-cinq garnisons		1.044.680	572.200	3.255	61.520	1.678.320
Mausolées impériaux		61.930	47.750			109.680
Shansì.,...............		270.450	228.380	5.752	91.470	590.270
Shantung.............		63.960	48.420	3.586	57.270	169.650
Honàn................		25.530	27.180	2.590	24.490	77.200
Kiàngsù.,............		154.630	139.900	13.065	174.020	468.550
Chehkiàng		110.500	106.080	5.524	73.580	290.160
Fuhkien..............		71.380	50.360	5.022	125.650	247.390
Kwàngtung............		126.240	118.390	3.031	40.370	285.000
Sz'chuen.............		70.080	65.620	4.451	59.290	194.990
Hupeh...............		163.540	148.950	13.031	173.570	486.030
Shensì...............		165.800	165.050	14.228	192.070	522.920
Kansuh (Est)		142.690	142.350	10.376	186.770	471.810
Kansuh (Ouest).......		181.680	163.650	15.332	152.120	497.450
Ili et Turkestan		349.630	390.400	16.060	139.720	879.750
Provinces mantchouriennes ..		1.206.080	* 56.280			1.262.360
Mausolées mantchouriens		19.670	16.680			36.350
GRAND TOTAL taëls.................						15.963.480

* Les concessions de terre en Mantchourie montent ensemble à 2,590,140 acres chinois ; sur les rations de graines portées sur le tableau qui suit celui des provinces mantchouriennes, les soldats, etc., ne consomment pas plus de 11,920 péculs. Il n'est pas question de chevaux.

Parmi les Luhying, la solde des officiers est proportionnée à leur rang comme dans l'armée des Bannières, et, pour la différence de l'allocation anti-extortive, nous renvoyons le lecteur au grand tableau de la solde.

Dans les rangs inférieurs, une règle presque générale assigne au *mà-ping*, ou soldat à cheval, 2 taëls ; au *chen-ping*, soldat combattant, ou *pù-ping*, soldat à pied, qui semble être une classe, 1 taël et 1/2 ; et au *shauping*, soldat de garnison, un taël par mois. Dans quelques parties de Chihli, la paye est meilleure, dans chaque classe, et le Code du Conseil alloue un demi taël par mois aux *yù-ting*, surnuméraires, dont nous ne pouvons fixer le nombre.

Les soldats de marine reçoivent un taël par mois.

La ration de grains est livrée aussi à un taux à peu près général ; c'est-à-dire, 3 *tau* ou dixièmes d'un *shih*, par mois. Cette règle prévaut dans tous les cantonnements Luhying excepté Shensi, où un grand nombre ne reçoit pas de ration du tout, et Kansuh où le grain n'est alloué qu'à trois cantonnements de frontière appartenant géographiquement à Shensi ; on peut dire que l'armée Kansuh et ses détachements d'Ili n'ont pas de rations. Les allocations en fourrage présentent de grands embarras, à cause de la petitesse des fractions et de la variété des quantités dans Chihli, Shensi et Kansuh, et il a été plus d'une fois nécessaire de hasarder un chiffre de chevaux, proportionné aux cantonnements nommés dans le tableau de la solde du Code, pour approcher du total. Néanmoins les résultats ne sont pas généralement assez éloignés du vrai, pour alarmer celui qui étudierait ces détails dans le but de s'assurer d'une exactitude approximative au sujet des dépenses de chaque province : elle ne s'écartera pas beaucoup du montant que nous indiquons dans le tableau suivant.

TABLEAU indiquant la solde et les allocations en argent et en espèces des officiers et soldats des Lühying, concession annuelle pour les besoins, nombre et frais des chevaux, dans la métropole et dans les provinces.

PROVINCES	PAYE des soldats et officiers	ALLOCATION anti-votoitive des officiers	ALLOCATION de grains à un taël par shih	CONCESSION des besoins annuels	NOMBRE de chevaux	FRAIS de chevaux	TOTAUX
Peking............	196.240	33.620	38.050	....	2.530	6.320	274.230
Chihli............	885.270	117.480	471.080	15.120	11.218	112.480	1.301.130
Shansi............	215.020	50.750	85.070	9.540	4.956	59.470	419.850
Shantung..........	374.720	42.660	89.530	12.000	4.613	49.810	568.720
Honan.............	207.720	24.710	48.930	2.000	3.097	35.300	315.660
Kiangsù...........	633.560	91.450	144.650	13.000	5.952	71.420	954.080
N'gau-hwui........	71.510	21.090	16.670	1.720	225	2.480	113.470
Kiangsi...........	167.890	31.980	38.800	4.000	1.711	20.530	263.150
Chehkiang.........	565.850	85.710	132.260	19.680	8.621	43.450	846.950
Fùhkien...........	978.670	113.930	231.150	23.870	5.072	60.860	1.398.470
Kwantung..........	1.014.550	126.040	240.840	26.180	4.327	56.250	1.463.800
Kwangsi...........	358.020	51.730	81.100	8.540	2.348	22.990	522.400
Sz-Chuen..........	358.460	80.080	161.380	33.000	5.348	55.320	888.240
Hùpeh.............	349.110	52.630	85.380	13.730	3.197	32.600	533.450
Hunàn.............	410.530	56.310	92.880	12.200	3.608	36.800	608.720
Shensi............	792.560	46.640	67.450	13.220	8.935	103.600	1.023.470
Kansùh (Est)......	320.830	162.380		48.270	27.748	305.220	994.790
Kansùh (Ouest)....	320.180				1.680	12.970	403.320
Yunnan............	587.760	80.390	126.860	26.960	4.244	53.400	875.870
Kweichau..........	473.320	84.840	105.780	12.050	4.067	51.240	728.330

Paye totale des *Wai-wei* et *Nge-hwai wai-wei*............. 168.000

Total général................. 14.602.650

La paye des *wai-wei*, sergents du 8° rang, et des *ngwheai-wai-wei*, sergents surnuméraires du 9° rang, qui sont payés seulement comme les *mà-ping*, soldats à cheval, ne se trouvant pas dans la liste du Conseil des Revenus, pas plus que celle des officiers, a été mise par inadvertance dans le courant du tableau ci-dessus ; c'est pourquoi on l'a introduite au bas du tableau pour épargner le temps.

Les deux derniers tableaux auront donné notre estimation des frais annuels de l'armée des Bannières et de celle du Vert-Étendard, pour ce qui regarde la solde et les rations, et ce ne peut être strictement de notre ressort de parler des dépenses des colonies Mongoliennes et autres plus éloignées. Cependant leur gouvernement est plus militaire que civil, et les nobles, exerçant une autorité, et étant payés ou pensionnés par l'Empire Chinois, j'ai pensé qu'il serait à propos d'appeler sur eux l'attention, en terminant une recherche dont le premier objet était de déterminer, aussi approximativement que possible, le montant des sommes dépensées par l'Empire pour le maintien de son contrôle militaire et de sa protection sur les régions énormes reconnues pour soumises à sa domination.

La distribution des nobles Mongoliens a été donnée plus haut, à la fin du premier livre, avec leurs allocations ; et l'on peut se convaincre que le Khorchin jouit d'un privilége que n'ont pas les autres tribus, dans la personne de ses princes des deux ordres supérieurs. On ne se rend pas bien compte jusqu'à quel point, si du moins elle le fait, la Chine contribue à l'entretien de l'armée (livre troisième), commandée par ces feudataires ; mais nous en savons assez pour supposer qu'elle les paye libéralement, suivant son habitude, afin de les garder en bonne humeur. La dépense qu'a dû entraîner sa bonne volonté sur ce point, en s'en fiant aux données que nous avons soumises au lecteur, aurait été en 1812, d'environ 174,000 taëls, payés annuellement aux khans, princes et autres, en descendant jusqu'au *tai-kih*.

Enfin il ne nous reste plus qu'à parler des généraux, ministres et conseillers résidant dans le Tibet, le Turkestan, Ili, Tarbagatai et Koko-Nor. En outre de la solde et des autres dépenses incluses dans les estimations qui précèdent, les fonctionnaires coûtent environ 27,500 taëls par an. Ceux de Kobdo et d'Uliasutai, et ceux de la frontière Sibérienne, n'ont pas d'allocation indiquée sur le tableau de solde du Conseil des Revenus ; à juger par analogie d'après la solde des officiers des mêmes titres et des mêmes fonctions employés ailleurs, on peut inférer qu'ils coûtent environ 10,000 taëls par an.

Ainsi, les dépenses de l'armée, sans y comprendre l'Etablissement Postal sous les ordres du Conseil de Guerre, établissement auquel il serait juste et nécessaire de consacrer un article spécial, peuvent être fixées en gros, à peu près comme nous allons l'écrire.

	Dépense annuelle en taëls.
Conseil de guerre.	37,450
Armée des 8 bannières, Mantchoux, Mongols et Hankiun.	15,963,480
Armée du Vert-Étendard, Chinois.	14,662,650
Soldes, etc., des nobles Mongoliens.	173,960
Allocation de résidents, conseillers, etc., comme ci-dessus il a été estimé. . . .	37,000
Total général. .	30,874,540

§ 5. USAGE DES ARMES.

Avant de donner la description des armes chinoises, on nous saura gré de les considérer, en quelque sorte, au point de vue philosophique ; souvent elles semblent n'être qu'un symbole. En général, les armes ne sont remises qu'au petit nombre ; et même, les soldats proprement dits, n'ont pas toujours le droit de les porter. Ce droit est limité aux cas de guerre, aux temps de services, de factions, de revues, ou d'escortes près des Mandarins. On sait désormais assez que tous, les soldats compris, ne sont plus que marchands ou hommes de métier.

Cette règle qui nous semble bizarre, au premier abord, ne laisse pas d'avoir son résultat heureux en ce qui touche à la police. Dans les villes de Chine, aussi bien que dans nos faubourgs de Paris, les gens du peuple s'injurient, et des invectives ils en viennent souvent aux coups. Mais du moins leur colère ne dépasse pas le coup de poing, et ils savent qu'on ne doit pas voir le sang couler. Aussi pas d'armes, pas de bâtons, pas de morceaux de fer. Et les plus sages, sinon les plus modérés, laissent là la querelle pour en référer au Mandarin.

Celui-ci, le *Deus ex machinâ*, attend et entend gravement la plainte. Il reste immobile sur son siége à écouter le plaignant et l'accusé, sinon les deux plaignants. Et, à son gré, sans code, suivant l'inspiration du moment, il prononce sans appel ; et, comme il arrive aux marionnettes de la foire, le coupable est condamné à la bastonnade avec son accusateur même, les trois quarts du temps.

Devant l'Empereur, cette proscription du port d'armes est encore plus absolue ; même, lorsque les soldats font exécuter la police du palais, ils n'ont le droit de se servir que de fouets. Le sabre du garde, qu'il porte en tout temps, indique lui-même cette pensée : en temps de paix, la pointe est en avant ; en temps de guerre, la pointe est en arrière.

Le soldat porte son bouclier, son fusil à mèches, sa lance, son arc, ses flèches, et quelquefois l'épée double. A peine, sauf le bouclier, a-t-il une arme défensive : c'est le bonnet fait en tige de bambou. Si l'aspect du guerrier est peu formidable, il ajoute à l'effet par une grosse paire d'yeux peinte de couleur sanguinolente. Du moins ce bonnet est solide, et le fer peut à peine l'entamer. Cette coiffure ne diffère guère que par l'absence du bouton de celle du mandarin. Les boucliers sont comme les bonnets, de tige de bambou, c'est-à-dire fort solides, avec un anneau pour que le bras y passe, et une poignée pour la main. Tout est ménagé pour que le bouclier imprime sa terreur ; il porte l'image de quelque fabuleux animal, et même la formidable physionomie du diable : le fer respecte le bouclier, mais la balle le perce. C'est une circonstance qui retire beaucoup à la valeur chinoise.

Nous avons nommé souvent le fusil à mèche. C'est l'arme qu'en Europe on a longtemps employée sous cette appellation. Du reste, le Chinois n'en fait pas aussi grand cas que de l'arc, l'arme nationale ; et cela tient peut-être aux dangers qu'il présente. Qu'on se représente le soldat muni de sa cartouchière : si la mèche qui fait l'effet d'une fusée vient à communiquer l'incendie aux habits de coton du soldat, malgré la figure hideuse de tigre que porte la giberne, le feu n'en gagne pas moins l'accoutrement, et même l'individu, qui devient la proie du fléau.

Pour les lances, elles offrent une variété indescriptible, et les Chinois savent s'en servir : c'est l'arme avec laquelle ils font le plus de mal, et qui sera, s'il se peut, la plus redoutable à des Européens. Le plus ordinairement elle est fort longue, et large assez pour ressembler à une faux ou à une de ces hallebardes, qui font le triomphe de nos suisses de paroisses. Le manche seul est petit en proportion.

Les arcs et les flèches sont à peu près les mêmes pour les différents ordres, en sorte qu'en ce point le mandarin n'est pas mieux armé que le soldat : mais la matière seule marque les grades. Le carquois se porte sur le dos, et est fermement appliqué à l'individu ; pour qu'il ne s'agite pas, il a la forme la plus plate possible. La force et la grandeur de l'arc diffèrent du Tartare au Chinois : les premiers lancent avec leur arc jusqu'à trois flèches à la fois qui ne vont pas mieux à leur but pour cela; les Chinois n'en lancent qu'une. Pour l'arc, il est fait d'un bois élastique qui est recouvert de corne, et la corde est tressée de soie et de chanvre mélangés ensemble. L'arc s'arme avec effort, en ramenant la corde en arrière au moyen d'un anneau d'agate ou de pierre de jade qui se porte au pouce droit.

L'épée double est une arme de forme très-singulière et très-remarquable : les deux lames, quoique indépendantes l'une de l'autre, sont enfermées dans le même fourreau ; leur face intérieure, celle par laquelle elles sont en contact, est nécessairement plate, mais la face extérieure est triangulaire. Nous avons vu souvent des soldats ainsi armés, sortir des rangs avec une épée dans chaque main, se livrer à la pantomime la plus extraordinaire qu'on puisse imaginer, pousser en même temps des cris bizarres, accompagnés de toutes les apostrophes les plus injurieuses qu'ils pouvaient adresser à l'ennemi. Mais, un ou deux de ces fanfarons ayant été abattus par nos tireurs, leur exemple profita aux autres, qui se montraient à la fin peu jaloux de venir déployer devant nous leurs singuliers talents.

Les mandarins ont un sabre à lame courte et étroite, et dont le fourreau est couvert d'ornements de fantaisie. Ils le portent à droite pour ne point gêner la bandoulière du carquois, qui pend à l'épaule gauche. Ce carquois est en cuir plus ou moins orné, selon les grades. Les flèches sont de diverses grandeurs ; quelques-unes se terminent par une boule percée de plusieurs trous, qui produisent dans l'air un sifflement aigu destiné à porter la terreur dans les rangs de l'ennemi ; on choisit les plumes les plus brillantes, notamment celles du faisan de Tartarie, qui ne sont employées que pour les mandarins. Ajoutons qu'ils portent rarement eux-mêmes leurs armes : ils laissent ce soin aux écuyers chargés de les accompagner.

Les uniformes des différents régiments consistent

en une jaquette de couleur brun-jaune ou bleue, bordée avec une large bordure d'une autre couleur, les chausses sont généralement bleues. La cuirasse est faite d'un matelas et doublée de toile de coton, et recouverte de feuilles de fer, avec des nœuds d'acier joints entre eux par des bandes de cuivre. Le casque est en fer ou en acier poli, quelquefois ciselé ; il pèse 2 kil. 1/2 et il a des pans pour protéger le cou et les oreilles. — Le derrière de la jaquette porte quelquefois le mot « Jeune, » « Courage, » et sur la poitrine est peint le service ou le corps auquel on est attaché, soit au gouvernement, au commandant ou à l'Empereur. — L'exhibition du courage, parmi les troupes chinoises, n'existe pas; cependant, quelquefois, quand elles fuient, il leur est certainement plus aisé de porter leur bravoure sur leur arrière-garde. Quelquefois, dans d'autres contrées, ils portent la croix autour de leur cou comme un symbole de leur religion.

Bien que les canons ne soient pas d'un calibre très-uniforme, ils servent suffisamment pour les salves; dans ces occasions, trois canons sont employés. — L'invention de la poudre à canon est probablement due aux Chinois ; mais les armes à feu d'une forme puissante n'étaient pas connues jusqu'au temps des Mongols ou peu avant ; et, malgré les efforts qu'ont faits, pour améliorer leurs manufactures, des officiers instruits par les jésuites, leur qualité est encore inférieure, et la poudre est grosse et mal triturée, bien que les ingrédients y soient mêlés dans la même proportion que dans la nôtre.

« Bien que la dynastie des Tsing, actuellement régnante, dit A. Haussman, doive son avénement à la force des armes, la carrière militaire ne paraît pas être plus honorée aujourd'hui dans le Céleste-Empire qu'avant la conquête tartare, et un mandarin civil y a toujours la préséance sur un mandarin de l'armée, quand ils portent tous deux le même bouton : preuve incontestable du respect des Chinois pour les lettres, de leur éloignement pour tout ce qui personnifie, à leurs yeux, la force et la violence, et surtout de l'extrême fusion qui s'est opérée, depuis deux siècles, entre eux et les conquérants de leur pays. »

La classe militaire est moins considérée en Chine que la classe lettrée ; elle y est moins encouragée : dans ce pays de paix, l'estime que l'on porte aux gens de guerre semble cesser quand leurs services sont finis ; récompenses, distinctions, honneurs, avancement, émulation, encouragement dans les temps périlleux; services rendus, services presque oubliés quand le péril a cessé. C'est là une des causes de la faiblesse des armes chinoises, une des causes auxquelles on attribue la conquête de la Chine par les Tartares; ceux-ci même ne sont plus ce qu'ils étaient, depuis qu'ils se sont fondus dans la nation, et que leurs usages se sont identifiés avec les usages nationaux.

Les honneurs publics sont moins prodigués aux mandarins d'armes. Jamais ceux-ci n'ont la plus légère part au gouvernement de l'État.

C'est même, comme on l'a vu, à une classe de mandarins lettrés qu'appartient l'inspection des troupes. Cependant, pour être admis dans la classe des mandarins de guerre, il faut avoir été successivement bachelier d'armes, licencié d'armes, docteur d'armes. La force du corps, l'adresse dans les exercices, l'aptitude à saisir les préceptes de l'art militaire, voilà ce qu'on exige d'eux; et tel est le but des divers examens qu'on leur fait subir. C'est dans la capitale de chaque province qu'ils sont examinés pour obtenir les deux premiers grades.

Les mandarins d'armes ont leurs tribunaux composés de leurs principaux membres. Parmi les chefs, on compte des princes, des ducs et des comtes. On retrouve ces dignités ou leur équivalent, à la Chine comme en France.

Le principal de ces tribunaux réside à Péking. Il est composé de cinq différentes classes.

La première est celle des mandarins de l'arrière-garde. On la nomme *Heu-fu*; la seconde, celle des mandarins de l'aile gauche, qui se nomme *Tsa-fu*; la troisième, celle des mandarins de l'aile droite, nommée *Yeu-fu*; la quatrième, celle des mandarins de l'avant-garde du corps de bataille : son nom est *Téhung-fu*; la cinquième, celle des mandarins de l'avant-garde, on l'appelle *Tsien-fu*.

Ces cinq tribunaux sont encore subordonnés au tribunal suprême de la guerre, qui réside aussi à Péking. Le nom de celui-ci est *Yung-tching-fu*; il a pour chef un des plus grands seigneurs de l'Empire, qui étend son autorité sur tous les officiers et soldats de l'armée. Rien ne ressemble mieux à nos anciens connétables. Comme eux, il pourrait se rendre formidable au souverain même ; mais la politique chinoise a prévenu cet inconvénient. Ce chef a pour assesseur un mandarin de lettres, pourvu du titre et des fonctions de surintendant des armes. Il doit aussi prendre l'avis de deux inspecteurs nommés par le monarque. Ce n'est pas tout : lorsque ces quatre personnes se trouvent d'accord sur un point, ce qu'elles ont résolu est encore soumis à la révision de la quatrième cour souveraine et purement civile, appelée *Ping-pu*. On pourra s'étonner qu'un tribunal civil soit chargé de prononcer sur des objets purement militaires. Telle est la jalousie du pouvoir : le *Ping-pu* a dans son ressort toute la milice de l'Empire.

Le premier des mandarins de guerre est général né ; son pouvoir en campagne équivaut à celui de nos généraux en chef. Il a sous lui un certain nombre de mandarins, qui remplissent les fonctions de lieutenants-généraux ; d'autres mandarins remplissent l'emploi de colonels ; d'autres, celui de capitaines; d'autres enfin, celui de lieutenants et de sous-lieutenants.

On compte entre 18 à 20 mille mandarins de guerre. Leur nombre est par conséquent supérieur à celui des mandarins lettrés ; mais la considération dont ces derniers jouissent, les fait regarder comme le premier corps de l'Etat. Encouragement pour les lettres ; découragement pour les armes. Leur faiblesse valut aux Tartares la conquête de la Chine ; et les Tartares n'ont rien changé à cette double branche de la constitution chinoise.

§ 6. — CARACTÈRE DE LA NATION.

Le dessein principal de ce travail, comme nous l'avons répété plus d'une fois, c'était de calculer à quel chiffre le trésor public de l'empire chinois devait faire monter les dépenses de son énorme et inutile armée. Pour éviter l'extrême stérilité de simples chiffres, nous avons essayé d'intéresser le lecteur en général (celui qui s'occupe de la Chine), en introduisant quelques détails jugés à peu près nécessaires pour le guider au travers de tous ces tableaux d'hommes et d'officiers, distingués entre eux par tant de noms variés et bizarres.

Excepté dans la *Grande Revue triennale de Péking*, à laquelle les ouvrages modernes de statistique semblent attacher de l'importance, toute allusion aux parades et manœuvres en plaine a été aussi soigneusement évitée que les auteurs de mémoires d'aujourd'hui déclarent l'être les exercices eux-mêmes, par ceux auxquels l'Etat paye des millions dans l'espérance qu'ils voudront bien s'instruire un peu de cela et des autres devoirs d'un soldat. Nous avons vu que l'acte de mutinerie de 1731, ajouté mais non corrigé en 1784, est imprimé **comme loi** faisant autorité, même en 1825 ; et je ne puis affirmer qu'aucun moderne ait avancé, à l'appui des théories de Sun-tsz', Wu-tsz', Sz'mà et autres auteurs d'une vénérable antiquité, rien qui parle des connaissances exigées des candidats au degré militaire. Ces auteurs sont plutôt un objet d'étude pour le philosophe et l'érudit que pour le tacticien; et je renvoie la curiosité insatiable à la traduction française qu'on en a faite (*Mémoires sur les Chinois*, tome 7), accompagnée comme elle l'est de remarques sur les mouvements, ornée de nombreuses gravures illustrées de peintures, d'armoiries et d'appareils militaires.

La condition de cette armée immense, soutenue à de si énormes frais, n'est pas matière d'un mince intérêt, et les feuilles politiques de cette époque nous mettent en état de porter un jugement sain sur ses imperfections. Un examen des causes qui contribuent à cet état pourrait nous mener à une excursion historique plus longue que nos loisirs actuels ne nous le permettent.

Soyons brefs. Leurs propres annales prouvent que de tout temps les Chinois ont été comparativement une nation peu militaire; cela veut dire que c'est une nation qui a moins souvent recours à la guerre, comme moyen d'acquisition ou d'agrandissement, que toute autre des nations de la terre, qui s'est créée une position élevée, durant les vingt siècles que la Chine a été regardée comme un simple empire. C'est une question de savoir si sa position, pendant des siècles, a été fort imposante; quoique la séparation des puissances contendantes dont l'histoire a grossi l'importance, puisse autoriser à nier ses prétentions à une distinction relative de grande valeur politique.

Je ne prétends pas ignorer les différentes luttes partielles avec les tribus qui infestent ses frontières, ni les violentes dissensions sérieuses qui précèdent et accompagnent les changements de dynasties; mais son histoire, en général, se compose bien certainement moins de récits guerriers que celle d'aucune autre nation dont on a écrit les annales; et c'est, malgré cela, l'histoire d'une nation qui, en tout temps restée une des plus vastes, a vécu le plus longtemps sous une seule forme de gouvernement, et reconnaissant, pendant toute cette période, une série de principes, religieux et politiques, comme base de son administration.

Cette carrière peu belliqueuse est peut-être due, avant tout, à la position naturelle de la Chine. Sa distance des frontières de tout Etat régulièrement constitué, et les difficultés naturelles qui s'opposent au passage des armées à travers les solitudes qui masquent ses frontières, l'ont préservée des invasions auxquelles le voisinage d'une rivale aurait pu l'exposer; elles l'ont garantie en même temps des aspirations vives vers une aggression qu'aurait pu provoquer la présence d'un objet digne de son ambition.

§ 7. — DÉFENSES ET FORTIFICATIONS.

Quant aux frontières de ce vaste empire, la nature elle-même, ainsi que le fait remarquer l'abbé Grosier, a pris soin de les fortifier dans leur plus grande étendue. La mer borne six de ses provinces; mais elle est si basse vers les côtes que nul grand vaisseau n'en peut approcher. Des montagnes inaccessibles la couvrent à l'Occident; le surplus de ce vaste empire est défendu par la Grande Muraille.

Les fortifications ne sont pas construites, on le pense bien, d'après les principes de Vauban. Ils n'avaient pas grand'chose à apprendre de leurs voisins, les Portugais de Macao, dont ils ont d'ailleurs copié très-fidèlement les travaux. Les murs sont d'une épaisseur énorme, et en général bien revêtus, mais leurs assises sont mal cimentées.

« Les travaux de défense qu'ils avaient établis dans le lit de la rivière étaient peu redoutables, mais prodigieusement ennuyeux pour nous. C'étaient d'immenses radeaux qu'on ne pouvait détruire sans y perdre beaucoup de temps et de peine ; c'étaient des jonques coulées bas, des pierres noyées qui interceptaient la navigation et quelquefois causaient des avaries à nos bâtiments. Pour montrer quel soin ils déployaient à couler les jonques, je dirai qu'à mon retour de Canton sur *la Modeste*, en passant devant le fort de Macao, la force de la marée nous jeta sur une jonque où nous dûmes rester douze heures avant de pouvoir nous retirer. Heureusement, grâce aux précautions qui avaient été prises, notre bâtiment n'eut à souffrir aucune avarie. Au Bogue, ils avaient établi deux grandes chaînes-câbles attachées à un immense radeau mouillé sur la partie navigable de la rivière ; ces chaînes étaient scellées dans le roc à leurs extrémités, et avec un cabestan on pouvait les mollir de façon à laisser passer les navires, et les relever ensuite. Ce radeau, cette digue flottante fut, si l'on s'en souvient, emportée par la marée ; si elle était restée en place jusqu'au jour où nous attaquâmes les forts, elle n'aurait sans doute pas résisté au choc d'un vaisseau de ligne. Un capitaine américain, qui avait vu cet ouvrage, et en rendait compte au commodore Bremer, disait, dans son langage pittoresque, qu'il eût été enlevé comme une chique de tabac (1). »

« La place importante, nous dit Davis, que la Grande Muraille occupe sur la carte de la Chine, donne à cette immense barrière artificielle le droit d'être considérée sous un point de vue géographique. Nous avons déjà dit qu'elle avait été élevée par le premier monarque universel de l'Empire, 200 ans environ avant l'ère chrétienne, ou, pour mieux dire, depuis plus de 2,000 ans. Elle borne tout le Nord de la Chine, le long des frontières des trois provinces, et s'étend depuis les bords du golfe du Pé-tché-li, 3 degrés 1/2 Est de Péking, jusqu'à Si-ning, 15 degrés Ouest de cette capitale. Les empereurs de la dynastie des Ming bâtirent un mur additionnel intérieur, près de Péking, à l'Ouest; on peut le voir sur la carte; il ceint une partie de la province, à partir de l'extrémité orientale de la Grande Muraille; il y a une immense plantation de

(1) *Seconde campagne de Chine.* — K. S. Mackensie, lieutenant au 90e régiment d'infanterie.

pilotis de bois, qui enclot le pays de Moukden, et qui, dans plusieurs cartes européennes, a été représentée, par erreur, comme une continuation de la barrière solide.

« Les personnes attachées à l'ambassade de lord Macartney furent assez favorisées du sort pour passer en Tartarie par l'une des parties les plus entières de la Muraille, ce qui donna au capitaine Parish l'occasion d'en examiner la structure d'une manière toute particulière. De loin, à la première vue, elle ressemble, dit-il, à une veine proéminente de quartz surgissant de montagnes de gneiss ou de granit. Mais la continuation de cette ligne sur le sommet des hauteurs fixa notre attention; bientôt nous distinguâmes la forme d'un mur surmonté de créneaux qui couronnait les collines les plus élevées, et descendait jusque dans les plus profondes vallées, traversait les fleuves sur des arches, et était double dans les passages importants; de distance en distance, c'est-à-dire environ tous les cent yards, il était flanqué de tours massives ou de bastions. L'un des pics les plus gigantesques, surmonté par la Grande Muraille, était situé à environ 5,000 pieds au-dessus du niveau de la mer. En un mot, cette barrière surpasse la masse totale de tous les autres travaux de ce genre, et elle a été efficace jusqu'au moment où la puissance de Gengis-Khan renversa l'empire chinois.

« Le corps du mur consiste en un rempart de terre, retenu de chaque côté par d'autres murs de maçonnerie, et couronné d'une plate-forme en briques carrées. La hauteur totale, en y comprenant un parapet de cinq pieds, est de vingt pieds, sur une base de pierre saillante de deux pieds sous le travail en briques, et variant en hauteur depuis deux pieds et au-dessus, selon le niveau du terrain. L'épaisseur du mur à sa base est de 25 pieds, et se réduit à 15 à la plate-forme. Les tours ont 40 pieds carrés à leur base, et vont en diminuant jusqu'au sommet où elles n'en ont plus que 30 : leur hauteur totale est d'environ 37 pieds. Dans certains endroits, cependant, la tour avait 2 étages et 48 pieds de hauteur. Les briques sont, comme d'ordinaire en Chine, d'une couleur bleuâtre, et ont à peu près 15 pouces de long sur 7 1/2 de large, et presque 4 pouces d'épaisseur ; elles sont probablement la totalité, la moitié et le quart du *tchi* chinois, ou covid. La couleur bleue des briques portait à croire qu'elles avaient été brûlées, mais on remarqua quelques vieux fours près du mur ; et, depuis, l'expérience tentée en 1816 par le docteur Abel, prouva que la brique d'argile des Chinois, rouge d'abord, devient bleue lorsqu'elle est cuite. Le peu d'épaisseur du parapet de la Muraille, lequel n'a que 18 pouces environ, justifie l'opinion qu'il n'avait point été construit pour résister aux canons. Les Chinois d'ailleurs ne réclament pas une antiquité aussi reculée pour l'invention de leurs armes à feu. La description qui précède confirme donc, dans son ensemble, celle faite par Gerbillon un siècle auparavant. « La Grande Muraille, dit-il, n'a pas, en « général, plus de 18, 20 ou 25 pieds géométriques « de hauteur ; mais il est rare que les tours en « aient moins de 40. »

« Le même missionnaire remarque toutefois qu'au delà du fleuve Jaune, à son extrémité occidentale, ou pendant la bonne moitié de sa longueur totale, la Muraille consiste principalement en un rempart de terre ou de gravier, d'environ 15 pieds de haut, avec des tours de briques, situées à des distances irrégulières.

« Le premier empereur (titre indiqué par les mots *chi-oang-ti*), étant inquiété par les incursions des Tartares Mantchoux, sur la frontière septentrionale, se rendit à jamais célèbre en construisant l'immense muraille qui subsiste depuis 2,000 ans, et qui se prolonge sur un espace de 1,500 milles, à partir du golfe de Péking jusqu'à la Tartarie occidentale. On a calculé que les matériaux employés à la construction de ce monument prodigieux pourraient ceindre le globe dans sa plus grande largeur et former encore un mur de plusieurs pieds d'élévation.

« Le trait le plus frappant des principales villes de la Chine consiste dans les hautes murailles crénelées et faites de briques bleues qui les environnent et qui prennent leur type dans celle de Péking, la plus haute et la plus épaisse de toutes. Comme l'antique rempart de l'Empire, la muraille de Péking a été construite avec des décombres, des pierres de rebut, de la terre et des briques. Sa hauteur est d'environ 30 pieds ; le parapet étroit est crénelé, mais les créneaux n'ont aucune ressemblance avec les embrasures régulières pratiquées en Europe pour les canons. Il est rare, en effet, d'y voir des pièces d'artillerie, quoiqu'il y en ait toujours près des portes. L'épaisseur de la muraille à sa base est de près de 20 pieds, mais comme elle va en diminuant elle n'en a plus que 12 à son extrémité. Devant chaque porte est une esplanade, enclose d'un mur demi-circulaire, et formant comme une place d'armes, pour la défense et la sécurité des habitants. Au-dessus des deux portes s'élèvent des tours à plusieurs étages, destinées à servir de casernes aux soldats qui les défendent. Le mur, de distance en distance (tous les 68 yards environ), est flanqué de bastions de la même hauteur, qui forment une saillie de près de 30 pieds. La plupart des plans de Péking représentent un fossé plein d'eau qui ceint complètement les côtés de la ville (1). »

§ 8. — AMOUR DE LA PAIX.

La Chine a eu le singulier bonheur d'être toujours à l'abri d'une attaque et d'une velléité de provocation. C'est pourquoi, comparée à d'autres puissances, elle a eu peu d'expérience de la guerre sur ce qu'on peut appeler une grande échelle ; cette habitude de sécurité, formée loin de la guerre et de la possibilité de ce fléau, a été très-propice au perfectionnement des intérêts qu'il est reconnu que la guerre contrarie.

Parmi ces intérêts, l'agriculture, qui doit essen-

(1) *La Chine ou Description générale des mœurs et des coutumes du gouvernement*, etc., par Davis, t. Ier, p. 348.

tiellement tout à la paix, n'aurait pas d'elle-même rendu un peuple impropre à l'action. L'ardeur pour le gain et pour la littérature, c'est ce qui a le plus de tendance à corrompre ou à retarder l'énergie martiale d'une nation ; en Chine, malgré sa glorification officielle de l'agriculture, on peut dire que ces deux derniers goûts gouvernent et décident le tempérament de son peuple, et sa littérature s'est positivement opposée à l'existence d'un esprit guerrier.

Dans le monde occidental, une dernière lance a été rompue, et même de nos jours, avec un grand succès, contre la douceur du christianisme, par la chevalerie qui déclarait déshonorante la soumission pacifique à une injure, et excusait, comme preuve d'honneur, l'accomplissement de tout ce qui était contraire aux lois. L'ardeur de combattre n'a pas tiré le même secours de la philosophie chinoise, qui, en tout, a conservé, non-seulement la place la plus élevée, mais aussi la plus populaire dans sa littérature. Enseignant directement la supériorité de la patience sur les représailles, elle a inculqué si généralement celle de la raison sur la force, qu'elle a établi une préférence avouée pour les arrangements amiables en présence d'une violente contestation de droit. Quand même les circonstances extérieures auraient été moins favorables à ces dispositions pacifiques, il n'était guère possible qu'une telle doctrine ne fît pas beaucoup de prosélytes, sortant d'un code pour lequel la nation professe un grand respect pratique.

A l'influence anti-guerrière dont nous venons de parler, il s'en joint une autre, moins respectable, mais concourant avec le commerce à faire désirer le maintien de la paix. La valeur morale de la littérature chinoise lui a obtenu la distinction de devenir le point essentiel de toute prétention officielle aux emplois publics : être versé dans la littérature, est devenu le moyen légal de satisfaire une ambition qui demeure honorable, tant qu'elle est désintéressée ; et, quoique, dans l'accomplissement de fonctions considérées comme un essai d'aptitude aux emplois, sa philosophie ait grandement dégénérée, et qu'au lieu d'être la règle de la conduite morale, elle ne soit plus guère devenue qu'un marchepied pour atteindre aux émoluments d'une place ; toujours est-il que, sans s'arrêter à considérer si c'est la bonne ou la mauvaise raison qui a eu le dessus, l'amour des sciences et des lettres n'a cessé d'augmenter depuis des siècles, et, comme moyen ou comme but, est venu en aide à une disposition déjà peu guerrière, en absorbant une part considérable de l'attention publique. Il n'est pas discutable qu'à l'heure qu'il est le Chinois n'est pas belliqueux. On peut douter que j'aie songé à placer les causes de sa grande inaptitude à la guerre sur le terrain de l'histoire, puisque je semble m'attacher à le montrer à l'abri de toute influence hostile à la paix, plus que ne voudraient l'admettre d'autres lecteurs de l'histoire des Chinois. Je confesse que ces remarques ne sont point le fruit de longues méditations et ne sont pas basées sur une connaissance approfondie de l'histoire de la Chine. S'il en eût été autrement, j'aurais pu disserter avec profit sur un point d'un grand intérêt, point sur lequel le docteur Williams a attiré mon attention, à savoir que : « l'armée en Chine n'a jamais servi à asservir le peuple, et à prendre le parti du pouvoir royal contre les institutions nationales, parce que l'aristocratie lettrée s'est montrée trop influente sur les soldats habitués par éducation à révérer les mêmes institutions littéraires. »

Si cette sécurité au sujet de la guerre est contestée, je ne sais plus comment rendre compte du développement extraordinaire des actes et des ressources de la paix, et j'hésiterais à reconnaître, autant que je l'ai fait, l'influence de ce précepte : « Il est préférable de ne pas répondre à la violence par la violence, » sur un peuple qui, pour se défendre, eût été contraint de désobéir constamment à ce précepte. En un mot, je soupçonne que l'inhabilité d'un Chinois moderne à la guerre, est une habitude de vieille date, due, en partie, à cette longue désuétude d'hostilités que la position de la Chine a produite en lui, et qui l'a comme formé par une seconde nature à des désirs et à des recherches incompatibles avec la guerre ; et, en partie, à l'esprit du Code de morale, dont l'étude s'identifie si bien avec ses goûts plus prononcés, et qui d'ailleurs a un tel mérite intrinsèque, qu'il est considéré par lui comme la plus haute autorité sur tous les points du gouvernement personnel, domestique ou politique. J'ai regardé plus haut l'inhabilité à la guerre comme un attribut chinois que je n'ai pas voulu appeler un défaut ; mais, convaincu comme nous le sommes qu'il y a une étroite alliance entre le courage et la véracité, il ne nous est pas possible de ressentir vivement la connexion qu'il y a entre la lâcheté et le mensonge dans le caractère d'un Chinois ; et de ne pas souhaiter que les bénédictions de la paix et la doctrine de la résignation lui aient laissé un peu plus de cette énergie qui aujourd'hui serait fort nécessaire à la conservation de son indépendance.

Il y a trois siècles environ que les Japonais attaquèrent sans relâche les côtes chinoises, durant huit années, sans que les Chinois tentassent une seule représaille digne d'être citée. L'expérience de ce désastre ne put faire tenter le moindre perfectionnement qui les eût sauvés, cinquante ans après, de la honte d'être subjugués par une tribu petite et obscure, qui envahit l'Empire et plaça son chef sur le trône. La nouvelle dynastie a témoigné une confiance *peu lettrée* dans les corps solides de cavalerie et d'infanterie. A Péking, et dans le voisinage immédiat de cette ville, sont stationnés environ 130,000 hommes des Bannières, qui fourniront toujours un noyau décent pour une armée effective, s'ils sont régulièrement payés, — condition qui n'est nullement remplie. Les garnisons de Bannière des provinces, héritant leur métier de père en fils, ont, sans aucun doute, dégénéré aristocratiquement comme troupes utiles, et sont condamnées à être fraudées aussi ignoblement de leur paye et de leur ration que leurs camarades Métropolitains, par leurs supérieurs de tout rang.

§ 9. PROJETS DE RÉFORME.

C'est dans la force Luhying que le désordre est poussé à l'excès ; et, si l'on considère la masse et la distribution, la peinture de leur condition faite par un des membres du ministère actuel, montrera clairement comment ce grand empire se trouve sans défense sur le point même où devrait se trouver son plus solide appui, et cela à un moment où il est agité par la sédition au dedans, où un danger nouveau, mais mal défini encore, menace son antique constitution, dans les relations extérieures auxquelles elle se voit contrainte; changement dans la forme, sans précédent en Chine, qui semble présager de plus grandes innovations.

En réponse au jeûne Empereur qui demanda des avis et des informations par une requête promulguée un mois après son avénement, 80 mémoires environ furent présentés sur différents sujets, et quelques-uns embrassaient jusqu'à 10 matières différentes d'études.

Hwàng Chàulin, censeur pour Kiàngnàn se plaint que les cadres ne sont pas remplis, que les noms ne sont pas reportés, et que l'on touche la paye de soldats qui n'existent pas ; qu'enfin les exercices sont entièrement négligés. Ceux qui sont dans les rangs sont employés à des services domestiques par leurs officiers, qui escamotent la solde et produisent par là des mécontentements et des plaintes parmi les soldats, qui sont constamment de connivence avec les voleurs.

Hù-nai-pù, président de la Cour du Banquet, établit que les hommes de Bannière sont les seuls archers de l'Empire qui vaillent la peine d'être nommés ; les troupes du Vert-Étendard sont si molles, si peu familiarisées avec l'usage du canon, du mousquet, du sabre et de la lance, que les milices sont toujours disposées à endurer toutes les violences ; et il demande que, dans les parties de la Chine qui sont voisines du territoire habité par les tribus sauvages, le peuple reçoive la permission de s'armer pour sa défense personnelle.

L'aspirant Chàng-sih-kàng pousse des lamentations en voyant que, bien que l'armée dans les provinces monte à 600,000 hommes, et coûte environ 10 millions de taëls, elle est entièrement désorganisée par une longue paix. Les officiers falsifient les rapports, exagèrent les comptes rendus, et font des détournements sur la paye des soldats, paye déjà trop faible pour engager un homme honnête à s'enrôler. Les cadres sont à demi remplis, encore est-ce de vagabonds dont les plus faibles sont incapables, et les plus forts de connivence avec les voleurs et les contrebandiers. Les hommes dont les rôles portent les noms envoient pour les remplacer quelque coquin qui n'a pas comment gagner son pain ; celui-ci déserte en présence de l'ennemi, ou n'a pas même l'énergie de l'approcher ; du reste, pas une chance de les retrouver puisque leurs noms n'ont jamais été inscrits.

Chau-kwàng, vice-président du Conseil de Guerre, répète toutes ces accusations, et sollicite l'attention de l'Empereur sur l'insolence de la soldatesque et l'ignorance des marins. Il impute ces désordres, avec raison, à la négligence des officiers. Dans la section suivante, il se plaint de l'abandon complet qu'ils font de leurs devoirs de police; abandon qui laisse sans aucune sécurité les routes dans Chihli et Shàntung, et qui a permis aux proscrits de s'associer en troupes de différentes dénominations dans sept provinces.

Chi-k'eh-shin, chef sous-secrétaire du Cabinet, en pressant l'Empereur de mettre à exécution la politique extérieure de son père, qui, comme il l'insinue, méditait depuis longtemps une rétractation complète des concessions qu'il avait faites aux Barbares, l'avertit que cette tentative ne peut être commencée tant que son armée sera aussi impuissante qu'elle l'est présentement. S'il en eût été autrement, quand il s'était agi de la question de la Cité à Canton, une réforme dans les relations, extérieures s'entend, aurait pu être effectuée dans toutes les provinces maritimes.

Li-Sun-jin, commissaire de législation criminelle dans Nganhwui, attaque les officiers-généraux sur la tolérance qu'ils montrent et même l'encouragement qu'ils donnent, en particulier, à la négligence des exercices, à l'extorsion de la solde et à l'emploi des troupes à leur service personnel.

Van-kung-yen, commissaire des finances pour Hùnan, consacre trois chapitres aux défections de l'armée.

Nous aurions d'autres réclamations encore à enregistrer, pour lesquelles l'espace nous manque, jusqu'à celles de Wurantai, un des lieutenants-généraux commandant la garnison de Bannière de Canton, qui fut désigné quelques mois après pour prendre les armes contre les proscrits de Kwàngsi, qui sont depuis 3 ans en révolte ouverte contre le gouvernement. Après l'énumération des maux qni assiégent les troupes qu'on lui a donné à commander, il déclare franchement qu'il avait souvent entendu parler d'un pareil état de choses, mais qu'il n'aurait jamais pu y croire, s'il ne l'avait vu de ses propres yeux.

Tous ces documents ne passent pas inaperçus sous les regards du chef de l'État, mais les rescrits qui en sont la reconnaissance officielle sont de pures menaces de forme. Sa Majesté s'indigne et s'étonne que de pareilles choses se passent ; cela n'arriverait pas, si les autorités supérieures savaient mieux se conduire ; en conséquence ils devront désormais faire leur devoir. Le Kwangsi qui s'élève a fait tomber le châtiment sur les têtes des malheureux avec une sévérité tout à fait en proportion de l'éternelle nonchalance à laquelle le désordre actuel doit être imputé.

§ 10. DISCOURS SUR LA GUERRE ADRESSÉ A L'EMPEREUR KING-TI.

Ce discours si curieux comme peinture de l'État

des choses militaires en Chine est emprunté à la description de la Chine et de la Tartarie chinoise par le P. J. B. Duhalde, de la Compagnie de Jésus.

« J'ai ouï dire que, depuis le commencement de la dynastie présente, les *Hou-lou* sont entrés bien des fois sur nos frontières, et qu'ils y ont fait un butin tantôt plus, tantôt moins considérable. Du temps que Kao-heou gouvernait l'Empire, dans une irruption qu'ils firent, ils forcèrent quelques villes, ils ravagèrent un grand pays, ils enlevèrent des bestiaux en quantité, ils tuèrent ou prirent beaucoup de nos gens. Ils revinrent peu après par le même endroit ; on leur opposa des troupes : elles furent défaites et nous perdîmes surtout grand nombre d'officiers. Or on dit communément : la victoire donne du courage, même au simple peuple. Au contraire, des troupes battues ont peine à se relever. Depuis *Kao-heou,* ces barbares sont encore venus trois fois par *Lung-si,* et ont toujours eu de l'avantage. Aujourd'hui ce n'est plus de même : les troupes que nous avons de ce côté-là, soutenues de la protection du *Che-tsi,* et dirigées par Vos ordres pleins de sagesse, ont relevé le courage aux peuples des environs. Non-seulement, nous sommes en état de résister, mais aussi de vaincre. Il s'est déjà passé quelques actions, où nous avons battu les Barbares, quoiqu'ils fussent en plus grand nombre.

« La différence de ces succès, mon Prince, ne vient pas des peuples de *Lung-si,* qui d'eux-mêmes ne sont aujourd'hui ni plus ni moins braves qu'ils étaient : elle vient des généraux et des officiers. Le livre qui a pour titre : l'*Art de la guerre*, dit : « Il n'est point de peuple, quelque vaillant qu'il soit, « qu'on puisse dire invincible ; mais il est des géné- « raux, dont on peut dire qu'ils ne sont jamais bat- « tus. » Rien n'est donc plus important, soit pour la réputation de Vos armées, soit pour la sûreté de Vos frontières, que le choix des généraux.

« Outre ce choix, il y a encore trois choses de la dernière importance, dont le succès des combats dépend, et à quoi un bon général doit faire attention. 1° au terrain, qu'il faut bien connaître, pour s'y accommoder à propos. 2° aux hommes, qu'il faut aguerrir par un exercice continuel. 3° aux armes, dont il y a bien des espèces, et qu'il faut toutes avoir bonnes. Quant au terrain, si le pays est coupé de rochers, de bois, de rivières ; ou si, quoiqu'assez uni, il est couvert de broussailles et de hautes herbes, il faut faire agir l'infanterie ; un homme à pied vaut alors mieux que deux à cheval ou sur des chariots. Au contraire, s'il se rencontre, ou bien une rase campagne, ou une file de hauteurs sans bois et sans roches ; c'est où la cavalerie doit agir : alors un seul homme à cheval ou sur des chariots vaut dix fantassins. S'il y a des hauteurs fréquentes, que des vallées de peu d'étendue et quantité de ruisseaux séparent, les meilleures armes sont des arcs ; les armes courtes en ces occasions sont de peu d'usage ; et leur désavantage est si grand, que cent hommes, ainsi armés, valent à peine un bon archer. S'il se rencontre des taillis ou bois épais, il faut recourir aux haches d'armes ; une vaut mieux que deux hallebardes. Dans les défilés et les chemins tortus, l'épée et l'esponton sont d'usage : un homme ainsi armé vaut dix archers.

« Quant aux hommes, il faut que les officiers subalternes soient bien choisis et les soldats bien exercés. N'entendre rien au campement ni aux marches, se débander facilement, ne savoir pas profiter promptement d'une occasion de gagner quelque avantage ; n'avoir ni attention à prévoir les dangers ordinaires, ni habileté à se tirer de ceux qu'on n'a pas prévus ; enfin, n'être nullement stylé aux signaux du tambour et de la timbale ; voilà les défauts ordinaires des soldats mal aguerris. Cent hommes alors n'en valent pas dix.

« Quant aux armes, il y en a d'offensives, il les faut entières, nettes, bien tranchantes. Il y en a de défensives, il les faut fortes et serrées. Il vaudrait autant s'exposer nu jusqu'à la ceinture que de porter une méchante cuirasse ; un arc qui n'a point de force, ne vaut pas une arme courte. Que sert une flèche qui ne peut aller droit ? Autant vaudrait-il n'en point avoir. Que sert qu'elle aille droit à l'ennemi, si elle ne le peut percer ? Autant vaudrait-il qu'elle fût sans fer, que de l'avoir obtus et mauvais. Si le général ne veille à cela, et que son armée soit mal pourvue d'armes, cinq hommes n'en valent pas un. Aussi le livre que j'ai cité dit-il encore : « Conduire une armée mal pourvue d'ar-
« mes, c'est mener des soldats à la boucherie. Un
« prince qui donne à un général de méchantes
« troupes, quand il faut combattre, livre ce général
« à l'ennemi. Un général qui se néglige, en ce que
« nous venons de dire, trahit et livre son prince.
« Enfin un prince qui choisit mal un général, livre
« aux ennemis les États. » Ces axiômes sont très-frais et méritent qu'on les pèse. »

« On dit de plus, et il est vrai de dire, que, comme il y a différence du petit au grand, du fort au faible, du difficile et dangereux au facile et favorable, il faut être éclairé et attentif sur tout cela, pour prendre bien son parti. Selon la différence des États, leurs manières doivent être et sont communément différentes. La maxime d'un petit royaume est de plier sous un grand pour avoir la paix. La maxime commune aux petits États, c'est de s'unir contre un grand, quand ils le peuvent. La maxime de notre Chine, c'est d'opposer barbares à barbares.

« Les *Hou-lou*, auxquels nous avons maintenant affaire, ont trois avantages que nous n'avons pas. Leur pays est entrecoupé de montagnes et de ravines ; eux et leurs chevaux y sont accoutumés ; nos chevaux et nos chariots n'y peuvent agir, ni même entrer. Ces peuples, faits de jeunesse à ces courses irrégulières, en galopant par monts et par vaux, tirent cependant de l'arc assez juste. Nos chariots et nos chevaux n'y pouvant aller, comment nos fantassins pourraient-ils tenir contre ? D'ailleurs, ils ne craignent ni vent, ni pluie, ni faim, ni soif. Ils sont faits à la fatigue et durs au travail, beaucoup plus que ne le sont nos gens ; mais s'il s'agit de se battre en rase campagne, nous avons sur eux de grands avantages : les évolutions de notre cavalerie et de nos chariots les déconcertent. Nos grands arcs portent fort loin, les leurs ne peuvent nous atteindre. Dans la mêlée même, nos gens armés de bonnes cuirasses, marchant toujours en bon ordre, l'épée ou la pique en main, et soutenus de nos archers, les Barbares cèdent bientôt. Pour peu que nos gens soient exercés à escarmoucher et à tirer, les armes défensives de ces barbares qui sont de bois et de peaux, sont bientôt en pièces. Que si l'on met pied à terre de part et d'autre, et qu'on ne combatte qu'avec armes blanches ; les *Hou-lou* nous résistent encore moins ; accoutumés qu'ils sont au cheval, ils ne sont point assez fermes pour combattre à pied.

« A ce compte, pour trois avantages que ces barbares ont sur nos gens, il y en a sept qu'ont nos gens sur eux. Si nous ajoutons à cela que nous pouvons avoir aisément dix hommes contre un, la victoire paraît certaine. Cependant il est toujours vrai de dire que les armes sont des instruments funestes, et la guerre une chose hazardeuse. Le plus grand et le plus fort peut y devenir en un instant le plus petit et le plus faible; et il arrive quelquefois que, pour s'opiniâtrer à vouloir vaincre, la dé-

faite devient si grande, qu'on ne peut s'en relever.
Alors on se repent, mais trop tard. La bonne maxime, c'est d'aller au plus sûr, et de ne rien hazarder.
Il y a de ces étrangers qui se sont soumis volontairement à nos lois; on en peut faire un corps de plusieurs mille hommes. Ce sont gens accoutumés à vivre et à fatiguer comme les *Hou-lou;* ils ont leurs manières et leurs talents; on pourrait, ce me semble s'en servir utilement; il faudait les bien pourvoir d'armes offensives et défensives, leur donner pour commandant un de nos officiers bien choisi, qui soit déjà un peu instruit dans leurs manières et qui sache les gagner; recommander au général de faire agir ce corps de troupes dans les endroits embarrassés ou escarpés; et, pour les combats en rase campagne, employer les autres troupes. C'est à mon sens le moyen de ne rien risquer. La tradition dit : « Un prince éclairé profite « de tout, même du discours d'un fol. » Qui suis-je, moi, qu'un homme sans mérite et sans lumière ? Je ne désespère cependant pas que Votre Sagesse ne vous fasse trouver, en ce que j'ai dit, quelque chose de bon à suivre. »

§ 11. — ESPRIT DES LÉGISLATEURS CHINOIS.

Ce paragraphe, qui ne sera pas sans intérêt, est tiré des livres classiques de la Chine, recueillis par le P. Noël. C'est un complément nécessaire à ce traité militaire, puisqu'il nous révèle ce qu'en ont jugé la législation et la morale des Chinois.

« Les Chinois regardaient comme le premier de leurs devoirs de défendre leur gouvernement et leur patrie; et, par ce même caractère, ils aimaient plus leurs devoirs que la vie : ils étaient donc capables de sacrifier leur vie et leur fortune pour la défense et pour la conservation de leur patrie et de leur gouvernement.

« Ces mêmes citoyens croyaient que le Tien ou le maître de la nature récompensaient tous ceux qui se dévouaient à la patrie ; qu'il punissait ceux qui la trahissaient ou qui ne la défendaient pas ; aucune crainte et aucun intérêt ne pouvaient donc contrebalancer, dans le cœur du Chinois, le zèle et l'amour pour son gouvernement et pour sa patrie.

« Les Chinois, pour devenir le peuple le plus puissant, n'avait donc besoin que de connaître l'art militaire, ou l'art de former des soldats et des généraux, et cet art ne fut point négligé par les législateurs. La Chine était environnée de nations sauvages, grossières, féroces, qui pouvaient l'attaquer, la piller, l'envahir : il fallut mettre les citoyens en état de défendre leur vie, leur liberté, leurs possessions, leurs fruits. Les législateurs voulurent que les exercices militaires fussent une partie essentielle de l'éducation publique : on établit en même temps des écoles, où les guerriers s'assemblèrent pour rechercher et pour enseigner les principes de l'art militaire ; et ce fut parmi ceux qui s'y distinguaient que l'on choisissait les officiers militaires et les généraux. On n'était admis à aucun office militaire sans avoir obtenu des degrés de bachelier, de licencié, de docteur aux armes.

« Tous ceux qui aspiraient à ces degrés étaient obligés de savoir par cœur un livre qui contenait les lois et les principes de la guerre ; et, pour acquérir chacun de ces degrés, il fallait composer un mémoire sur un texte tiré de cet ouvrage, et faire ensuite l'exercice des armes et de l'équitation.

« Les soldats n'étaient point soumis à ces examens ; mais on les exerçait pendant plusieurs mois de l'année ; et, tous les ans, ils s'assemblaient pour faire, en présence des officiers et des généraux, tous les exercices qui concernaient leur état.

« Plusieurs des exercices militaires faisaient partie de l'éducation : ainsi les législateurs avaient pour ainsi dire préparé tous les citoyens à devenir soldats. Sobres, tempérants, laborieux, accoutumés à la subordination et à l'obéissance depuis leur naissance, observateurs zélés de tous leurs devoirs, ils pouvaient en peu de temps se former à la discipline militaire et devenir d'excellents soldats.

« Le citoyen formé par la politique des législateurs chinois est donc le soldat et l'officier le plus brave et le plus capable de se dévouer pour la patrie : cette même politique donne à l'Etat le plus grand nombre de citoyens possible relativement à l'étendue et à la qualité du territoire. Un Etat formé sur les principes de cette politique est donc aussi puissant qu'il peut l'être.

« Le Ciel ou le Tien donne à l'homme la force ou la puissance, afin qu'il se procure les choses que la nature a rendues nécessaires à sa conservation et à son bonheur. Mais en lui donnant la force elle l'a doué de la raison, de la justice et de l'humanité, qui doivent en diriger l'usage et en régler l'exercice.

« Les législateurs chinois, observateurs scrupuleux de la loi du Ciel, crurent que la politique n'en devait point suivre d'autre pour l'usage de la puissance qu'ils avaient procurée à la société qu'ils avaient formée, et ils jugèrent que la nation ne devait faire usage de sa force que pour défendre la patrie contre les usurpateurs, la liberté contre les tyrans, la tranquillité contre les perturbateurs, ou pour se procurer, selon les règles de la raison, de la justice et de l'humanité, des terres nécessaires pour leur subsistance.

« Ainsi la nécessité seule autorisait la guerre, et l'on ne devait s'y déterminer qu'après avoir épuisé tous les moyens possibles pour l'éviter, et pour se procurer, sans rompre la paix, les choses que la nature a rendues nécessaires à la conservation et au bonheur des sociétés humaines; n'exiger rien de plus; et, lorsqu'on les avait obtenues, laisser jouir ceux que l'on avait combattus de tout ce qui était nécessaire à leur vie, à leur conservation et à leur bonheur.

La raison, la justice et l'humanité, devant diriger la force, lors même qu'on l'employait pour se procurer des choses que la nature a rendues nécessaires, il ne fallait se déterminer à faire la guerre qu'après s'être bien assuré qu'on était exempt de tout sentiment d'ambition, de vengeance, d'orgueil ou de cupidité; que l'on n'avait pour motif que la nécessité, et que l'on n'irait point au-delà de ce que prescrivaient la raison, la justice et l'humanité.

« On peut faire la guerre » disent les livres classiques de l'art militaire; « mais, avant que d'en ve-
« nir à ces extrémités, il faut être bien assuré qu'on
« a l'humanité pour principe, la justice pour ob-
« jet, la droiture pour règle.

« On ne doit se déterminer à attenter à la vie de
« quelques hommes, que pour conserver la vie à
« un plus grand nombre : on ne doit vouloir trou-
« bler le repos de quelques particuliers, que pour
« assurer la tranquillité publique : on ne doit nuire
« à certains individus que pour faire du bien à l'es-
« pèce : on ne doit vouloir que ce qui est légitime-
« ment dû, ne le vouloir que parce qu'il est dû, et
« ne l'exiger que comme il est dû.

« Il résulte de là que la nécessité seule doit met-
« tre les armes à la main : or, si l'on ne fait la
« guerre que par nécessité, et avec les conditions
« que je viens d'indiquer, on aimera ceux même
« contre qui l'on combat; on saura s'arrêter au mi-

« lieu des plus brillantes conquêtes ; on sacrifiera
« la valeur à la vertu ; on oubliera ses propres in-
« térêts pour rendre aux peuples, tant vainqueurs
« que vaincus, leur première tranquillité, et le re-
« pos dont ils jouissaient auparavant. »

Sun-Tsée, que les Chinois regardent comme un des plus grands capitaines de la Chine, prescrit les mêmes règles. « Faire la guerre, dit-il, est quelque
« chose de mauvais en soi : la nécessité seule doit
« la faire entreprendre. Les combats, de quelque
« nature qu'ils soient, ont toujours quelque chose
« de funeste pour les vainqueurs eux-mêmes ; il ne
« faut les livrer que lorsqu'on ne saurait faire la
« guerre autrement.

« Lorsqu'un souverain est animé par la colère ou
« par la vengeance, qu'il ne lui arrive jamais de le-
« ver des troupes ; lorsqu'un général trouve qu'il a
« dans le cœur les mêmes sentiments, qu'il ne livre
« jamais de combat : pour l'un et pour l'autre ce
« sont des jours nébuleux ; qu'ils attendent des
« jours de sérénité pour se déterminer et pour en-
« treprendre. »

« Comme l'humanité devait diriger l'usage de la force, lors même qu'on était obligé de l'employer, il ne fallait faire que le moindre mal possible au genre humain : il fallait donc choisir le temps, les saisons, les circonstances les plus favorables pour la vie, pour la santé, pour la conservation des hommes pendant la guerre; il fallait la terminer le plus promptement qu'il était possible, parce que la guerre est un état contraire à la nature et au bonheur de l'homme.

« Quand on a l'humanité pour principe » disent les livres classiques de l'art militaire; « on n'entre-
« prend pas la guerre hors de saison ; on ne l'en-
« treprend pas sans de légitimes raisons.

« On l'entreprendrait hors de saison, si l'on fai-
« sait marcher les troupes pendant le temps des se-
« mailles ou de la récolte, pendant les grandes cha-
« leurs de l'été, ou pendant les rigueurs de l'hiver,
» ou pendant celui de quelque calamité publique,
« comme lorsque les maladies contagieuses font de
« grands ravages parmi le peuple, ou lorsque, par
« l'intempérie de l'air ou le dérangement des sai-
« sons, la terre, soit de votre côté, soit du côté de
« l'ennemi seulement, refuse aux hommes les dons
« les plus ordinaires.

« La guerre est, par rapport au peuple, ce qu'une
« violente maladie est par rapport au corps; l'une
« demande autant de précautions que l'autre. Dans

« les maladies, il y a le moment d'appliquer les re-
« mèdes, le temps de les laisser agir, et celui où ils
« doivent produire leurs effets.

« Dans la guerre, il y a le temps de la commen-
« cer, le temps de la pousser, et celui de la suspen-
« dre ou de la terminer. Ne pas faire ces distinc-
« tions, ou, si on les fait, n'y avoir pas les égards
« nécessaires, c'est n'avoir aucun objet réel, c'est
« vouloir tout perdre, c'est n'avoir point d'huma-
« nité.

« Si vous avez de l'humanité, vous saurez, vous
« sentirez que tout affligé est respectable ; vous n'a-
« jouterez pas affliction sur affliction, douleur sur
« douleur, infortune sur infortune. Dans ces sortes
« d'occasion, vous ne devez point avoir d'ennemis :
« quels sentiments devez-vous donc avoir pour vos
« propres gens, pour vos amis mêmes ! »

« Enfin, lorsque l'on était déterminé à faire la
guerre, lorsqu'on était sur le point de combattre,
c'était le moment où l'humanité devait redoubler
ses efforts pour rétablir la paix sans verser le sang
humain, et faire de nouvelles tentatives pour engager l'ennemi à rentrer dans le devoir; et, si l'on ne
pouvait y réussir par la voix de la persuasion, l'y
forcer par quelque ruse ou par quelque stratagème

qui le mît dans l'impossibilité de combattre et dans la nécessité de se rendre.

« Lorsque la nécessité faisait recourir aux armes, et qu'il fallait ou combattre l'ennemi, ou punir des rebelles, on mettait tous ses soins à ce que la guerre ne fût pas de longue durée ; on la terminait en peu de temps parce que personne n'avait intérêt à en prolonger le cours ; on combattait sans animosité, parce qu'on ne combattait que pour venger les lois et le bon ordre ; on se dispensait même de combattre, quelques préparatifs que l'on eût faits, et quelque favorable que fût l'occasion, si, par ruse ou autrement, on pouvait engager les ennemis ou les rebelles à rentrer dans le devoir ; et cette victoire était réputée la plus glorieuse, parce qu'elle était la victoire propre de la justice et le triomphe de l'humanité.

« Voilà comment on se comportait autrefois avant que d'entreprendre la guerre. Dans la manière dont on procédait pour la conclure, pour la déclarer, pour s'y préparer, pour la commencer, pour la finir, il n'y avait rien qui se ressentît de la passion ; tout, au contraire, y respirait l'humanité.

« Les livres classiques concernant l'art militaire contiennent tous ces principes ; ils sont une partie essentielle des connaissances requises pour obtenir des grades militaires ; et par l'instruction, et par l'éducation nationale, tous les Chinois sont imbus des mêmes principes ; et ils forment encore aujourd'hui l'objet particulier de l'instruction des troupes ; car, encore aujourd'hui, les Chinois pensent que le premier objet de la politique c'est de former des citoyens, et que la science des devoirs de l'homme et du citoyen est plus nécessaire aux guerriers et aux soldats qu'aux autres conditions, parce qu'ils croient que le citoyen doit être d'autant plus instruit de ses devoirs, qu'il exerce une profession où il peut faire plus de mal lorsqu'il les ignore. C'est pour cela que le père de l'empereur régnant a fait recueillir les instructions nécessaires aux gens de guerre, et a obligé tous les guerriers, officiers et soldats, de les savoir par cœur.

« Ces instructions sont renfermées dans dix préceptes, qui ont pour objet la nécessité d'aimer et de respecter ses parents, d'honorer et de respecter ses aînés, de vivre en bonne intelligence avec tout le monde ; d'instruire ses enfants et ses frères cadets, de cultiver la terre avec soin, de se rendre habile dans les exercices militaires, d'être économe, de s'abstenir du vin et des liqueurs enivrantes, d'éviter le jeu, les querelles et les combats. Ainsi la morale politique des législateurs chinois formait les guerriers les plus braves et les plus humains ; l'Empereur, le général, l'officier et le soldat, instruit et formé par elle, s'estimait moins pour son habileté dans l'art de la guerre que pour ses connaissances dans la morale, pour ses exploits que pour ses vertus ; et, sans rien ôter au courage et à l'émulation pour se perfectionner dans l'art militaire, cette morale avait garanti tous les Chinois, qui se consacraient au service de la patrie dans les armées, de cet orgueil barbare et insensé qui persuade au citoyen qu'il est d'une nature supérieure aux autres hommes parce qu'il porte une arme. Il n'y a peut-être point d'erreur plus funeste au genre humain et au progrès de la raison et de la vertu ; et l'on doit regarder comme un des plus heureux effets de la morale politique de la Chine d'en préserver les citoyens.

« Par cette même morale, l'empereur de la Chine et la nation chinoise s'estiment moins pour leur puissance que pour leur fidélité à suivre la raison, la justice, l'humanité, et sont plus heureux par leurs progrès dans la vertu, que par l'accroissement de leur puissance, ou par l'éclat de leurs exploits militaires.

« Han-Outi, 5ᵉ empereur de l'illustre dynastie des Tams, était un des restaurateurs des lettres, et nul autre n'a étendu aussi loin les limites de l'Empire : il avait soumis à sa puissance un grand nombre de peuples et beaucoup de royaumes, sans que, ni pendant son règne, ni à sa mort, on lui décernât le moindre titre d'honneur et de gloire dans l'Empire ou dans la salle de ses ancêtres.

« Seize ans après sa mort, l'empereur Han-Sventi fit assembler les grands pour lui décerner un titre d'honneur parmi ses ancêtres. Un grand s'y opposa, en disant qu'à la vérité l'empereur Han-Outi avait étendu les limites de l'Empire, et conquis plusieurs royaumes; mais qu'il avait sacrifié à l'ambition de ces conquêtes une multitude prodigieuse de soldats, et avait épuisé ses sujets; qu'il s'était fait un nom dans la seule vue de le transmettre à la postérité, sans chercher à procurer à son peuple le moindre avantage; que toutes ces considérations réunies devaient lui faire refuser le titre d'honneur qu'on voulait lui décerner. « Si j'ai
« blâmé la conduite de Han-Outi, ajouta-t-il, c'est
« qu'elle me paraît répréhensible. J'ai parlé comme

« je pense; et, dussé-je le payer de ma tête, je ne
« puis dissimuler mon sentiment, que je crois fondé
« sur la raison. »

« La morale politique de la Chine tend donc à
étouffer l'ambition féroce, inhumaine et sanguinaire qui enfante ces fléaux du genre humain connus sous le nom de conquérants.

« Une politique qui apprend aux souverains et
aux peuples qu'ils ne doivent s'estimer et qu'ils ne
peuvent être heureux qu'en suivant les lois de la raison, de la justice et de l'humanité, ne porte jamais
un souverain ou un peuple à faire usage de sa puissance que pour le bonheur des hommes; elle fixe
chaque nation dans son territoire, et produirait
une paix générale et perpétuelle sur la terre, si elle
était la politique de tous les peuples.

« La paix et le bonheur sont l'objet essentiel de la
politique : c'est vers ce double objet que sont dirigés tous les établissements relatifs à la constitution,
au caractère des citoyens, à la force de l'Etat.
Voyons quels sont à cet égard les effets du système
politique des législateurs chinois.

« Une société civile est en paix, lorsqu'elle n'est
troublée ni par le manque de subsistances, ni par
la discorde des citoyens, ni par les séditions, ni par

les guerres étrangères. Voilà pour ainsi dire les différentes parties de la paix que la politique se propose de procurer aux sociétés civiles.

« Nous avons vu que le premier objet de la morale politique des législateurs chinois, c'est de procurer aux citoyens une subsistance assurée et commode ; que c'est la plus essentielle des obligatious de l'Empereur : et la moindre omission des gouverneurs et des mandarins à cet égard est un crime capital.

« Conséquemment à ce principe, les législateurs chinois ont porté l'industrie principalement vers la recherche des moyens de tirer de leur territoire la plus grande quantité possible de productions utiles à la subsistance ou à la santé ; et ils ont fait contracter aux citoyens l'habitude de la tempérance et de la sobriété. Ainsi la morale politique des législateurs chinois prévient tous les troubles qui pourraient naître du manque de subsistance.

« La morale politique de la Chine, l'éducation et l'instruction que reçoivent les citoyens, leur donnent un caractère d'humanité, de bienveillance, d'amitié : les rites tendent à renouveler, à ranimer, à fortifier ces sentiments dans toutes les occasions où les citoyens ont quelque correspondance entre eux ; et l'on donnait à ces rites le nom de *Cérémonial de paix*.

« L'humanité, l'amitié, la bienveillance, qui tendent à unir les hommes et à faire régner entre eux la paix et la concorde, ont leur source dans le sentiment de l'égalité naturelle. Il ne faut donc pas que la politique altère ce sentiment. Pour le conserver dans toute sa force et dans toute sa pureté, les législateurs chinois n'admirent, entre les citoyens, de distinctions que celles qui naissent des fonctions civiles, et voulurent que ces fonctions ne fussent ni le fruit de la richesse, ni la prérogative de la naissance, mais le partage des lumières, de la bonté, de la vertu ; tellement que, si celui qu'elles avaient élevé aux plus hautes dignités dégénérait, il rentrait dans la classe des simples citoyens.

« Ainsi le gouverneur, le mandarin, le ministre, ne pouvaient ni imaginer ni supposer en lui aucune qualité d'un ordre supérieur à la nature des autres hommes, et il voyait qu'il pouvait à tout moment perdre sa dignité.

« Ainsi les législateurs chinois, en admettant les distinctions nécessaires pour le maintien de l'ordre dans la société civile, avaient préservé ceux qui en étaient revêtus de la dangereuse erreur de supposer en eux une nature différente de celle des autres hommes. Le sentiment de l'égalité naturelle existait donc dans toute sa force chez tous les Chinois, malgré la différence que la société civile exige nécessairement entre les citoyens ; et par conséquent les sentiments d'humanité, d'amitié et de bienveillance qui en sont une suite nécessaire. Or le sentiment d'humanité est un principe d'union et de paix, puisqu'il nous fait ressentir les maux des autres, nous porte à les soulager lorsque nous les voyons souffrir, et nous fait craindre de leur causer de la douleur.

« Le système de morale politique de la Chine n'inspirait pas seulement aux citoyens les sentiments les plus capables de produire l'union, la paix et la concorde ; mais encore, par l'éducation et par l'instruction qu'ils avaient prescrites, ils prémunissaient les citoyens contre l'orgueil, contre la vanité, contre le désir de briller, contre la manie de primer dans les sociétés, contre la rusticité, contre la colère, contre l'étourderie, contre l'indiscrétion, contre la cupidité, contre le faste, qui sont les causes les plus générales des rixes, des querelles et des dissensions entre les citoyens, comme je l'ai fait voir en exposant les moyens que les législateurs chinois ont employés pour établir leur système, et en traçant le caractère qu'ils ont donné au Chinois.

« Aucun système politique n'est donc plus propre à prévenir la discorde et à faire régner la paix et l'union parmi les citoyens. La gloire qui s'acquiert par les armes ne fait donc point partie du bonheur de l'empereur de la Chine, et il ne pourrait, sans aggraver le poids du gouvernement, sans risquer de troubler son bonheur, sans compromettre sa gloire, entreprendre de faire des conquêtes violentes. Il ne pourrait tenter de faire ces conquêtes qu'en versant le sang de ses sujets, qu'il regarde comme ses enfants, et dont le Tien lui a confié la conservation. La guerre entreprise pour faire des conquêtes interromprait la culture de la terre, et tarirait la source de l'abondance des choses nécessaires, ce qui est la première obligation du souverain; elle suspendrait pour une infinité de citoyens l'instruction; elle leur ferait contracter l'habitude de la férocité et de l'inhumanité; elle tendrait à éteindre dans les Chinois les vertus qui sont le principe de l'obéissance des sujets et la base de l'autorité de l'Empereur.

Enfin la morale politique des Chinois ne permet que des guerres nécessaires, et elle prescrit d'aitit donc la Chine des guerres que l'ambition, la cupidité ou l'amour de la gloire font entreprendre contre les nations étrangères. Mais elle ne néglige aucun des moyens nécessaires pour résister aux ennemis qui voudraient troubler la paix des provinces et des citoyens : elle donne à l'Etat le plus grand nombre possible de défenseurs braves, intrépides, et capables de sacrifier leur vie pour le salut de leur patrie. Elle assure donc la paix de l'Etat contre les ennemis du dehors ; elle prévient d'ailleurs tous les troubles qui peuvent naître du manque de subsistance, fait régner la concorde, la bienveillance, l'amitié entre les citoyens ; prévient ou arrête les séditions. Elle procure donc la paix la plus générale, la plus profonde et la plus solide dont une société civile puisse jouir. »

§ 12. — Armes offensives.

1°. *Arcs et flèches*.— C'est, à proprement parler, l'arme par excellence, l'arme nationale. Dans les parades, l'exercice à l'arc tient naturellement le premier rang. Il y en a quatre espèces, distinguées par leurs poids : 35, 40, 45 et 50 kilogrammes : on entend par là que, pour bander ces arcs, il faut déployer une force suffisante pour soulever des fardeaux équivalents. Pour s'en servir, on fait usage des deux mains : la main droite y contribue de deux doigts seulement, l'index, et le pouce, qui, comme nous l'avons dit déjà, est garni d'un cercle de corne, ou de pierre précieuse ; la main gauche dirige l'arc avec les deux mêmes doigts : la première s'appelle *main de la flèche*, la seconde, *main de l'arc*.

Au repos, l'arc et le carquois sont placés dans un étui et attachés à une ceinture de cuir qui se passe sur le corps en façon d'écharpe. Le carquois lui-même est fait de cuir, et divisé en manière d'étages pour y adapter les flèches de différentes longueurs ; les plus grandes sont fixées au premier rang.

Une autre sorte d'arc, qui n'est plus en usage aujourd'hui, constituait en quelque sorte une petite machine de guerre, et il était nécessaire que plusieurs hommes réunissent leurs efforts pour le bander. Ces arcs servaient à lancer, outre des flèches de forte dimension, des lances, des javelots, des pierres même. La forme était presque celle de nos anciennes arbalètes.

Tirer l'arc avec habileté est encore une condition d'avancement ; et, bien que cet exercice n'ait plus la même importance aujourd'hui, un soldat, et surtout un officier, qui s'y livrerait avec maladresse serait mal regardé et exposé aux railleries générales. Il y a des flèches de trois degrés. Celles du 1ᵉʳ degré, placées à l'étage supérieur du carquois, ont à leur extrémité, au lieu de fer, un morceau de bois creux, percé de plusieurs trous. On prétend que cette flèche s'emploie en temps de siége pour établir des communications avec les intelligences qu'on peut avoir dans la ville assiégée. Celles du 2ᵉ degré, moins longues et placées au deuxième étage, sont plus nombreuses que les premières, et se terminent par un fer qui ressemble à celui de nos lances. Celles du 3ᵉ degré, moins longues encore, se terminent en une espèce de trident en fer, dont la blessure est particulièrement funeste.

Tout l'appareil est recouvert le plus souvent d'une toile huilée, pour le mettre à l'abri des intempéries.

2° *Pertuisanes, haches, sabres.* — I. Les piques ou pertuisanes sont fort variées de forme, et de longueurs différentes : on en compte cinq sortes, qui se nomment : *mou, y-mo, yeou, kou* et *tchi*. Toutes sont faites de bois de bambou, sauf la dernière, le *tchi*.

Le *mou* est une des plus courtes piques ; et cependant il est long d'au moins trois mètres : son extrémité est garnie d'un fer large et plat, découpé en trois crochets. L'*y-mo*, dont le fer a presque la même forme, ne diffère du *mou* que par la longueur du bois, qui a environ six mètres. Le *yeou* ne diffère pas sensiblement pour la longueur du *mou* ; mais le fer moins plat et plus allongé reproduit assez le fer de lance des armées européennes. Le *kou*, arme assez peu dangereuse, surtout aux mains des Chinois, est une pertuisane courte relativement, puisque le bois n'a guère que deux mètres : le fer, dont il est difficile d'apprécier l'usage, a environ 20 centimètres de large : il est allongé et tout plat. Enfin le *tchi* est de deux espèces : le grand et le petit. Le grand *tchi* a quelquefois 7 mètres, le petit, 3 mètres et demi de longueur. En résumé, ce sont des armes plus bizarres que sérieusement dangereuses.

II. — Les haches sont de deux sortes ; la grande, qui est en quelque sorte une hache de cérémonie, est fort grosse : son fer est arrondi en un demi-cercle presque parfait, et le manche est d'une longueur disproportionnée. Ce n'est pas que la petite ne serve également aux cérémonies, mais elle est proprement destinée au soldat. On lit dans le *Lou-tao*, livre écrit sur l'art militaire, au sujet de la nomination officielle d'un général : « On l'introduit dans la salle des ancêtres, où l'Empereur et toute sa cour se transportent aussi. Quand tout le monde est arrivé sur le seuil, l'Empereur, précédé de ceux qui portent la grande et la petite hache, entre d'abord, et, se tournant vers la partie qui regarde l'Occident, il se tient debout. Le général, qui vient d'être nommé, se tournant à son tour vers le point du palais qui sert d'entrée, se tient également debout. L'Empereur alors, prenant dans ses mains la petite hache (*fou-tse*), en détache le fer, et le sépare du manche qu'il remet au général, en lui disant : « Depuis cette terre où nous sommes « jusqu'aux cieux, vous pouvez donner des ordres « et les faire exécuter. » Puis, saisissant la grande hache, il sépare le manche du fer, qu'il place dans les mains du général, en ajoutant à cette action un discours destiné à l'investir de tout pouvoir, à lui recommander la valeur dans les combats, la modestie, l'estime pour ses ennemis, et le bon exemple qu'il doit aux troupes. »

La petite hache est particulièrement à l'usage de ceux qui sont armés du fusil, et ils ne doivent s'en servir, d'après les règlements, qu'après avoir épuisé toutes leurs munitions ; si ce n'est dans les marches, dans les campements, dans les siéges, où ils l'emploient comme outil indispensable, à la manière de nos sapeurs du génie. Le manche pénètre dans le fer jusqu'à l'extrémité, par le côté non tranchant, qui est d'une épaisseur relativement fort considérable : ce manche est peint de couleur à l'huile. La hache se place dans un étui, fait en cuir, avec une attache en fils de soie. La fourniture de cette hache revient pour le trésor impérial à la somme de 1 franc cinquante centimes.

Pour les travaux militaires, on fait encore usage d'une hache plus petite, qui est une espèce de cognée.

III. — Il y a deux espèces de sabres : la première est destinée aux archers, la seconde aux troupes qui portent le bouclier. Le sabre des archers est plus orné que l'autre, plus léger et plus droit ; il ressemble à un grand couteau de cuisine, légèrement recourbé. Celui des hommes à boucliers est recourbé, et à lame plus large et plus épaisse ; il se rapproche beaucoup de nos anciens briquets recourbés. Ces deux sortes de sabres n'ont qu'une poignée à main, sans ornement. Le fer brut est battu à froid, limé, puis poli; la poignée est garnie de cuivre ainsi que le fourreau. Celui-ci est fait en bois et recouvert de la peau d'un poisson, nommé *tse-yù*. La garde est environnée de fils de soie, et l'attache est également en soie.

La prescription de n'user de cette arme offensive qu'à la dernière extrémité est particulièrement respectée par la valeur chinoise.

3°. *Fusils et arquebuses*. — I. — Le fusil chinois, que nous avons nommé *fusil à mèche* dans le cours de cet ouvrage, afin qu'il fût bien entendu qu'il n'avait rien de conforme au nôtre, demande une description bien circonstanciée pour être à peu près compris. En fait, on ne le comprend bien qu'après l'avoir vu, et l'avoir fait fonctionner.

Pour former le canon de ce fusil, on a employé neuf kilogrammes de fer brut; le fer est rougi et battu jusqu'à ce que la quantité soit réduite à moitié : ce travail fait, le canon est percé, limé et poli. Sur la lumière est disposée une sorte de couverture en cuivre à charnières, et le canon est attaché au bois par des garnitures de cuivre. Le canon est suffisamment huilé ; le bois est recouvert de couleur jaune. La crosse, dans ces fusils, n'offre pas le renflement de bois que nous voyons dans les nôtres;

le bois seulement s'abaisse en formant avec toute l'arme un angle obtus. A l'endroit même où commence cette courbure, s'élève une pièce de fer au bout de laquelle est attachée la mèche allumée ; un ressort placé au-dessous fait abaisser la mèche en même temps que la pièce de fer sur le bassinet. Dans l'angle même, donné par la courbure de la crosse, se trouve comme nichée une boîte de cuir où sont conservées les mèches.

Deux courroies en cuir, attachées au milieu même de l'arme, servent à la suspendre ou à l'attacher. Mais une particularité tout à fait bizarre, c'est l'appareil qui suit cette courroie, appareil attaché à quelques pouces de l'orifice du canon. Ce sont deux petits pieux en bois à pointes en fer, sur lesquels les soldats appuient leurs fusils, quand ils vont les tirer. Une fois l'arme déchargée, les deux petits pieux se replient le long du bois, au moyen d'une charnière. Quant au chargement, il se fait à peu près comme celui de nos fusils, pour ce qui regarde le canon : on se sert d'une baguette en fer qui se place entre le bois et le canon.

Le fusil, comme toute autre partie de l'armement des Chinois, a son fourreau ou étui. Ce fourreau est en toile, de couleur jaune à l'huile ; et, conformément au système d'intimidation adopté par les Chinois, il est couvert de figures effrayantes de dragons, de diables, de nuages. La fantaisie s'y exerce avec d'autant plus d'emportement que cette partie de l'armure n'est pas fournie par l'État, mais achetée et choisie par chaque homme.

II. — Faute d'un autre mot, nous appellerons *arquebuse* une sorte de gros fusil, monté sur trépied que les Chinois nomment dans leur langue significative *pi-chau-pao*, c'est-à-dire *fusil qui fend la montagne*. Le trépied a une forme bizarre d'oiseau : les deux pattes forment deux pieds du trépied, la queue de l'oiseau terminée par deux dents forme le troisième. C'est à proprement parler à la place de la tête de l'oiseau qu'est ajusté le canon de l'arme, de telle manière qu'il puisse être baissé et relevé à volonté, et de plus tourné facilement dans tous les sens. La longueur du canon est d'un mètre environ, le diamètre intérieur de 55 millimètres : son poids est à peu près de 30 kilogrammes. La matière est le fer et l'acier, mêlés ensemble dans la proportion de 2 kilogrammes d'acier pour 90 kilogrammes de fer. Le tout est forgé, battu, etc., jusqu'à réduction de 30 kilogrammes. Il faut ajouter à ce poids environ 7 kilogrammes pour les garnitures de fer. Il n'entre de bois dans cette arme que pour l'extrémité opposée à l'orifice, ou espèce de culasse, et pour le trépied : le bois est peint en rouge. La charge de poudre nécessaire à l'arquebuse est d'environ 120 grammes.

Outre cette arquebuse, il y en a une autre plus petite, et montée sur bois comme un fusil, nommée *kouo-chan-niao*, « *Arme qui atteint au-delà de la montagne.* » Cette arme est montée aussi sur un trépied, et appuyée sur un genou de manière à être mue dans tous les sens. Sa longueur est d'un mètre 30 centimètres; son diamètre de 5 centimètres; son poids de 14 kilogrammes, fer et acier compris; sa charge de 30 grammes de poudre.

4°. *Canons.* — Nous pouvons les diviser en trois classes : le *canon à mains,* la *pièce de campagne*, le *canon sur affût.*

I. — Nous appellerons *canon à mains*, une espèce de grosse arquebuse, servie par cinq hommes. Tout l'attirail se compose d'une grosse boîte à poudre en cuir; d'une autre boîte pour les mêches; d'une poche à plomb; d'un marteau, destiné à bourrer et à comprimer la poudre; enfin d'un large sac pour renfermer le tout. Le trépied qui supporte ce canon représente un tigre à tête carrée et à gueule ouverte, le tout peint en jaune et en rouge. Des boîtes toutes préparées s'ajustent au corps même de l'arme, entre la culasse et le canon; il y en a quatre : et, pendant qu'on décharge ou qu'on retire les trois premières, ceux des cinq servants, que ce travail ne retient pas, s'occupent à recharger l'autre avec la plus grande vélocité, et de manière à ce que les décharges se succèdent le plus rapidement possible. La découverte de cette espèce de canon ne remonte pas à plus de 150 ans, puisque l'on en fit usage, pour la première fois, vers la troisième année d'*Yong-tchàng*, c'est-à-dire vers 1725, sur les indications du *tsung-tung* d'une des provinces de l'Empire, qui en avait présenté le modèle à l'Empereur.

La longueur de l'arme est d'un peu plus d'un mètre; son diamètre de 8 centimètres; les boîtes ont 20 centimètres de long, 3 centimètres de diamètre extérieur, environ 3 de calibre, et 20 centimètres de profondeur. Le poids de l'arme peut être de 40 kilogrammes.

II. — Ce que nous entendons ici par *pièces de campagne,* ce sont des espèces de petits canons dont la longueur varie de 50 centimètres à 1 mètre. Les plus petits, qui se nomment en chinois *Ma-ti-pao,*

« canons à pied de cheval, » sont longs de 50 à 80 centimètres, et, pour éviter qu'ils n'éclatent, ils sont garnis, de distance en distance, d'anneaux de fer. Leur diamètre est d'environ 10 centimètres près de la bouche, et de 12 près de la culasse; la profondeur varie entre 60 et 40 centimètres; le poids entre 70 et 40 kilogrammes; la charge entre 560 et 375 grammes. Il y en a d'autres un peu plus forts, nommés *Pe-tse-pao*, « canons de cent balles, » d'un mètre de longueur environ, d'un diamètre à peu près égal pour la bouche et la culasse, à peu près 10 centimètres, et du poids de 25 kilogrammes.

III. — Nous avons à décrire 3 *canons sur affût*, qui donneront idée du complément d'artillerie des Chinois : ils ont dû être construits vers le règne de *Tchoung-tchang*, dernier empereur de la dynastie des *Ming* (1636). Ces canons paraissent de fabrication européenne. Le premier a 1 mètre de long, 12 centimètres de diamètre à la bouche, 15 à la culasse; 90 centimètres de profondeur. Le poids est de 125 kilogrammes, la charge de 750 grammes. Le second est un peu plus fort de calibre, et n'est guère plus long; son poids est de 135 kilogrammes et sa charge la même que celle du premier.

Le dernier est long de 1 mètre 10 centimètres ; son diamètre, à la bouche, est de 15 centimètres ; mais, à la culasse, il est de 9 pouces. Sa profondeur est d'un mètre, son poids de 200 kilogrammes, sa charge de 1 kilogramme de poudre.

En résultat, quelles qu'aient dû être les leçons reçues par eux dans la science de l'artilleur, ils ont bien peu appris ; et les renseignements qu'on a pu obtenir à ce sujet, il y a deux cents ans, sont conformes à ceux qui nous sont encore transmis aujourd'hui.

5°. *Feu.* — Il y a lieu de citer ici, sur cet article, un fragment du chapitre 12 du *Sun-tse,* ouvrage chinois sur l'art militaire, publié par le Père Amiot, missionnaire à Péking ; et ce n'est pas un des points les moins curieux que ces moyens de destruction érigés en art par la science chinoise.

Sun-tse dit « : Les différentes manières de combattre par le feu se réduisent à cinq. La première consiste à brûler les hommes ; la seconde, à brûler les provisions ; la troisième, à brûler les bagages ; la quatrième, à brûler les magasins ; la cinquième, à brûler l'attirail (1).

(1) Les commentateurs expliquent ainsi les cinq manières de combattre par le feu. La première consiste, disent-ils, à mettre le feu dans tous les lieux où sont les ennemis, tels que le

« Avant d'entreprendre ce genre de combat, il faut avoir tout prévu, il faut avoir reconnu la position des ennemis, il faut s'être mis au fait de tous les chemins par où il pourrait s'échapper ou recevoir des secours, il faut s'être muni des choses nécessaires pour l'exécution du projet, il faut que le temps et les circonstances soient favorables.

« Préparez d'abord toutes les matières combustibles (1), dont vous voulez faire usage : dès qu'une fois vous aurez mis le feu, faites attention à la fumée. Il y a le temps de mettre le feu, il y a le temps de le faire éclater : n'allez pas confondre ces deux choses. Le temps de mettre le feu est celui

---

camp, les villages, les campagnes, et généralement tous les lieux d'où ils pourraient tirer des secours. La seconde consiste *à brûler les provisions*, c'est-à-dire les herbages, les légumes et les autres choses semblables qui servent à la nourriture des hommes, et les fourrages, grains, etc., dont on nourrit les chevaux et les autres bêtes de somme. La troisième consiste *à brûler les bagages*, c'est-à-dire les charriots, l'argent, les ustensiles, etc. La quatrième consiste à *brûler les magasins*, c'est-à-dire tous les amas de grains. La cinquième consiste *à brûler l'attirail*, c'est-à-dire les chevaux, les mulets, les armes, les étendards, etc.

(1) Ces matières combustibles, disent les commentateurs, sont : la poudre à canon, les huiles, les graisses, les herbes sèches, telles que l'armoise, les joncs et autres plantes semblables.

où tout est tranquille sous le ciel, où la sérénité paraît devoir être de durée. Le jour de le faire éclater est celui où la lune se trouve sous quelqu'une de ces quatre constellations, Ki, Pi, Y, Tchen. Il est rare que le vent ne souffle point alors, et il arrive très-souvent qu'il souffle avec force.

« Les cinq manières de combattre par le feu demandent de votre part une conduite qui varie suivant les circonstances : ces variations se réduisent à cinq. Je vais les indiquer, afin que vous puissiez les employer dans les occasions.

« 1° Dès que vous aurez mis le feu, si, après quelque temps, il n'y a aucune rumeur dans le camp des ennemis, si tout est tranquille chez eux, restez vous-mêmes tranquilles, n'entreprenez rien ; attaquer imprudemment, c'est chercher à se faire battre. Vous savez que le feu a pris, cela doit vous suffire : en attendant, vous devez supposer qu'il agit sourdement ; les effets n'en seront que plus funestes. Il est au-dedans, attendez qu'il éclate et que vous en voyiez des étincelles au dehors, vous pourrez aller recevoir ceux qui ne chercheront qu'à se sauver.

« 2°. Si, peu de temps après avoir mis le feu, vous voyez qu'il s'élève par tourbillons, ne donnez pas aux ennemis le temps de l'éteindre, envoyez des gens pour l'attiser, disposez promptement toutes choses, et courez au combat.

« 3°. Si, malgré toutes vos mesures et tous les artifices que vous aurez pu employer, il n'a pas été possible à vos gens de pénétrer dans l'intérieur, et si vous êtes forcés à ne pouvoir mettre le feu que par dehors, observez de quel côté vient le vent ; c'est de ce côté que doit commencer l'incendie ; c'est par le même côté que vous devez attaquer. Dans ces sortes d'occasions, qu'il ne vous arrive jamais de combattre sous le vent.

« 4°. Si, pendant le jour, le vent a soufflé sans discontinuer, regardez comme une chose sûre que, pendant la nuit, il y aura un temps où il cessera : prenez là-dessus vos précautions et vos arrangements.

« 5°. Un général qui, pour combattre ses ennemis, sait employer le feu toujours à propos, est un homme véritablement éclairé : un général qui sait se servir de l'eau, pour la même fin, est un excellent homme. Cependant il ne faut employer l'eau qu'avec discrétion. Servez-vous-en, à la bonne heure; mais que ce ne soit que pour gâter les chemins par où les ennemis pourraient s'échapper ou recevoir du secours.

« Les différentes manières de combattre par le feu, telles que je viens de les indiquer, sont ordinairement suivies d'une pleine victoire, dont il faut que vous sachiez recueillir les fruits. Le plus considérable de tous, et celui sans lequel vous auriez perdu vos soins et vos peines, c'est de connaître le mérite de tous ceux qui se seront distingués, c'est de les récompenser, en proportion de ce qu'ils auront fait pour la réussite de l'entreprise. Les hommes se conduisent ordinairement par l'intérêt ; si vos troupes ne trouvent dans le service que des peines et des travaux, vous ne les employerez pas deux fois avec avantage. »

§ 13. — ARMES DÉFENSIVES.

Avant d'entrer en matière, citons le passage du 4ᵉ article de *Se-ma*, sur la *Majesté des Troupes*.

« Ce qui touche de plus près les hommes, dit-il, doit être fait avec beaucoup de soin. Les habits, les armes, les casaques, les cuirasses, les boucliers doivent être tels, que, sans embarrasser ceux qui les portent, ils puissent les mettre en état de parer les coups de l'ennemi, et leur donner la facilité de lui en porter. Des armes bien aiguisées, des cuirasses et des casques assez forts pour résister au fer, inspirent la confiance, augmentent le courage, et servent comme de supplément aux forces ordinaires. Que l'esprit d'une épargne sordide ne vous suggère jamais de ces mauvaises raisons, qui, présentées sous un certain jour, sont quelquefois assez plausibles pour en imposer aux plus désintéressés, comme aux mieux intentionnés. Sous l'apparence de quelques avantages présents sont cachées les pertes les plus funestes. »

Voilà certes des maximes honnêtes : et ce peuple n'en est pas avare. On doit naturellement s'attendre à trouver que rien n'est négligé pour l'équipement et la défense du guerrier chinois ; nous allons en voir les détails, et juger. Cette partie de notre travail considérera d'abord l'habillement, les casques, les bonnets, les cuirasses, les boucliers, etc., des différents ordres de troupe ; elle donnera ensuite quelques détails sur les étendards, si curieux et si multipliés, sur les tentes, les tambours, etc., de l'armée chinoise.

I. Cavalerie. — La cavalerie porte un casque orné, dont voici à peu près la description. Le corps du casque est de fer, dont les lames ouvragées et cloutées s'arrondissent en forme de cône tronqué : le poids de cette partie est de 600 grammes environ. A la base du cône, dans la partie qui s'ajuste sur la tête, est attachée une sorte de collier, s'avançant jusqu'au dessus des yeux, pour former visière; par derrière, sont adaptées deux plaques de cuivre, formant oreillettes. Au-dessus du casque, flotte un panache : c'est un bâton ajusté, que surmonte un long pompon noir, au-dessous duquel flottent les fils d'un gros gland rouge en poils de vache.

L'habit ou cuirasse des cavaliers est composé de plusieurs pièces, qui, lorsqu'elles sont toutes ajustées, donnent assez l'idée de la dalmatique des sous-diacres. Le corps de la cuirasse se compose de deux parties en forme de tablier, descendant par devant et par derrière, et se rejoignant sur l'épaule. Deux pièces sont destinées à couvrir le dessous de l'épaule et le haut du bras jusqu'au coude. Deux autres, qu'on peut appeler brassards, servent à recouvrir le bras depuis le poignet jusqu'au coude. Au-dessous du bras, couvrant l'aisselle, s'ajustent deux autres pièces, réunies l'une à l'autre par derrière par une forte bande. Enfin un tablier s'attache à la veste ou cuirasse, et protége les cuisses et les jambes à partir de la ceinture. Ce tablier est attaché à la cuirasse sur la ceinture, par devant; et, sur le côté, par deux pièces carrées, ressemblant en grand aux boucles de ceinturons de nos soldats.

Cette armure est un composé de toile violette, ou bleue foncée, en dehors; et de toile blanche, formant doublure, en dedans : les bords sont de toile noire, sauf ceux du tablier à la partie supérieure, qui sont de toile bleue. Entre ces toiles, c'est-à-dire entre la doublure et l'habillement proprement dit, on introduit jusqu'à 146 morceaux de tôle, grands ou petits, et 1,500 clous de cuivre pour attacher ces morceaux. Le tout est orné de figures de dragons, de nuages, de montagnes, d'eaux et de fleurs, et exige l'achat de 8 mètres de toile violette, 9 de toile blanche, 2 de toile noire, et 50 centimètres de toile bleue.

Le prix de ce casque et de cette cuirasse peut être évalué pour le trésor à quatre taëls, environ 30 francs de notre monnaie.

« Le casque et la cuirasse, dit le *Sema*, ne doivent être ni trop étroits ni trop pesants. S'ils serrent trop la tête et le corps, ou s'ils surchargent l'une et l'autre d'un poids inutile, de l'homme le plus agile ils font un homme lourd, et diminuent à coup sûr, dans tous ceux qui sont ainsi gênés, la force, l'adresse et la valeur. Un soldat dont la tête et le corps ne sont pas à l'aise et qui est affecté de quelque douleur sourde, n'est pas la moitié de lui-même, il ne saurait combattre avec avantage. »

II. Archers. — Le casque des archers est moins élégant que celui des cavaliers : il en diffère aussi par la forme, mais peu sensiblement. Au lieu du pompon qui surmonte le gland, le panache se compose d'une suite d'ornements en bois tourné, ressemblant à des boules superposées. Ce casque a, comme l'autre, un gland rouge en poils de vache ; et la partie inférieure est formée de deux pièces qui couvrent tout le bas de la tête et le cou jusqu'aux épaules : il a aussi des oreillettes en plaques de cuivre.

Le corps même du casque est en fer battu et pèse un peu plus de 1 kilogramme.

Pour la cuirasse des archers, elle est, quant à la forme, taillée exactement sur le modèle de celle des cavaliers, et se compose entièrement des mêmes parties. Elle porte pour ornement extérieur la figure de sept dragons brodés en or. Elle se compose, comme l'autre, de morceaux de fer battu, au nombre de soixante, et d'un millier de clous en cuivre battu. La toile extérieure qui la recouvre est de couleur violette, ou, comme le disent les Chinois, de rouge tirant sur le noir : on emploie 7 mètres de cette toile ; la doublure, qui prend 8 mètres d'étoffe, est en toile blanche. Il faut 2 mètres et demi de toile bleue pour la partie supérieure du tablier ; et un mètre et demi de toile noire pour la bande qui sert de bordure à tout l'habillement et qui tranche sur la couleur du fond entre le blanc et le bleu.

III. Corps des fusiliers. — Leur casque est semblable à celui des archers, avec ces deux différences que d'abord il ne protége pas le cou, et n'a que des oreillettes, et ensuite que le poids en est plus léger, puisqu'il n'est que de 800 grammes environ.

La cuirasse de ce corps diffère beaucoup des deux précédentes : elle a la forme d'une longue blouse, et n'a point de ceinture. Dans cette cuirasse, les attaches au-dessus des épaules, que nous avons remarquées plus haut, sont totalement supprimées ; celles qui couvrent l'aisselle subsistent seules. Cette sorte de casaque est boutonnée par devant dans sa longueur, et porte sur le milieu de la poitrine, une plaque ronde dorée, en forme de lune.

Cet habillement est fait de toile fourrée de coton, et couverte de clous de cuivre battu. La partie extérieure est en toile noire, la doublure en toile bleue : 7 mètres de la première, 4 mètres et demi de la seconde, et un kilogramme seulement de coton pour la fourrure. Il entre dans la contexture 570 clous, et autant de morceaux de cuir derrière la doublure, pour qu'on puisse y river la pointe du clou. Il faut ajouter 30 centimètres environ de toile noire et de toile bleue, pour le dehors et la doublure du collier.

IV. Habits d'ordonnance. — Ces habits et la coiffure ou bonnet qui lui est appropriée, sont les mêmes pour les cavaliers, les fusiliers et les archers. Le bonnet a la forme d'une calotte ou hémisphère, autour de laquelle règne un bord relevé, et à laquelle est attachée une cordette qui se passe sous le menton. La calotte est en fils de soie peints en rouge ; le bord est en satin noir, doublé de toile noire. L'attache est de couleur bleue.

La casaque est une blouse à manches : elle est de toile noire doublée de toile blanche : elle est boutonnée sur toute la longueur, boutonnières en fils de soie, boutons en os : il y entre 4 mètres de toile noire, 3 mètres et demi de toile blanche.

Les soldats armés du sabre et du bouclier ont une casaque plus longue que la précédente, et garnie d'un plus grand nombre de boutons; ils portent de plus le ceinturon et la culotte. Le ceinturon est une large bande de toile rouge, doublée de toile blanche, bordée de toile noire, et fourrée de coton : il est garni de boutons également, et de boutonnières en fils de soie. La culotte d'ordonnance est aussi en toile, et d'une couleur noirâtre, la doublure est en toile blanche. La ceinture de cette culotte est assez large et est faite en toile bleue.

Le corps a un autre habit et un autre bonnet d'ordonnance, dont la bizarrerie exige une description toute particulière. La coiffure est une espèce de casque, qui a la prétention de figurer une tête de tigre. Ce casque se pose sur la tête, de façon que le terrible guerrier qui s'en couvre, voie par les yeux et puisse parler par la gueule du monstre. Une garniture, de couleur peau de tigre, comme la coiffure, descend sur les épaules qu'elle couvre, et s'agraffe par devant. Le corps de ce casque est en cuivre battu, la partie inférieure est en toile jaune.

La casaque représente naturellement la peau du

tigre : elle se compose d'une blouse, boutonnée par devant, d'une culotte à ceinture, et d'un ceinturon. Le tout est fait en toile jaune, ou couleur de tigre, et doublé en toile bleue : la casaque et le ceinturon sont fourrés de coton. Il faut de plus observer que la garniture des boutons de la casaque, la bordure du ceinturon, et la ceinture de la culotte sont en toile rouge. La forme est la même que celle des habits d'ordonnance dont nous avons donné plus haut la description.

V. Boucliers. — Gibernes. — Poires à poudre. — L'idée qu'on peut se faire du soldat armé du sabre et du bouclier, celle qu'on peut avoir du fusilier, seraient nécessairement incomplètes, si nous ne disions un mot du bouclier, de la poire à poudre et de la giberne.

Le *bouclier* est d'un aspect véritablement ridicule à force de vouloir paraître terrible. C'est un disque, qui a 75 centimètres de diamètre environ, tressé avec une espèce de jonc particulière : du côté qui s'appuie au corps du soldat, ce jonc est apparent, et l'on y a adapté un anneau mobile par où le bras s'introduit à la partie supérieure, et, à la partie inférieure, une poignée immobile. Mais, sur la face opposée à l'ennemi, l'art chinois a fait merveille :

ce qu'on aperçoit d'abord, c'est une vaste gueule toute rouge, avec quatre grandes défenses pointues, un gros flocon de soie rouge à la place du nez, se détachant sur la face dont le fond est bleu, et, enfin, au-dessus de ce nez ensanglanté, deux gros yeux ronds, blancs et à sourcils rouges. Qui ne prendrait la fuite à la vue de cet horrible appareil?

La *giberne* est simplement une grande gibecière, dont le couvercle se rabat et se rattache sur un des côtés : elle s'attache au corps par deux cordons de soie bleue. Le soldat y place ses balles et tout ce qu'il croit utile à la charge de son fusil : d'ordinaire elle est confectionnée en toile noire huilée, et couverte d'arabesques de fantaisie de couleurs voyantes. C'est une des fournitures que l'État ne fait pas à ses défenseurs : le soldat se la procure et l'entretient à sa guise.

Le *cornet* à contenir la poudre est tout à fait ressemblant à ceux que nous emportons avec nous pour la chasse : il s'accroche à la casaque par deux anneaux, et est de couleur noire. On l'applique sur l'arme pour amorcer, et on le replace où il doit être : mouvements qui doivent retarder considérablement la charge. Nous n'avons rien à ajouter ici à ce que nous avons dit déjà de la fabrication de la poudre.

VI. Tentes et Étendards. — On fiche en terre deux poutrelles droites, on adapte sur leurs deux extrémités une poutrelle transversale, dans la forme de la lettre grecque π. Cela fait, sur la traverse même, on fait passer une toile que l'on tend au pied par des anneaux et de gros clous : la tente est construite. Ordinairement les tentes ont près de deux mètres de haut, 4 mètres et demi de long, et 12 mètres de pourtour : l'étoffe, à l'extérieur, est une grosse toile blanche, dont il faut, en comptant les bords, les boutonnières, etc., un peu plus de 75 mètres. Les portes de cette tente, qui se replient comme les battants d'une porte, ont une forme triangulaire. La doublure est de toile bleue ordinaire et emploie environ 50 mètres d'étoffe. On attache derrière les boutonnières, pour leur donner de la résistance, une centaine de morceaux de cuir, entre les deux toiles. Le tout est enduit d'huile pour la conservation, et tendu par des cordes d'écorce, qui ont une force supérieure à celles de chanvre.

Bien que cette forme de tente soit celle que l'on adopte dans toutes les circonstances, la description qui vient d'être faite est tout particulièrement applicable à la tente du général, aux revues et aux exercices ; c'est là que se réunissent les principaux officiers qui ont été convoqués, et de là ils assistent au défilé des troupes.

Pour les étendards, les Chinois sont prodigues : et, pour le prouver, il suffit de dire qu'il y a pour 5 hommes un petit étendard ; et un grand pour 25 hommes ou une compagnie. Si cette forêt de drapeaux ne rend pas de grands services, on ne peut nier que le spectacle en plaine ne doive en être fort brillant.

Avant de les décrire, mentionnons qu'auprès de la tente du général se trouve dressée une tour nommée *tour des signaux* : elle renferme l'étendard général, bien entendu ; mais, de plus, autant d'étenparticuliers qu'il y a de corps différents. Le général veut-il faire exécuter un mouvement, il envoie à cette tour un officier avec un ordre : on montre l'étendard du corps qui doit faire évolution. Il y a aussi dans cette tour des trompettes, des tambours, des canons, etc.

Les différentes couleurs des étendards sont : le jaune, le blanc, le vert, le bleu, le rouge et le noir, toutes couleurs faciles à apercevoir comme signaux. Le *Suntse* dit : « Si vous avez à faire des évolutions pendant la nuit, faites exécuter vos ordres au bruit d'un grand nombre d'instruments; si, au contraire, c'est pendant le jour qu'il faut que vous agissiez, employez les drapeaux et les étendards pour faire savoir vos volontés. Le fracas des instruments servira pendant la nuit, autant à jeter l'épouvante parmi vos ennemis, qu'à ranimer le courage de vos soldats : l'éclat d'un grand nombre d'étendards, la multitude de leurs évolutions, la diversité de leurs couleurs, et la bizarrerie de leur assemblage, en instruisant vos gens, les tiendront toujours en haleine pendant le jour, les occuperont et leur réjouiront le cœur, en jetant le trouble et la perplexité dans celui de vos ennemis. Ainsi, outre l'avantage que vous aurez de faire savoir promptement toutes vos volontés à votre armée entière dans le même moment, vous aurez encore celui de lasser l'ennemi, en le rendant attentif à tout ce qu'il croit que vous voulez entreprendre, de lui faire naître des doutes continuels sur la conduite que vous devez tenir, et de lui inspirer d'éternelles frayeurs. »

Outre les étendards aux six couleurs, qu'on peut appeler étendards généraux ou bannières, il y a le grand et le petit étendard. Le grand se porte à la tête d'une compagnie de 25 hommes, comme nous l'avons dit plus haut. Le fond en est de satin vert, sur lequel est brodé en or un animal étrange recouvert d'écailles; tous les bords sont de satin rouge à découpures flottantes. La forme de l'étendard est triangulaire, et ce triangle est surmonté d'une flamme ou large ruban flottant, en soie brochée d'or. Le bâton est surmonté d'une grosse houppe rouge en poils de vache. Une courroie aide à le soutenir dans le fourreau de cuir que soutient à son cou le porte-étendard; enfin le bâton est consolidé de distance en distance par des cercles de rotin destinés à l'empêcher de se fendre. Tout ce qui entre dans la composition de cet étendard est verni ou huilé. Le petit étendard est porté à la tête de 5 hommes seulement : il y en a donc cinq par compagnie. Ces petits étendards, qui ne sont guère que le quart du précédent, sont de satin vert brodé de satin rouge, avec une flamme de 5 pieds, de soie brochée d'or.

A ces étendards, il faut joindre une bannière rouge, formant un parallélogramme allongé le long du bois, sur laquelle sont gravés des caractères chinois, et qui se porte à la queue de chaque compagnie de 25 hommes. Le bâton est terminé par un flocon de poils de vache, une demi-sphère et un trident doré. Le bâton, comme celui de tous les étendards, est un simple bambou dans lequel on a introduit une tige de fer.

Le résultat de ces observations doit être, qu'il y a sept drapeaux par compagnie : le grand étendard, celui qui tient la tête de la compagnie ; les 5 moyens, qui tiennent chacun la tête de cinq hommes ; et enfin le plus petit, la bannière rouge, qui ferme la marche.

VI. Instruments de musique. — Parmi les instruments destinés à l'armée en Chine, il faut placer en première ligne, comme étant le plus souvent employés, le *lo* et le *kin-lo* ; le *lo* est un instrument de cuivre, de la forme d'un bassin fermé ou d'un gros tambour de basque qui pèse environ deux kilogrammes. On le fait retentir en le frappant avec un marteau de bois, ou même simplement avec un bâton. On l'emploie dans les exercices et les revues pour transmettre les ordres du général : le nombre des coups frappés, la manière de les frapper sur le centre ou sur les extrémités, forment autant de signaux différents et convenus, d'après lesquels s'exécutent les manœuvres et les évolutions, si variées qu'elles soient. On s'en sert encore pour désigner les veilles de la nuit, ou même, comme chez nous du cri : *Sentinelles, prenez garde à vous!* pour constater que les gardes de tous les quartiers du camp ne sont pas endormis. Le *kin-lo*, qui a la même forme et qui sert aux mêmes usages, ne diffère du *lo* que par sa grosseur qui est plus considérable, et par son poids qui est de 4 kilogrammes. Ces instruments ont environ un mètre de diamètre, et 15 centimètres d'épaisseur. Le son, qui paraît faible d'abord, se grossit d'instant en instant, et se propage à une fort grande distance.

Un extrait du *Se-ma* peut donner quelque idée de l'emploi de ces instruments, ainsi que de celui du tambour, dont nous donnons plus bas la description, pour la manœuvre et les combats. « Pour faire avancer vers l'ennemi, on frappera sur le tambour un nombre de coups déterminé, et à quelque intervalle l'un de l'autre; pour engager le combat, on frappera sur le tambour, mais précipitamment et à coups redoublés; pour arrêter la marche ou faire cesser le combat, on frappera sur le *lo;* s'il s'agit de revenir sur ses pas, c'est le tambour qui en donnera le signal, et l'intervalle qu'on mettra entre les différents coups sera la mesure du nombre de pas que l'on doit faire et que le général aura déterminé. Il n'y a pas de meilleur moyen, ni qui soit plus simple, pour maintenir l'ordre et empêcher qu'une retraite qui n'a rien que de très-honorable, n'ait l'air d'une fuite, et n'en acquière quelquefois la réalité, par la confusion où l'on doit être nécessairement dans une marche inégale ou trop précipitée, ou par les attaques imprévues des ennemis, qui, persuadés que vous fuyez, voudront, par des efforts redoublés, achever entièrement votre défaite. »

Le *Sé-ma* parle encore en termes relevés des tambours et de leur mission : « Les sept sortes de tambours, etc., sont les directeurs et les guides d'une armée bien disciplinée : il n'est personne dans une armée qui ne leur doive toute son attention, afin de pouvoir faire, à point nommé, les évolutions commandées. Les tambours... doivent être connus des corps particuliers auxquels ils appartiennent. Il y a les tambours porte-étendards, les tambours des chars, les tambours de la cavalerie, les tambours des fantassins, les tambours communs, les tambours de la tête et les tambours de la queue. Tous doivent être dans un même lieu, lorsqu'on doit commencer la bataille, et c'est à eux que le général s'adresse pour donner ses ordres. Dès que tous les tambours sont rendus au lieu désigné, le général leur ordonne de battre la charge; alors la cavalerie et les chars se placent à la tête de l'armée, et l'infanterie s'avance à petits pas jusqu'à la portée du trait, pour commencer le combat dans l'ordre qui aura déjà été déterminé ou qui sera indiqué sur-le-champ. Les chars s'ouvrent, la cavalerie revient par les côtés, et les fantassins avancent toujours, et combattent en avançant, jusqu'à ce qu'ils aient enfoncé les ennemis. »

Le tambour des Chinois se place entre quatre bâtons qui le soutiennent de quatre côtés, et qui le retiennent par deux anneaux : la forme est assez semblable à celle d'un tonnelet peu allongé. Il est le plus souvent peint en rouge uni, surtout celui qui sert à annoncer les différentes veilles de la nuit, et celui qui sert à la bataille, comme nous l'avons lu dans le *Se-ma*. Mais il y en a un autre plus gros, quoique de même forme et dont on se sert pour donner les signaux. Ce dernier, à fond rouge, est enluminé de mille figures et couleurs diverses.

Pour les *trompettes*, en usage dans l'armée chinoise, elles ne sont guère que de deux sortes, et sont toutes deux en cuivre battu. Leur usage est le même que celui du *lo* et des tambours. L'une, la plus usitée, a la forme d'un gros porte-voix, et est à peu près montée au ton de nos cors de chasse ; l'autre, renflée vers l'extrémité, est à un octave au-dessous de la première.

Nous terminerons cette notice sur les instruments militaires par un mot sur les *conques* : on se sert des conques, dans la ville de Péking, pour tous les exercices et les appels ; à l'armée, elle indique les mouvements, et donne le signal de la retraite. Chaque division de l'armée a la sienne, chaque corps particulier la sienne.

Note importante. — Ne pouvant introduire dans cet ouvrage des figures qui pourtant eussent été fort utiles, nous indiquerons au moins les gravures précieuses que l'on trouve à la Bibliothèque impériale. Elles ont été exécutées à Paris, sur la demande de l'empereur de Chine lui-même. Outre les lumières que les gravures peuvent jeter sur les costumes, armes et usages des Chinois, elles aideront à comprendre leurs campements, leurs revues et leurs batailles.

Voici l'indication de ces gravures :

Conquêtes de Kien-Long, empereur de la Chine,

remportées dans le royaume de Chanagar, gravées par ordre du Roi sur les dessins donnés par l'Empereur en 1767.

Seize *estampes*, gravées d'après les dessins des missionnaires Jean-Denis Attiret, Jean-Damascène Sichelbarth et Joseph Castilhoni, par les graveurs Aliam, Choffard, Le Bas, Masquelier, Née et Saint-Aubin ; sous la direction de Charles-Nicolas Cochin le fils.

Indiquées dans le catalogue de l'œuvre de Cochin par Jombert. Paris, 1770, in-8°, n° 316, page 120.

CONCLUSION.

Arrivé au terme de notre tâche, nous croyons avoir présenté un tableau aussi complet que possible des divisions militaires et maritimes de la Chine. Notre unique ambition est d'être un peu utile en réunissant dans une sorte de faisceau des documents et des faits qui pourront éclairer les commerçants, guider les voyageurs, et être de quelque secours pour nos officiers. Nous ne terminerons pas, sans répéter d'une manière positive que, dans notre pensée, ce livre n'est pas fait pour le besoin des circonstances, qu'il n'est pas motivé seulement par la guerre actuelle, mais que le but, par nous cherché, est plus durable et plus élevé. Nous ne doutons pas, et personne ne doute non plus du résultat des opérations militaires ; ce sera un triomphe de plus pour les armes européennes. Mais ce qu'il faut désormais, c'est un avenir d'affaires, une suite non interrompue de relations ; c'est comme on l'a dit si souvent, *la porte ouverte en Chine*.

Maintenant, quelque étendu que soit notre travail, le lecteur nous saura gré de le laisser en compagnie de l'abbé Huc ; car nous ne pouvons résister au désir de reproduire les excellentes considérations suivantes, qui serviront de corollaire à notre livre.

« D'après tout ce que nous venons de dire, on peut se former une certaine idée de l'armée chinoise. Il n'existe pas, peut-être, dans le monde entier, de plus misérables troupes, ni de plus mal équipées, de plus indisciplinées, de plus insensibles à l'honneur, de plus ridicules, en un mot ; assez fortes pour écraser par le nombre des hordes de Turkestans ou des bandes de voleurs, elles ont prouvé, dans la dernière guerre contre les Anglais, qu'elles étaient incapables de résister à des soldats européens, même dans la proportion de cinquante contre un. Cette complète nullité de l'armée chinoise tient à plusieurs causes, dont les principales sont la longue paix dont l'Empire jouit depuis plusieurs siècles, car les petites guerres qu'elle a eu à soutenir sont insuffisantes pour ranimer chez un peuple l'esprit guerrier ; la politique de la dynastie mantchoue qui cherche à tenir les Chinois dans l'impuissance de secouer le joug ; l'entêtement du gouvernement à ne vouloir admettre aucune réforme dans la tactique et les armes des temps anciens ; enfin le discrédit qu'on cherche à répandre sur l'état militaire. Un soldat, selon l'expression chinoise, est un homme *antisapèque*, c'est-à-dire sans prix, sans valeur, un homme qui ne peut pas être représenté par un denier. Un mandarin militaire n'est rien à côté d'un officier civil ; il ne doit agir que d'après l'impulsion qu'on lui donne ; il est le représentant de la force, de la matière, une machine à laquelle l'intelligence du lettré doit imprimer le mouvement.

« *Ces causes, pourtant, sont purement accidentelles, et nous ne pensons pas que les Chinois soient radicalement incapables de faire de bons soldats.* Ils sont susceptibles de beaucoup de dévouement, et même d'un grand courage. Leurs annales sont aussi remplies de traits héroïques que celles des Grecs, des Romains et des peuples les plus guerriers. Quand on parcourt l'histoire de leurs longues révolutions et de leurs guerres intestines, on est souvent saisi d'admiration, en voyant des populations entières, hommes, femmes, enfants, vieillards, tous, en un mot, soutenir avec acharnement et enthousiasme des siéges horribles, et défendre, jusqu'à complète extermination, les murs de leurs cités. Que de fois les tableaux de ces luttes grandioses nous ont reporté à des temps plus modernes, en nous rappelant la sublime défense de Sarragosse ! Nous avons remarqué, à plusieurs époques, des dévouements semblables à celui de ce fameux Russe, qui eut le sombre et épouvantable courage de réduire Moscou en cendres pour sauver sa patrie. Et, dans les premiers temps de la dynastie mantchoue, les Chinois n'ont-ils pas eu le patriotisme et l'énergie de ravager eux-mêmes les côtes jusqu'à la distance de vingt lieues dans l'intérieur des terres, de renverser de fond en comble les villages et les cités, d'incendier les forêts et les moissons, de faire enfin un immense désert, pour anéantir la puissance d'un formidable pirate, qui, depuis longtemps, tenait en échec toutes les forces de l'Empire ?

« On a beaucoup ri, beaucoup plaisanté de la manière dont se comportaient les soldats chinois devant les troupes anglaises. Après les premières décharges, on les voyait se débarrasser de leurs armes et prendre la fuite à toutes jambes, comme ferait un troupeau de moutons au milieu duquel une bombe éclaterait tout à coup. On en a conclu que les Chinois étaient des hommes essentiellement lâches, sans énergie et incapables de se battre. Ce jugement nous paraît injuste. Nous avons toujours pensé que, dans ces circonstances, les soldats chinois avaient tout bonnement fait preuve de bon sens. Les moyens de destruction employés par les deux partis étaient tellement disproportionnés, qu'il ne pouvait plus y avoir lieu à montrer de la bravoure. D'un côté, des flèches et des arquebuses à mèche, et de l'autre de bons fusils de munition et des canons chargés à mitraille. Quand il était question de détruire une ville maritime, c'était la chose la plus simple du monde ; une frégate anglaise n'avait qu'à s'embosser tranquillement à une distance voulue ; puis, pendant que l'état-major, attablé sur la dunette, manœuvrait tout à son aise avec du champagne et du madère, les matelots bombardaient méthodiquement la ville, qui, avec ses mauvais canons, ne pouvait guère envoyer des boulets qu'à moitié chemin de la frégate. Les maisons et les édifices publics s'écroulaient de toutes parts, comme frappés de la foudre. L'artillerie anglaise était pour ces malheureux quelque chose de si terrible, de si surhumain, qu'ils finirent par s'imaginer avoir à combattre contre des êtres surnaturels. Comment avoir du courage dans une lutte semblable ?

« Incapables d'atteindre un ennemi qui les foudroyait tout à son aise, ils n'avaient qu'à se sauver, et c'est ce qu'ils firent, selon nous, avec beaucoup de prudence et de sagesse. Le gouvernement seul était blâmable de pousser au combat des milliers d'hommes, sans armes, en quelque sorte, et sans moyens de défense : c'était les envoyer à une mort certaine et inutile. Les troupes anglaises sont assurément pleines de valeur; mais si un jour il arrivait, ce qu'à Dieu ne plaise, qu'elles n'eussent pour défendre leur pays contre une armée européenne que les flèches et les arquebuses conquises sur les Chinois, elles seraient, nous en sommes convaincu, bientôt à bout de leur incomparable bravoure.

« Il est probable qu'il serait possible de trouver en Chine tous les éléments nécessaires pour organiser l'armée la plus formidable qui ait jamais paru dans le monde. Les Chinois sont intelligents, ingénieux, d'un esprit prompt et plein de souplesse. Ils saisissent rapidement ce qu'on leur enseigne, et le gravent aisément dans leur mémoire. Ils sont, de plus, persévérants, et d'une activité étonnante, quand ils veulent s'en donner la peine ; d'un caractère soumis et obéissant, respectueux envers l'autorité, on les verrait se plier sans effort à toutes les exigences de la discipline la plus sévère. Les Chinois possèdent, en outre, une qualité bien précieuse dans des hommes de guerre, et qu'on ne trouverait peut-être nulle part aussi développée que chez eux : c'est une incroyable facilité à supporter les privations de tout genre. Nous avons été souvent étonné de les voir endurer, comme en se jouant, la faim, la soif, le froid, le chaud, les difficultés et les fatigues des longues courses. Ainsi, sous le rapport intellectuel et physique, ils ne paraissent laisser rien à désirer. Pour ce qui est du nombre, on en aurait par millions tant qu'on voudrait.

« L'équipement de cette immense armée serait encore, probablement, peu difficile. Il ne serait pas nécessaire d'avoir recours aux nations étrangères ; on trouverait abondamment dans leur pays tout le matériel désirable, et des ouvriers sans nombre, bien vite au courant des nouvelles inventions.

« La Chine offrirait surtout des ressources incomparables pour la marine. Sans parler de la vaste étendue de ses côtes, où de nombreuses populations passent en mer la majeure partie de leur vie, les grands fleuves et les lacs immenses de l'intérieur, toujours encombrés de pêcheurs et de jonques de commerce, pourraient fournir des multitudes d'hommes habitués dès leur enfance à la navigation, agiles, expérimentés, et capables de devenir d'excellents marins pour les longues expéditions. Les officiers de nos marines de guerre, qui ont parcouru les mers de la Chine, ont été souvent déconcertés de rencontrer au large, fort loin des côtes, des pêcheurs affrontant audacieusement la tempête, et conduisant avec habileté leurs mauvaises barques à travers les vagues énormes qui menaçaient à chaque instant de les engloutir. La construction des navires sur le modèle de ceux des Européens ne leur offrirait aucune difficulté, et il ne leur faudrait que peu d'années pour lancer à la mer des flottes telles qu'on n'en a jamais vu.

« Nous comprenons que cette armée immense, ces avalanches d'hommes descendant du plateau de la haute Asie, comme au temps de Thinggis-khan, et ces innombrables bâtiments chinois sillonnant toutes les mers, et venant encombrer nos ports, tout cela doit paraître bien fantastique à nos lecteurs. Nous sommes nous-même assez porté à croire que ces choses ne se réaliseront pas, et cependant, quand on connaît bien la Chine, cet empire de trois cents millions d'habitants, quand on sait combien il y a de ressources dans les populations et dans le sol de ces riches et fécondes contrées, on se demande ce qui manquerait à ce peuple pour remuer le monde et exercer une grande influence dans les affaires de l'humanité. Ce qui lui manque, c'est peut-être un homme, et voilà tout; mais un homme de vaste génie, un homme vraiment grand, capable de s'assimiler tout ce qu'il y a encore de puissance et de vie dans cette nation, plus populeuse que l'Europe, et qui compte plus de trente siècles de civilisation. S'il venait à surgir un empereur à larges idées et doué d'une volonté de fer, un esprit réformateur, déterminé à briser hardiment avec les vieilles traditions pour initier son peuple aux progrès de l'Occident, nous pensons que cette œuvre de régénération marcherait à grands pas, et qu'un temps viendrait, peut-être, où ces Chinois, qu'on trouve aujourd'hui si ridicules, pourraient être pris au sérieux et donner même de mortelles inquiétudes à ceux qui convoitent si ardemment les dépouilles des vieilles nations de l'Asie. »

APPENDICE.

Documents géographiques sur les ports ouverts au commerce.

AMOY (Hia-Men).

Amoy ou Emouy est une île qui dépend du département de Thsiouan-tchiou, dans le canton de Toung-ngan. Son port, un des débouchés nouveaux qui sont ouverts au commerce européen, est le plus rapproché de Canton. C'est plutôt une rade qu'un port, mais il offre de nombreux avantages par sa sûreté et par son étendue ; d'ailleurs il est rapproché du Continent, et n'en est séparé que par un chenal étroit. Canton avait absorbé d'abord tout le commerce d'Amoy ; nous croyons que la force des choses le lui rendra, au préjudice même de cette ville. L'entrée et la sortie du port sont aisées, et, ajoute J. Horsburg, dans le port extérieur, le fond est d'une bonne tenue ; aucun vent ne peut mettre en danger un bâtiment bien pourvu en ancres et amarres. Le port intérieur peut contenir de 60 à 100 bâtiments. La petite distance à laquelle les maisons sont de la plage, ainsi que l'aspect des rochers est une preuve que la houle n'y entre jamais.

Avant d'arriver au mouillage, on prolonge une côte hérissée de blocs énormes de rochers ; au soleil, ces masses se teignent de mille reflets dont l'aspect est vraiment admirable. Les navires rangés en ordre, bord à bord, suivant les usages chinois, sont pour la plupart de Manille, de Batavia, de Singapore et même de Calcutta ; tous nos ports bientôt y seront représentés pour une forte partie.

« Amoy, dit M. Auguste Heurtier, est très-animé, très-commerçant, et les affaires sont faciles et rapides. Ce port est un grand marché de sucre ; les manufactures de papier y sont très-importantes.

« Le commerce de la Grande-Bretagne avec Amoy consiste, à l'importation, en coton venant de l'Inde, velours de coton, camelots, draps, fer, acier, plomb, etc. Quant au commerce français, il a été presque nul jusqu'ici à Amoy. Formose, dans l'île de ce nom, se trouve le marché le plus rapproché de ce port et fait un trafic assez considérable de camphre, dont l'arbre est, en cette île, l'objet d'une culture importante. Avec les produits naturels et manufacturés dont il est l'entrepôt, Amoy, on le comprendra facilement, présente un avantage marqué sur les autres ports de la Chine.

« Les salines, qui sont nombreuses sur toutes les côtes de la Chine, donnent lieu, à l'embouchure du Wampou et du Yong-tse-kiang, à un mouvement commercial considérable. Ce sont elles en effet qui fournissent aux besoins de presque tout le Nord de l'Empire. Toutes ces salines sont affermées par le gouvernement à des particuliers soumis au contrôle d'employés officiels, sous la direction générale du *tao-taï*. La manière d'obtenir du sel est des plus simples : on creuse sur le littoral de la mer ou au bord des fleuves envahis par la marée, une certaine étendue de terrain qu'on met en communication avec l'eau de la mer, par des tranchées plus ou moins profondes ; on retient les eaux au moyen d'écluses, qu'on ferme dès que le terrain est envahi et couvert. Au bout de quelque temps, l'eau, évaporée par les rayons du soleil, laisse sur la terre une couche ou plutôt une croûte grisâtre, plus ou moins épaisse, qu'on brise pour emplir des sacs destinés au transport. Le sel, je le répète, est ici l'objet d'un commerce important. »

CANTON.

La ville de Canton (Kouang-tcheou-fou) est une ville forte et un port, situés à 3,200 kilomètres Sud de Péking et à 100 kilomètres environ de la côte de l'Océan Pacifique, sur le fleuve Pé-kiang. Elle est par 110° 53' de longitude Est, et 23° 7' de latitude Nord. Elle est la capitale de la province Kouang-toung, la plus importante des provinces méridionales de la Chine, dont la superficie égale celle de la moitié de la France. Elle se divise comme en deux villes : la ville chinoise et la ville tartare, qui est la plus belle. L'ancienne ville, séparée de la nouvelle par un de ces gros murs comme il s'en fait en Chine, avec quelques baies de portes de distance en distance, est longtemps restée fermée aux étrangers ; elle a des rues très-tortueuses, très-étroites, mais d'une exquise propreté. Jusqu'en 1823, la nouvelle ville n'offrait rien de plus riche ni de plus élégant que l'ancienne; mais l'incendie, qui, à cette époque, brûla environ dix mille maisons, força les habitants et les négociants surtout, à la rebâtir; les rues élargies, les constructions mieux entendues en font une ville presque européenne, surtout dans le quartier où se trouvent les factoreries européennes.

L'ancienne ville est à peu près toujours restée fermée à toute industrie : il n'en est pas de même de la nouvelle. La reconstruction semble n'y avoir été inspirée que par le besoin d'y établir des comptoirs et des magasins. On sait du reste quelle quantité de bois précieux, de métaux, de soies et de thés Canton exporte chaque année; et aussi quelle est la mesure de ses importations. Les quatre nouveaux ports, ouverts au commerce, n'ont diminué en rien l'importance des échanges qui se font à Canton : cette ville est toujours, comme auparavant, le grand entrepôt pour l'étranger et pour l'intérieur. Pourquoi n'y trouve-t-on pas de comptoirs français, où l'expédition puisse se renseigner sur les cours des marchés du Nord?

Cette ville qui a environ 10 kilomètres de circuit, et qui est entourée de 4 forts, dont les Anglais s'emparèrent le 25 mai 1841, est située à environ 340 myriamètres de Péking. La communication entre ces deux grands centres se fait par un canal, modèle de magnificence et de travail. La population de Canton est, pour la ville, d'environ 600,000 âmes; il y faut ajouter celle qui vit sur la rivière, où elle a son habitation perpétuelle, et qui monte à près de 100,000.

Les 60 millions de droits d'entrée perçus par le gouvernement peuvent donner une idée de l'importance du commerce; que serait-ce sans la contrebande qui s'y fait sur la plus large échelle? On sait que 70 millions d'opium y furent introduits, en 1830, par les Anglais, malgré les plus énergiques prohibitions de l'Empire. La colère finit par éclater en 1837; les Chinois confisquèrent tout ce poison, et la guerre s'en suivit.

Le profit réel pour les Européens que cette lutte amena, ce fut de trouver d'autres ports ouverts que celui de Canton. Jusqu'à présent, comme nous le disions tout à l'heure, le mouvement commercial de ce port n'en a pas été sensiblement ralenti. Mais il y a bien des probabilités pour croire qu'il n'en sera pas longtemps ainsi. Qui sait si bientôt cette ville ne verra pas disparaître les derniers vestiges de sa grandeur commerciale?

CHUSAN (Kiou-Chaü).

C'est une île de la Chine, dans la mer Bleue, par 119° de longitude Est, et 31 degrés de latitude Nord. Elle est située sur la côte de Tche-kiang et à l'Est de Ning-po. Elle a pour chef-lieu Ting-haï.

Cette île est considérée comme un des points stratégiques les plus importants de la Chine. Placée près de l'embouchure du fleuve Tahia et du Yang-tsé-kiang (fleuve, fils de l'Océan), que les grandes jonques remontent jusqu'à quelques centaines de lieues dans l'intérieur, voisin du canal impérial qui mène à Péking, et du Hoang-ho ou fleuve Jaûne, qui ne le cède guère en étendue au fils de l'Océan, elle doit servir de base d'opération à toute armée ennemie qui, de là, peut fondre rapidement, par eau, sur les puissantes cités situées à l'est de l'Empire, sur Hang-tchou-fou, sur Nanking où l'on arrive en trois jours, sur Fou-tchaou-fou, la ville la plus riche, la plus industrieuse, la plus commerçante de la Chine. C'est ce que les Anglais comprirent parfaitement à l'époque de la guerre. Aussi s'emparèrent-ils, à **deux reprises**, de Chusan : cependant ils l'avaient rendu, à l'époque du nouveau traité.

L'île de Chusan a environ 85 kilomètres de circonférence. Le climat en est beau et agréable, mais passe pour assez malsain dans certaines parties de l'île, ce qu'il faut sans doute attribuer aux marécages et aux nombreuses rizières qui couvrent le pays.

Chusan n'a point de grandes routes. Elle est traversée par quelques ruisseaux navigables pour de petits bateaux, et par des sentiers pavés.

On évalue la population de l'île à 200 ou 250,000 habitants. Chusan est divisé en 18 communes.

FOO CHOW (Fou-Tchéou).

Foo chow est une ville de Chine, chef-lieu de la province de Foh-kien, située sur les bords de la rivière de Wou-loung, à environ 30 milles de son embouchure dans le canal de Formose. C'est un des 5 ports dont le commerce est ouvert aux Européens; mais c'est le seul que la légation française n'ait pas visité, et les Anglais y ont rencontré de grandes déceptions. Ils y ont établi un consul ; mais l'importance administrative de Foo chow leur a trop fait croire à son importance commerciale. Seuls les missionnaires protestants fondent encore des espérances sur les établissements qu'ils y ont fondés.

On doit mentionner le pont de 100 arches qu'on rencontre en cette ville comme le plus beau de la Chine, et aussi la belle pagode boudhique. Les constructions et les habitations chinoises sont du reste d'un aspect assez pauvre, pour une cité dont la population peut monter à 400,000 âmes.

Sa latitude N. est 26°, sa longitude E. 117° 9'.

FORMOSE.

Cette île, nommée en chinois *Taï-toan*, a environ 90 lieues sur 25 ; un canal la sépare de la province de Fòh-kìen. Elle est comme divisée en deux parties par une chaîne de montagnes, où se trouvent plusieurs volcans éteints. Le climat en est sain et les productions fort riches ; on y trouve en abondance le riz, le sucre et le tabac. On peut dire que, par la beauté de sa configuration et par sa végétation luxuriante et à peu près perpétuelle, elle justifie son nom.

C'est vers 1430 que, pour la première fois, les Chinois s'établirent dans cette île ; et ce n'est qu'en

1624, et sur la côte Sud-Ouest, que le premier établissement hollandais y fut fondé, et appuyé d'un fort qui fut appelé le fort Zélande. Peu peuplée d'abord, elle a reçu dans la seconde moitié du dix-septième siècle un accroissement notable d'émigrants chinois : ce fut probablement la conséquence de la conquête tartare.

Après divers engagements qui eurent lieu entre les Hollandais et la petite colonie, à la tête de laquelle s'était mis le pirate chinois Ko-tchinga, les Hollandais se virent expulsés de Formose.

Plus tard, en 1670, les Anglais obtinrent l'autorisation d'établir une factorerie dans cette île, à la condition de payer au souverain un droit de 3 0/0 sur l'entrée des marchandises, toutefois avec franchise de tous droits d'exportation sur les produits exportés de la Chine. Mais, cette station n'offrant aux nouveaux colons que des résultats négatifs, ils durent bientôt l'abandonner.

En 1672, Formose fut conquise par les Tartares, aidés par les Hollandais. Les Japonais ont fondé quelques colonies dans la partie septentrionale; mais, depuis 1672, les Chinois ont conservé, sauf dans ces derniers temps, la souveraine autorité sur l'île. On prétend, en effet, que l'Empereur de la

Chine l'aurait cédée au prix de 100,000 dollars (c'est-à-dire pour la millième partie de sa valeur réelle), à la condition que les nouveaux propriétaires se chargeraient de chasser les *ladrones* et pirates qui infestent la province de Foh-kien (dont dépend Formose).

D'après ce qui nous a été dit par un officier de marine, et nous avons tout lieu de le croire bien informé, Formose serait en effet devenue une possession fort embarrassante pour le gouvernement chinois. Une partie de l'île appartient à quelques riches familles qui se livrent en grand à la culture de la terre, à l'exploitation du sel et du soufre. Ce sont en général des hommes laborieux et intelligents; mais ils se sont presque complètement affranchis de l'autorité de la Métropole, après avoir plusieurs fois tenté des soulèvements qui furent d'abord sans résultats. Ils se sont enfin donné une constitution républicaine, et, jusqu'à ce jour, tous les efforts tentés pour les ramener à l'obéissance de l'Empereur, sont restés infructueux. L'autre partie de l'île est habitée par des tribus sauvages, qui ne vivent que de pillage et de rapines. Elles sont toujours armées et toujours prêtes à résister à toute attaque de la part de la marine de l'Empire. Il est vrai que cette marine n'est guère redoutable.

Les ports de l'île, qui étaient autrefois nombreux et profondément creusés, ne sont plus d'usage pour les grands vaisseaux : à peine s'ils peuvent recevoir aujourd'hui des jonques du plus faible tonnage. Ce changement est attribué, avec raison, je crois, à la retraite des eaux de la mer. Maintenant Formose n'a plus guère qu'une ville, *Taï-yvan,* sa capitale, et un port, qui mérite vraiment le nom de port, c'est celui de Kelung, qui est situé à l'extrémité septentrionale de l'île.

Dans un temps assez rapproché, un officier de la marine anglaise qui allait dans ces parages à la recherche de quelques naufragés, ayant pénétré dans l'intérieur de l'île, dans les régions habitées plus particulièrement par les tribus sauvages, fut obligé de renoncer à son entreprise. Ces hordes barbares, non-seulement ne voulurent pas entrer en pourparlers avec les hommes qu'il leur envoya, mais encore elles les poursuivirent à coups de fusils. Force fut au capitaine, pour repousser cette inqualifiable agression, et pour protéger la retraite précipitée de ses envoyés, de faire tirer quelque coups de canons.

Cette île avait été visitée par l'infortuné La Peyrouse, en 1787, ainsi que plusieurs parties des côtes orientales de la Chine. La richesse de ses productions devait en faire un objet d'envie pour les Européens; un seul point laisse à désirer, c'est que la nature volcanique de l'île est cause qu'on y trouve peu d'eau bonne à boire, du moins pour les étrangers, sur lesquels celle des sources et des rivières a un effet dangereux et quelquefois mortel.

Dans un projet de conquête de l'île de Formose, présenté au gouvernement anglais, on lisait : « La possession de Formose et des *Pescadores*, ou îles des pêcheurs (*Pheng-hou*), paraît devoir assurer à ceux qui l'obtiendront, le commerce de la Chine. Cette île est située sur une partie vulnérable de l'Empire, et sa position insulaire la met à l'abri de toutes les tentatives de ce pays.

« Le commerce de Formose est nécessaire à la Chine, car cette île fournit à deux des provinces de cette contrée une grande partie de leurs subsistances; elle est à 30 lieues de Foh-kien, province qui fait tout le commerce extérieur de la Chine, excepté avec les Européens, et la plus grande partie du commerce de cabotage de l'Empire.

« Ainsi, *étant maîtres de Formose, nous le serions aussi directement ou indirectement d'une grande partie du commerce* du Japon, de la Corée, de la Cochinchine, de Siam, et des îles de l'Archipel indien ; et même l'avantage décidé de la position pour le commerce de la Chine, nous mettant en état de vendre meilleur marché, nous en aurions, par conséquent, un plus grand débouché, et nous obtiendrions le thé et les autres objets à plus bas prix... *Il n'y a pas dans tout le monde un point à occuper qui, sous le rapport des entreprises commerciales, offre un champ si vaste et si important.* Formose possède tant d'autres avantages, que l'on a peine à concevoir comment les idées ont pu se porter sur un autre endroit, etc. »

Il faut bien que le gouvernement anglais (qui, l'on doit lui rendre cette justice, s'occupe assez bien de l'intérêt de sa nation), n'ait pas trouvé la réalisation du projet, exposé ci-dessus, sans inconvénients, puisqu'il ne l'a pas mis encore à exécution. Il est probable toutefois qu'il n'est pas resté complètement dans l'oubli ; mais il est probable aussi que le gouvernement chinois, qui a su se faire rendre Tcheou-chan (*Tchou-san*), malgré les journaux anglais qui voulaient conserver cette île, en dépit du traité de Nàn-king, a aussi l'œil ouvert sur Formose.

HAÏ-NAN.

C'est une île de la mer de Chine dont le nom signifie *Mer du Midi* ou *Sud de la mer* ; elle est à l'Est du golfe du Tonking et n'est guère séparée du continent que par un canal de 17 kilomètres. Elle est située entre le 18° et 21° degrés de latitude par 106° et 108° de longitude. Sa largeur est d'environ 130 kilomètres, sa longueur de 270. Cette île est à 900 lieues de Péking, et elle comprend trois arrondissements et dix cantons.

Le climat de cette île est très-chaud, et l'on y récolte en abondance tous les produits des Tropiques : les montagnes fournissent, pour la construction, des bois durs fort estimés. On trouve à Haï-nan des mines d'or et d'argent, des pierres précieuses, du sucre et du tabac en abondance. Les fruits sont exportés pour le continent chinois.

Il y a au moins deux mille ans que l'île fut soumise à l'Empire par Wou-ti, de la dynastie des Han. Cette dépendance de Haï-nan n'empêche pas qu'il n'y ait eu des luttes fort nombreuses entre les Chinois et les habitants primitifs. Sur une population d'un million d'âmes, on ne compte guère que 120,000 âmes de population chinoise ; les aborigènes ont souvent donné bien du mal aux conquérants. Et, sans remonter plus haut qu'en 1831, le gouverneur-général de Canton a échoué complètement dans une expédition qu'il commandait en personne contre les nationaux : ces derniers sont maîtres de la partie des montagnes; ils y trouvent un refuge naturel et un point de ralliement pour recommencer les hostilités.

Le préfet chinois réside au chef-lieu, Kioutcheoug-fou, et il a sous lui dix mandarins, qui gouvernent chacun un district. Cette ville est fortifiée et entourée d'un fossé de 14 mètres, toujours rempli d'eau; elle est bâtie sur un promontoire, au N. de l'île et son port est fort actif.

L'avantage qui pourrait résulter pour la France de la possession de ce port (port militaire), ce serait d'être toujours à proximité de la Chine et de la Cochinchine. Il faudrait commencer sans doute par réformer le penchant marqué des habitants à la piraterie, et leur funeste habitude de ne respecter aucun des navires échoués sur leurs rivages.

HONG-KONG.

C'est une île que les Anglais occupèrent en 1842,

et qui leur fut cédée à la suite de la guerre de 1844. Le sol en est très-élevé, et on l'aperçoit de fort loin. Elle est située dans la baie même de Canton, à l'est de Macao ; son étendue est d'environ 4 lieues de long sur 2 de large. Elle offre aux yeux une suite de montagnes dépouillées et à pic ; à peine y a-t-il trace de végétation dans quelques vallées, en petit nombre, qui se rencontrent entre les montagnes. Joignez à cela un sol ingrat et un climat malsain, et vous vous demanderez ce que la Grande-Bretagne pouvait espérer faire de ce triste rocher qui n'offrait aucune ressource à l'occupant. Demandez-vous plutôt ce que ne sait pas faire du moindre point, de la moindre station, l'envahissement anglais.

Sur le versant d'une des montagnes de l'île, partant du bord de la mer et se dressant en amphithéâtre, vous apercevez la ville des Anglais, Victoria, la capitale de la nouvelle colonie de Hong-Konk, dont, grâce au rapport de M. Auguste Heurtier, nous allons suivre pas à pas la fortune.

« L'existence de la colonie de Hong-Kong ne date que de 1842. En 1845, elle coûtait à la métropole, 44,841 livres st. En 1854, son déficit était encore de 7,589 livres st. En 1855, bien que la somme allouée aux travaux publics eût dépassé de plus de 4,000 livres st. celles qui y avaient été affectées en 1853 et en 1854, la colonie a déjà produit un surplus de 7,159 livres st., soit 178,975 francs.

« En 1854, la population de Hong-Kong n'était que de 55,715 âmes. En 1855, elle a été de 72,607 âmes, dont 70,651 Chinois. L'accroissement a donc été, pour une seule année, de 16,892 âmes.

« En 1854, il n'était entré dans le port de Hong-Kong que 1,137 navires, jeaugeant 448,016 tonneaux. En 1855, il y est entré 1,813 navires, de 612,875 tonneaux. La différence en plus a donc été, d'une seule année à l'autre, de 676 navires jaugeant 164,859 tonneaux, soit d'environ un tiers.

« En 1854, il n'a été enregistré à Hong-Kong, comme appartenant à la colonie, que 11 bâtiments de 1,157 tonneaux ; en 1855, il y a été enregistré, au même titre, 37 bâtiments de 3,149 tonneaux. Le surplus a donc été de 26 bâtiments et de 3,149 tonneaux. Le nombre des constructions existant dans la colonie de Hong-Kong, à la fin de 1855, était de 389 églises et temples, dans le style européen, et de 3,258 maisons et boutiques chinoises. »

Cette statistique est aussi concluante que possible, et donne la mesure du progrès toujours croissant de cette colonie, devenue déjà en quelque sorte l'arsenal des forces militaires et de la marine. Mais que d'efforts il avait fallu pour accomplir cette tâche! D'un amas de rochers, on avait réussi, et cela en trois ans, en creusant la montagne, en employant la mine, à créer une ville. L'entêtement anglais, le génie civilisateur avait tout fait. Des maisons, des temples s'élevaient; des rues étaient percées; des voies étaient taillées dans les flancs de la montagne, voies telles qu'on n'en voit pas une seule dans tout l'Empire du Milieu.

Ces terres fraîchement remuées avaient développé l'insalubrité du climat : la colonie ne s'en effraya pas, et le gouvernement fonctionna dans la nouvelle Victoria; bien plus, la population commença à s'accroître. L'ardeur du gain qui consume le Chinois, la commodité des échanges, la sincérité du commerce, firent affluer la foule à ce siége nouveau d'opérations diverses. La colonie fit des frais d'embellissements et de confortable. Le premier besoin, c'était un hôpital pour la fièvre et le choléra qui décimait la garnison, et à peine suffit-il à contenir les malades, dans le commencement surtout.

On créa une nouvelle ligne de steamers, faisant le service entre les divers ports de la côte et la colonie, entre la Métropole et les nouvelles possessions. On éleva des casernes, on prolongea la rue principale, large et bien aérée, parallèlement à la mer; les officiers eurent leur table bien approvisionnée, et un club établi mit le comble à la satisfaction des nouveaux transplantés.

Voilà le génie anglais, envahissant toujours et établissant ses comptoirs sur tous les points, même les moins favorables en apparence à la fortune de son négoce. Nous l'avons vu prendre possession successivement des différents ports de l'Inde et des Archipels : en s'avançant toujours, voilà qu'il a mis un pied en Chine; il ne s'arrêtera pas là. A la Chine il appartient de pourvoir à cet envahissement; mais l'Angleterre est prête à saisir avec avidité toute occasion de s'asseoir sûrement sur ce nouveau terrain. Elle sait que tout vient à qui sait attendre; elle ne négligera aucune occurrence favorable, et l'Europe sait qu'au besoin elle ne sera pas embarrassée pour en faire naître une.

MACAO.

La position géographique de Macao (*Ngao-men*),

ville de Chine, assez petite, mais très-commerçante, a été déterminée avec beaucoup de soin par les ingénieurs hydrographes français qui ont fait le voyage de circumnavigation sur la *Bonite*. Elle est, pour le mât de pavillon du fort S. Francisco, de 22° 11′ 25″ de latitude Nord, et de 111° 13′ 53″ de longitude Est. La moyenne de la température y est de 18 degrés centigrades. Elle est située dans une presqu'île de la baie de Canton ; c'est une terre rocheuse qui a environ trois lieues de tour, un peu plus d'une lieue de long sur trois quarts de lieues de large. Un isthme étroit la sépare de la grande île de Hiang-chan. La ville y occupe cent-vingt hectares, trois milles de long sur un mille de large ; elle est placée dans la partie basse d'une rangée de collines sur lesquelles ont été construites des forteresses, des églises et des couvents qui lui donnent du côté de la rade un aspect assez pittoresque. Outre sa rade, cet établissement possède encore deux ports ; et la partie qu'occupent les Portugais est séparée du reste par une muraille qui coupe l'isthme dans sa largeur. Le petit port est généralement plus recherché par la marine que la rade, dont le défaut est d'être un peu trop ouverte et trop exposée aux vents.

A Macao, on trouve presque tout le confortable de nos grandes villes d'Europe, et cela sans de grandes dépenses. Les rapports avec les Chinois, les services des Nègres sont agréables et faciles. L'air y est sain, la température douce, et les maladies endémiques y sont inconnues : du reste, la ville est presque complètement bâtie sur le roc vif. Tout explique la faveur dont a joui cette colonie durant deux siècles, et qu'ont pu seules contrarier les imprudences et l'avarice des gouverneurs.

Disons quelques mots de son histoire. La colonie fut, dit-on, acquise par les Portugais sur un prince de Hiang-chan ; d'autres prétendent qu'elle leur fut cédée par l'empereur Kia-tsing, en récompense de leurs courses contre les pirates. C'est vers 1557 qu'ils y transportèrent leur commerce le plus actif. Pendant la durée de ce siècle, ils y dominèrent seuls ; à peine les Chinois y faisaient-ils quelques rares apparitions, dans le but d'y établir des échanges. La porte du mur qui coupe l'isthme ne devait s'ouvrir qu'une fois par semaine. Bientôt les Chinois gagnèrent du terrain et élevèrent même une ville. Cet envahissement était du reste plus fécond pour la colonie portugaise que le système de prohibition qu'elle avait précédemment adopté. La prospérité nouvelle de Macao donna aux Hollandais l'envie de s'en rendre maîtres : en 1622, ils firent une descente que la bravoure des Portugais fit complètement échouer. C'est en cette circonstance, comme le rapportent encore les habitants de Macao, que saint Jean (l'attaque avait eu lieu le 24 juin) fut vu exterminant les hérétiques avec un glaive de feu.

Les Anglais, à leur tour, jetèrent sur Macao un œil de convoitise : ils avaient pris pour prétexte la nécessité de la défendre contre les prétentions des républicains français ; mais les colons portugais et chinois surent éloigner ce nouveau danger.

Macao, dès son origine, était dans toutes les bonnes conditions de vitalité. Justice, instruction, culte, établissements de charité, tout était ordonné pour le bien-être, la sécurité, le bon ordre et les bonnes mœurs des habitants. Les fautes commises par Silveira Pinto, gouverneur pendant la guerre des Anglais avec la Chine, et l'hospitalité accordée partout ailleurs qu'à Macao aux négociants anglais ont amené la décadence actuelle. Avant la guerre de l'opium, c'était là le seul point qui offrît quelque sécurité aux familles européennes et américaines. Macao devenait le centre du commerce, si le port eût été déclaré franc et ouvert à tous, et les Anglais n'auraient pas tiré si grand parti de Hong-Kong; Canton même perdait de son importance. Loin de là, le port ne fut plus ouvert qu'aux Espagnols et aux Portugais, dans le temps où le traité de Nànking ouvrait cinq ports francs au commerce : tout se porta vers les nouveaux asiles, Macao fut abandonnée; à peine si quelques fiévreux viennent y chercher encore ce qui ne paye pas des droits exorbitants, un peu d'air et de santé.

Aujourd'hui, le gouvernement a fait quelques retours sur lui-même, et a voulu corriger les vices de l'administration précédente. On a rouvert toutes les entrées, on encourage même les navires à pénétrer dans la colonie; mais il est tard déjà pour remplacer la misère par la richesse, l'engourdissement par l'activité, la solitude, par une affluence nouvelle des commerçants.

Ajoutons pourtant que l'amélioration s'est déjà fait sentir; on a compris qu'il ne fallait pas laisser Macao augmenter le nombre des possessions anglaises; les dépenses ont diminué et les revenus ont crû en proportion. Plusieurs circonstances heureuses ont concouru à ce progrès, et nous laissons parler ici M. Auguste Heurtier, dont les notes sont si précieuses, surtout en ce qui concerne le commerce chinois : « Cette naissante prospérité, dit-il, est due tant à l'habile administration de M. le gouverneur Guimaraès qu'à l'activité maritime des cent quatre-vingt-six navires appartenant à la colonie, et aussi aux troubles de Canton, qui firent affluer à Macao, vers la fin de 1854, environ 30,000 habitants, amenant avec eux force transactions commerciales de tout genre. Pendant un an, Macao fut un autre entrepôt du commerce étranger dans le Sud de la Chine. Ses vastes magasins contenaient de la canelle et des huiles pour l'exportation, du riz et des grains pour l'importation. Ses relations avec les îles Philippines s'en sont accrues et se sont manifestées par l'arrivée de quarante-trois navires sous pavillon espagnol. Nombre de *coolies* furent embarqués à bord de plusieurs vaisseaux pour les différentes parties du monde ; et les vins, que deux navires apportent annuellement, depuis 1848, de la mère-patrie à Macao, et qui constituent toute la somme de ses échanges avec l'Europe, n'ont plus suffi en 1855 à la demande qu'on en faisait de toutes parts. L'opium, en dernier lieu, et le commerce plus ou moins licite qu'on a fait à Macao d'objets de toute espèce, facilité par la guerre qui régnait dans le voisinage immédiat de ce port, n'ont pas peu contribué à raffermir le bien-être matériel de la colonie. »

Les maisons, en général, sont belles, bien construites, et disposées de manière à combattre les ardeurs de l'été. C'est vers le Nord-Est de la ville qu'à l'extrémité d'un magnifique jardin se trouvent réunis trois blocs de granit superposés, formant un abri, et offrant une admirable perspective jusqu'aux champs de riz du village de Moha ; c'est ce qu'on appelle la grotte de Camoëns. C'est là, dit-on, qu'en 1561, durant le séjour qu'il fit à Macao, il aimait à se retirer silencieusement pour ajouter quelques beaux vers à sa *Lusiade*. Qui sait si cette grotte de Camoëns ne sera pas un jour le dernier vestige de la domination portugaise? La poésie de l'exil survivra aux monuments de la conquête et de la foi.

La population est entre 40,000 ou 50,000 âmes ; on compte dans ce nombre environ 5,000 Portugais ou descendants de Portugais, un millier d'esclaves cafres, quelques Anglais, Américains et Parsis ; le reste est Chinois. La rente allouée par les Portugais au gouvernement du Céleste-Empire monte à quelques quatre ou cinq mille francs. Quant à la

garnison, elle est d'environ 500 noirs, fournis par
l'Inde, et que commandent des officiers venus
d'Europe. On sait que c'est à Macao que la Chine
et les Etats-Unis signèrent le traité de Wang-hia;
et que c'est aussi dans cette ville que la France
a conclu avec les Chinois son premier traité de
commerce et d'amitié.

NING-PO.

Cette ville dont la latitude est 30° 12', et la longitude 118°, est depuis le traité de Nang-king, en 1842, ouverte, de fait et de droit, au commerce de toutes les nations. A ce titre surtout, il importe de la faire connaître. Elle est située sur le fleuve Young-kiang, que les Anglais nomment Ta-kiah, qui se jette 15 milles plus bas dans la mer Bleue, et que les navires les plus forts peuvent remonter. Elle est fort peuplée : on y compte au moins 250,000 habitants qui se livrent presque tous au commerce d'exportation.

Les rues offrent le spectacle d'un mouvement continuel, surtout celles qui courent parallèlement au fleuve; elles sont bordées de boutiques et de vastes magasins. L'humidité, la malpropreté des maisons, sembleraient devoir rendre la ville de Ning-po malsaine : au contraire elle passe pour le séjour le plus salubre de toute l'Asie, et le plus favorable aux personnes affectées de la poitrine. Les différents négoces semblent être cantonnés en certains quartiers fixes : ici se vendent les cotons en tissus, là les tapisseries; plus loin les meubles, les soieries, puis les fourrures.

Ning-po est enveloppée d'une muraille crénelée qui a environ 8 mètres de haut, et presque autant d'épaisseur : ce serait pour la ville une défense réelle, puisque sa périphérie est de 9 kilomètres; mais elle est aujourd'hui en un tel état de dégradation qu'elle ne pourrait faire la moindre résistance.

C'est la première ville importante sur laquelle l'Europe commerçante ait jeté les yeux; et la première factorerie y fut fondée par les Portugais en 1522. Mais, à peine 20 ans s'étaient-ils écoulés, qu'ils expiaient par un massacre général leurs rapines et leurs cruautés. Vers la fin du 17ᵉ siècle, les Anglais fondaient un comptoir dans le district de Tcheou-chan qui dépend de Ning-po. Cet établissement eut quelques années d'existence. En 1814, les Anglais franchissaient les murs de grès rouge de Ning-po, et prenaient possession des quatre forts qui la défendent. Les ports nouveaux ouverts au commerce Européen n'ont pas sensiblement diminué les transactions qui se font à Ning-po, soit avec les nationaux, soit avec les étrangers ; il est probable néanmoins, et l'effet s'en fait déjà sentir, que Shanghaï, si bien placé pour absorber tout le commerce dans un immense rayon, affaiblira les ressources de son ancienne rivale. Pourra-t-elle d'ailleurs soutenir longtemps la terrible concurrence des cotons du Bengale et des tissus anglais, avec les étoffes dites de Nanking?

SHANG-HAI.

Shang-haï est une ville du district Chinois du même nom, de la province de Kiang-su et du département de Soung-kiang. Sa latitude Nord est 31°, et elle est située sur la rive droite du fleuve Hang-kiang. On sait déjà que ce port a été ouvert aux étrangers en 1842. La ville a environ cinq milles de pourtour ; bien que toute son étendue ne soit pas habitée, elle renferme au moins 300,000 habitants, et probablement plus encore au moment où nous écrivons. Elle est flanquée de mu-

répandent dans toutes les provinces. En 72 heures, on se rend de Shang-haï à l'ancienne capitale de la Chine, à l'opulente cité de Nanking, où, avant l'insurrection chinoise, les marchandises européennes commençaient à devenir l'objet d'une grande consommation. En un jour, on peut arriver à Soutchou, l'une des villes les plus riches de la Chine. Ces avantages expliquent les espérances que les Européens fondent sur le port de Shang-haï. »

TCHEN-HAÏ.

Cette ville, ainsi qu'une autre place forte nommée Ting-haï, a été particulièrement célèbre par la vigoureuse résistance et par les actes de bravoure dont elle donna l'exemple pendant la dernière guerre des Anglais contre l'Empire Chinois. Il s'agissait de résister à la flotte anglaise : aussi, malgré la force des murailles, malgré le feu de deux redoutes vigoureuses situées sur des hauteurs, et qui devait faire un terrible ravage parmi les assaillants, s'il était bien dirigé, malgré les efforts des assiégés, il a fallu peu de temps aux Anglais pour s'en rendre maîtres. La ville par elle-même n'avait rien d'attrayant ; on y remarque cependant une immense digue en pierre destinée à protéger la ville contre les envahissements de la mer.

En effet, Tchen-haï qui est une ville de la province du Chehkiang est située à l'embouchure du fleuve Young-kiang, que quelques cartes anglaises désignent à tort sous le nom de Ta-kiah. Ce fleuve est la réunion de deux rivières le Tze-ki et le Young-kiang; il n'a que huit lieues de parcours avant d'arriver à Tchen-haï, où il se jette dans la mer. Il est assez profond pour que les gros navires puissent remonter jusqu'à Ning-po.

La ville de Tchen-haï, quoique les traités ne l'aient pas mise au nombre des places ouvertes, est librement fréquentée par les Européens, sans que les Chinois semblent s'en inquiéter.

TCHEOU-CHAN.

C'est une île que, durant plusieurs années, les Anglais, à la suite du traité de Nanking, ont occupée et exploitée; ils l'appelaient *Tchou-san*, et de ce nom ils avaient nommé archipel de *Tchou-san* le petit groupe d'îles qu'on trouve répandues dans les eaux de *Ting-haï*, département de *Ning-po*. Ce nom même de *Tchou-san* ou *Chou-san* est une dérivation de *Tchéou-Chan* « *Montagne en forme de navire* », appellation qu'on lui donne sur les cartes chinoises.

Quand les Anglais l'occupèrent en 1843, ce n'était pas la première fois qu'ils lui rendaient visite ; sans doute, ils avaient déjà rêvé d'établir dans cette île une de leurs stations les plus avantageuses. Lord Macartney, à l'époque de l'ambassade qu'il remplit à Péking, en 1793, y avait relâché, et certainement bonne note avait été transmise à l'amirauté sur le plus ou moins d'avantage que la grande nation commerçante pouvait tirer de cette possession.

WOOSUNG.

« De Woosung à Sanghaï, on compte 25 milles. Au confluent de la rivière Woosung, est un petit village du même nom (qui lui a été donné par les Anglais), où l'on voit encore aujourd'hui les amas de terre et les palissades derrière lesquels les Chinois avaient dressé leurs vastes, mais inutiles batteries. Ce village paraît misérable.

Woosung est le point choisi par les Anglais et les Américains, pour la station d'opium qui doit approvisionner Shang haï, chacun des ports ouverts possède une espèce de succursale pour la contrebande. Le gouvernement Chinois a lancé édits sur édits contre l'opium, il en a prohibé l'usage sous les peines les plus sévères, et, même après la défaite de ses armées, il a constamment refusé d'en légaliser l'introduction. Mais la force lui manque : les mandarins chargés de veiller à l'exécution des édits sont les premiers à les enfreindre, et les navires contrebandiers, mouillés à Woosung, poursuivent leur trafic dans une sécurité parfaite. Chaque jour, il arrive des bricks ou clippers, qui remplissent de caisses d'opium les bâtiments de la station, à bord desquels la vente se fait en détail aux négociants chinois. Les jonques de guerre qui passent pour se rendre à Shang haï ou à Nanking, assistent à cette violation effrontée des lois chinoises, sans même tenter d'y mettre obstacle; les navires d'opium sont armés de canons et de nombreux équipages, qui défieraient, en cas d'attaque, les escadres du Céleste-Empire. Mieux vaudrait certainement lever l'interdit, que le maintenir dans de telles conditions (1). »

(1) *Voyage en Chine*, etc., par M. C. Lavollée, p. 400.

TRAITÉ D'ALLIANCE AVEC LA COCHINCHINE.

En face des conventions de la France, entre le contre-amiral Page et la Cochinchine, nous avons pensé qu'il paraîtrait intéressant à nos lecteurs d'avoir sous les yeux le traité intervenu entre le roi Louis XVI et la même puissance.

Le traité d'alliance que conclurent, le 28 novembre 1787, les comtes de Vergennes et de Montmorin, au nom de Louis XVI, avec la Cochinchine, fait connaître tout l'intérêt que le monarque français attachait à la création d'une colonie dans ces contrées, et quelles fécondes ressources il en attendait pour l'écoulement de nos produits et le développement de notre industrie.

Voici quels étaient les points essentiels de la convention :

« 1° Il y aura une alliance offensive et défensive entre les deux rois de France et de Cochinchine :

ils devront se prêter mutuellement secours et assistance, contre tous les ennemis de l'une ou de l'autre des parties contractantes.

« 2° En conséquence, il sera équipé et mis sous les ordres du roi de Cochinchine, une escadre de vingt bâtiments de guerre français, de telle force que les demandes pour son service feront juger convenable.

« 3° Cinq régiments européens et deux régiments de troupes coloniales du pays seront embarqués sans délai pour la Cochinchine.

« 4° Sa Majesté Louis XVI s'engage à fournir, dans quatre mois, la somme d'un million de dollars, dont 500,000 en espèces, le reste en salpêtre, canons, mousquets et autres armements militaires.

« 5° Du moment que les troupes françaises seront entrées sur le territoire de Cochinchine, elles, et leurs généraux, recevront les ordres du roi de Cochinchine.

« De l'autre part :

« 1° Le roi de Cochinchine s'engage à fournir, aussitôt que la tranquillité sera rétablie dans ses États, et sur la simple réquisition de l'ambassadeur du roi de France, tout ce qui sera nécessaire en équipements, agrès et provisions, pour mettre en mer, sans aucun délai, 14 vaisseaux de ligne; et, pour la parfaite exécution de cet article, il sera envoyé d'Europe un corps d'officiers et sous-officiers de marine, qui formeront un établissement permanent en Cochinchine.

« 2° Sa Majesté Louis XVI aura des consuls résidents dans toutes les parties de la côte de Cochinchine, partout où elle le jugera convenable. Ces consuls seront autorisés à construire ou faire construire des vaisseaux, frégates et autres bâtiments, sans qu'ils puissent être troublés, sous aucun prétexte, par le gouvernement de Cochinchine.

« 3° L'ambassadeur de Sa Majesté Louis XVI, à la cour de Cochinchine, aura le droit de faire du bois pour la construction des vaisseaux, frégates et autres bâtiments dans toutes les forêts où il en trouvera de convenable.

« 4° Le roi de Cochinchine et son conseil d'état céderont, à perpétuité, à Sa Majesté Très-Chrétienne, ses héritiers et ses successeurs, le port et le territoire de Han-San (baie de Touron et la péninsule), et les îles adjacentes de Fai-Fo, au midi, et de Hai-Wen, au nord.

« 5° Le roi de Cochinchine s'engage à fournir les hommes et les matériaux nécessaires pour la construction des forts, ponts, grandes routes, fontaines, etc. qui seront jugés nécessaires pour la sûreté et défense des cessions faites à son fidèle allié le roi de France.

« 6° Au cas où les naturels du pays, en quelque temps que ce soit, répugneraient à rester dans le territoire cédé, ils auront la liberté d'en sortir : la valeur des propriétés qu'ils y laisseront leur sera remboursée ; la jurisprudence, tant civile que criminelle, ne sera pas changée ; toutes les opinions religieuses seront libres ; les taxes seront perçues, par les Français, selon les usages du pays ; et les collecteurs seront nommés, d'un commun accord, par l'ambassadeur de France et le roi de Cochinchine : mais le roi ne réclamera aucune part de ces taxes, qui appartiendront en propre à Sa Majesté Très-Chrétienne pour subvenir aux frais que l'entretien exigera.

« 7° Dans le cas où Sa Majesté Très-Chrétienne se déterminerait à faire la guerre dans quelque partie de l'Inde, il sera permis au commandant en chef des troupes de France, de faire une levée de 14,000 hommes, qu'il fera exercer de la même manière qu'en France, et qu'on formera à la discipline française.

« 8° Dans le cas où quelques puissances attaqueraient les Français sur le territoire de Cochinchine, le roi de Cochinchine fournira au moins 60,000 hommes de troupes de terre, qu'il habillera et entretiendra à ses frais, etc. »

« Outre ces articles, il y en avait encore quelques autres d'une moindre importance. « Sans la révo- » lution française, dit le voyageur anglais que nous » citons en note (Barrow), dans son *Voyage à la* » *Cochinchine,* on ne sait trop quelles conséquences » un pareil traité aurait pu avoir pour nos posses- » sions de l'Inde, et pour le commerce de notre » Compagnie avec la Chine. Mais il est assez évident » que leur destruction en était l'objet. » — *Vie de l'Abbé Gagelin,* pages 240 et suivantes.

Note importante. — Au début de cet ouvrage, nous annoncions que l'ouvrage publié par M. le capitaine Dabry et le nôtre ne devaient avoir rien de commun : mieux éclairés aujourd'hui, nous devons à la justice et à la vérité de déclarer que nos principaux documents ont été puisés, comme les siens, dans les trois articles anglais de M. Wade:

Sceaux, Imprimerie de E. Dépée.

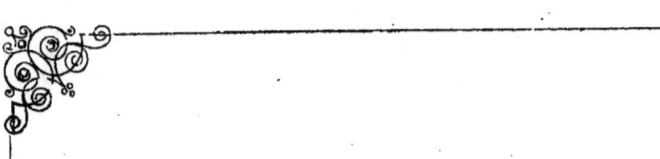

SCEAUX. — TYPOGRAPHIE E. DÉPÉE.

www.ingramcontent.com/pod-product-compliance
Lightning Source LLC
Chambersburg PA
CBHW071410230426
43669CB00010B/1507